# 天皇のダイニングホール

～知られざる明治天皇の宮廷外交～

山崎鯛介
メアリー・レッドファーン
今泉宜子

思文閣出版

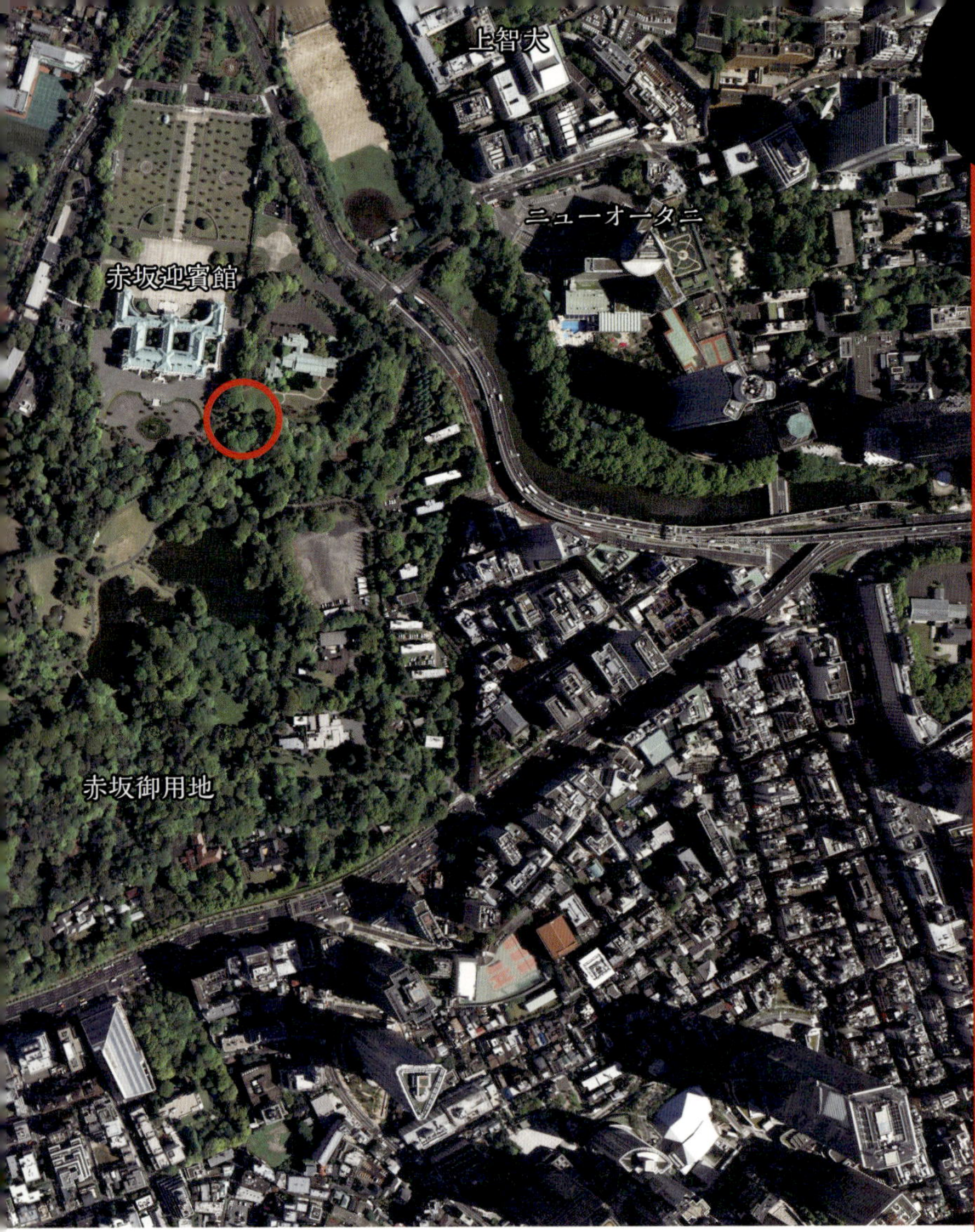


part 1

# 「天皇のダイニングホール」の現在と過去、その姿。

【カラー口絵 1】

平成 21 年（2009）に撮影された航空写真。明治神宮外苑の東側に「明治記念館」が建つ。写真中央に広がる森は「赤坂御用地」で、その右上に見えるのが「迎賓館赤坂離宮」。今から約135年前、赤坂仮皇居とその「御会食所」は、現在の迎賓館一帯の敷地にあった（赤丸が「御会食所」があったところ）。

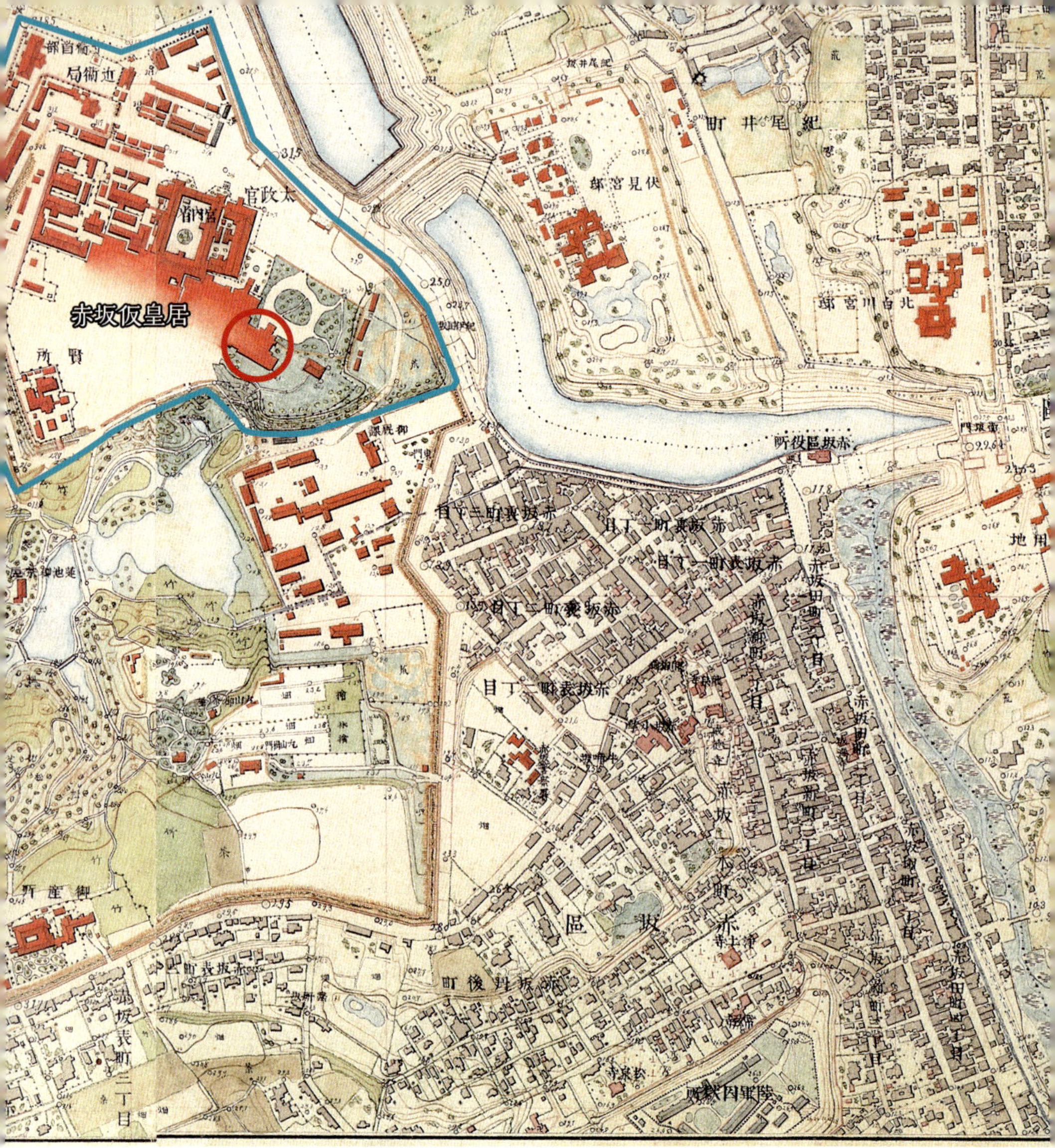

赤坂仮皇居
太政官
宮内省
伏見宮邸
紀尾井町
北白川宮邸
赤坂区役所
赤坂表町一丁目
赤坂表町二丁目
赤坂表町三丁目
赤坂田町一丁目
赤坂新町一丁目
赤坂田町二丁目
赤坂新町二丁目
赤坂田町三丁目
赤坂新町三丁目
赤坂田町四丁目
赤坂一ツ木町
赤坂裏後町
赤坂区
陸軍囚獄所
御産所
賢所

【カラー口絵2】

【カラー口絵1】とほぼ同じ場所の明治17年（1884）頃の様子。明治天皇と皇后は、明治6年に皇居が失火で焼失したため旧紀州徳川家の江戸屋敷に移転。以後、22年1月に明治宮殿が完成するまで、この地を居所と定め「赤坂仮皇居」とした（青く囲んだ部分）。「御会食所」は、14年10月に仮皇居内に新設された建造物である（赤丸で囲んだ建物）。

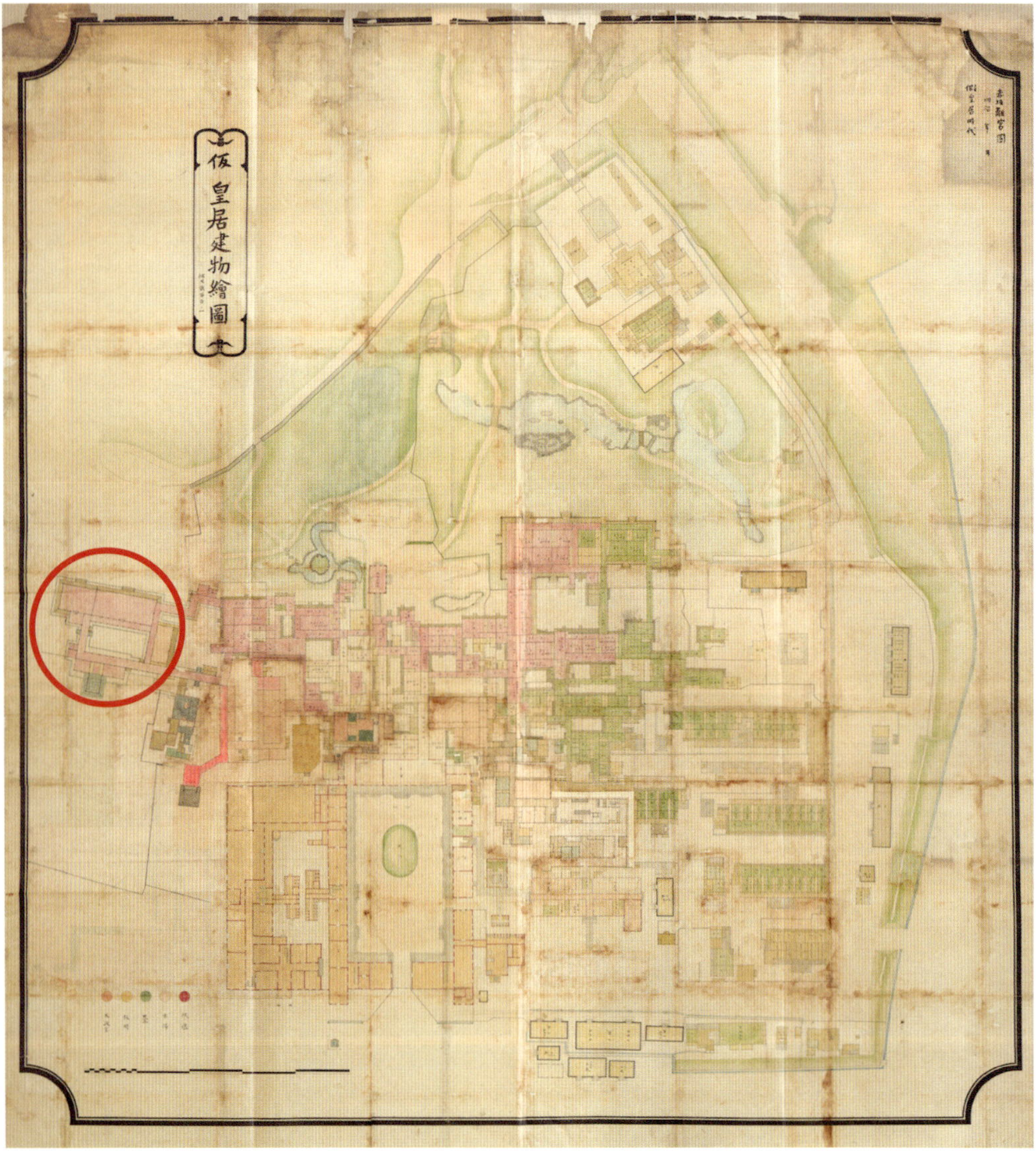


【カラー口絵 3】

明治 6 年（1873）、天皇と皇后の新たな居所となった赤坂仮皇居敷地内の様子（下が北）。この絵図は 15 年頃のものと思われ、左端に 14 年に増設された「御会食所」の建物が描かれている（赤丸で囲んだ建物）。

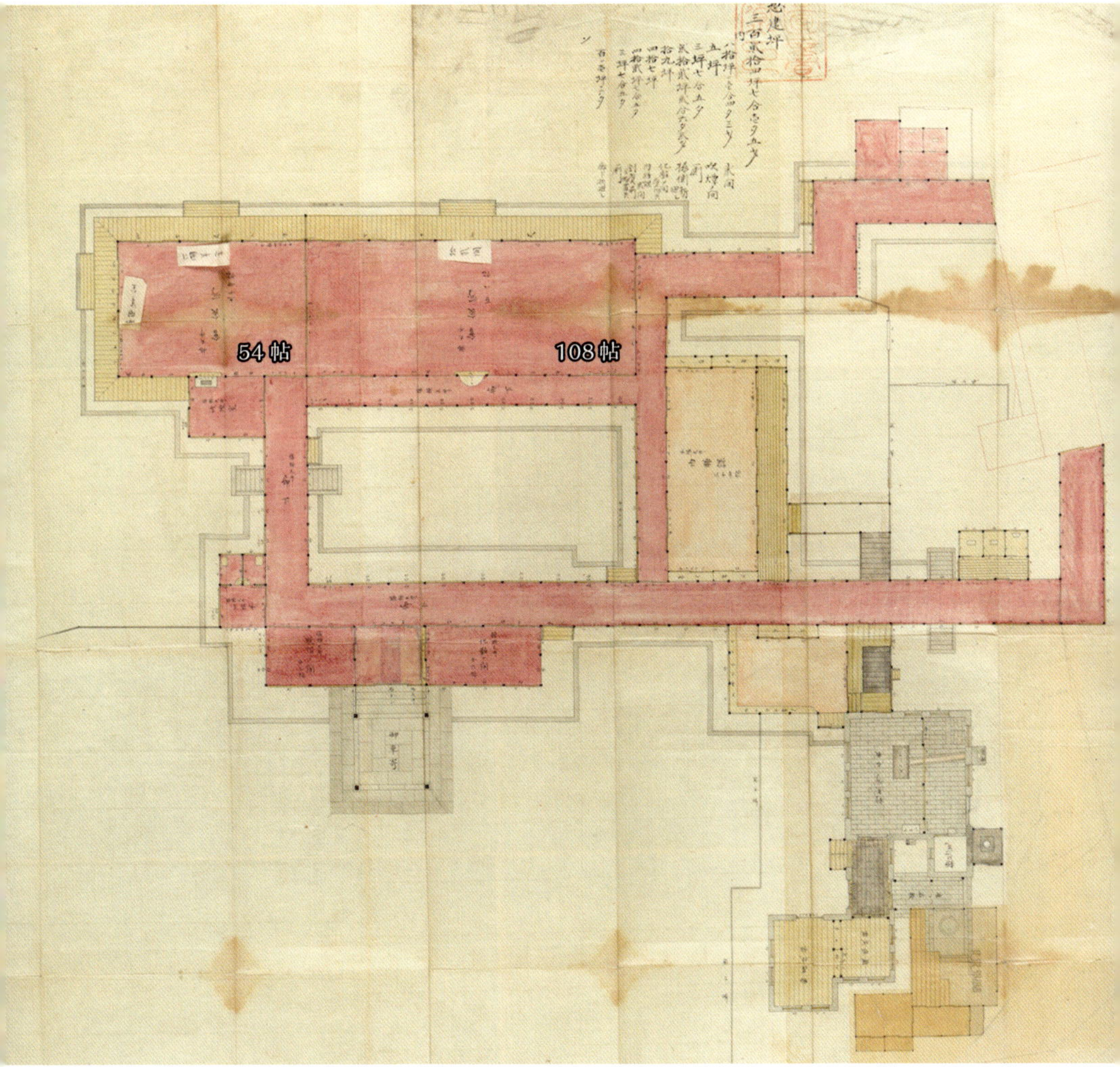


## 【カラー口絵4】

赤坂仮皇居御会食所の平面図（下が北)。「御会食所」は、外観は和風意匠でありながら、内部は洋風の要素を取り入れた和洋折衷の建物だった。この「天皇のダイニングホール」は、大きく2室から構成され、それぞれ108帖と54帖の床面積があった。54帖の小室は「珈琲の間」とも称され、会食後の懇親の場として利用された。

【カラー口絵5】

現在も残る「御会食所」。「明治記念館」の本館として結婚式等に利用されている。写真は、当時の面影を残す本館玄関の車寄せ。

【カラー口絵6】

「明治記念館」本館内部。「御会食所」内にあった108帖の大室と54帖の小室はそれぞれ、現在の「金鶏の間」（奥側）と「サロン・ド・エミール」（手前）に相当する。写真は2室の間仕切りを外した様子。

【カラー口絵7】

本書の執筆にあたり重要な資料となった『憲法記念館略史』。「御会食所」の建物は、枢密院議長として憲法制定に尽した伊藤博文に下賜され、明治40年（1907）に伊藤邸敷地に移築された。その後、伊藤家から明治神宮へ奉献され、大正7年（1918）に「憲法記念館」として外苑構内に移築されて現在に至っている。

【カラー口絵 8】

ミントン社のローズピンク地色絵御旗御紋コーヒーセットの一部。明治 8 年（1875）、宮内省が明治天皇の御会食のためにロンドンの小売店、ウィリアム・モートロック・アンド・サンズ社に注文をし、英国王室御用達であるミントン社が製作した。中央に御旗御紋が描かれている。

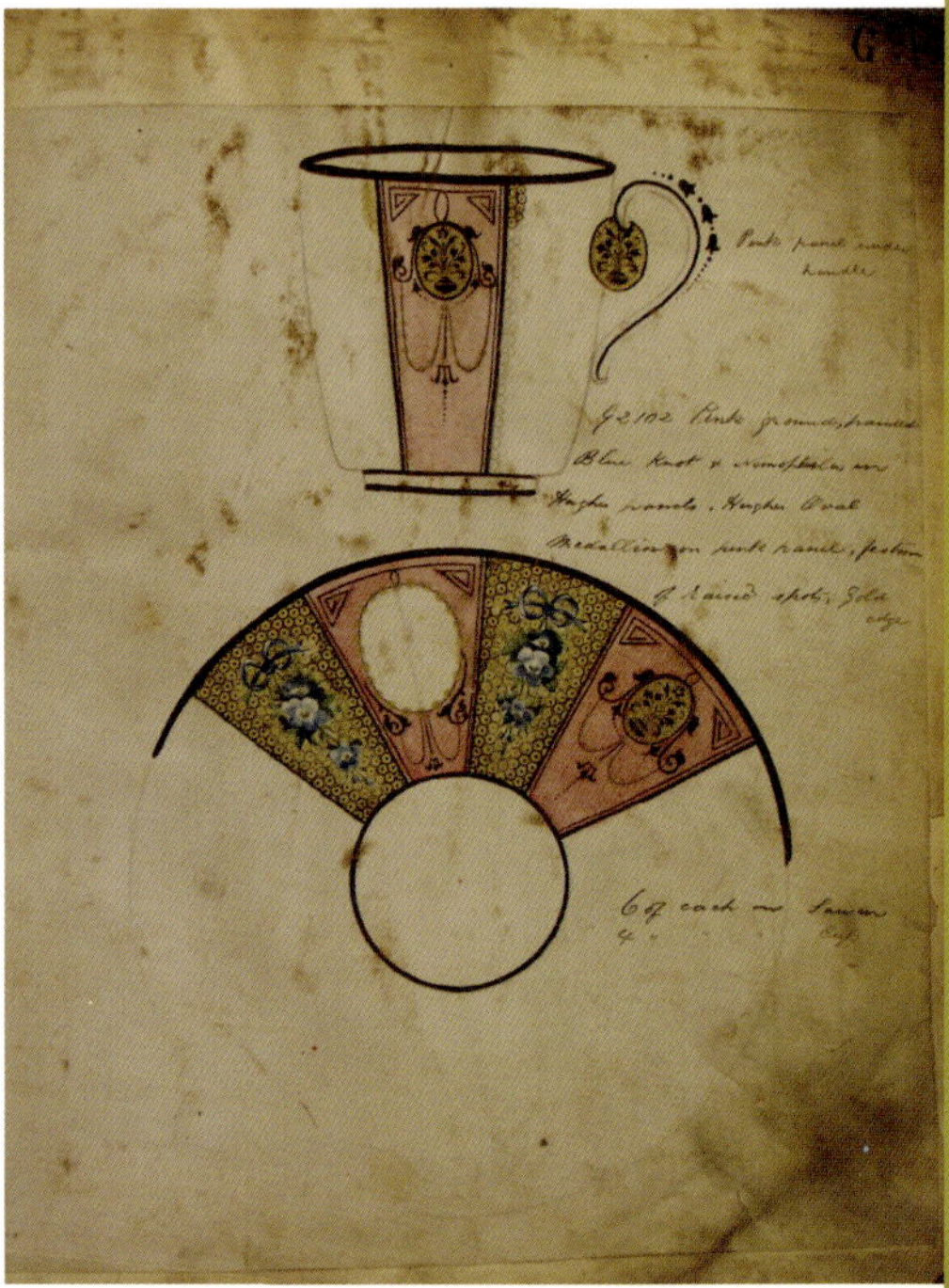

【カラー口絵 9】

ミントン社『図案帖 G2100-G2199』のティーカップ・ソーサー。宮内省が注文した【カラー口絵 8】の食器を製作するために使用された図案。紋章を入れるための縁にある卵形の部分が空白になっていることから、他の顧客のためにすでに使用された図案であったと思われる。

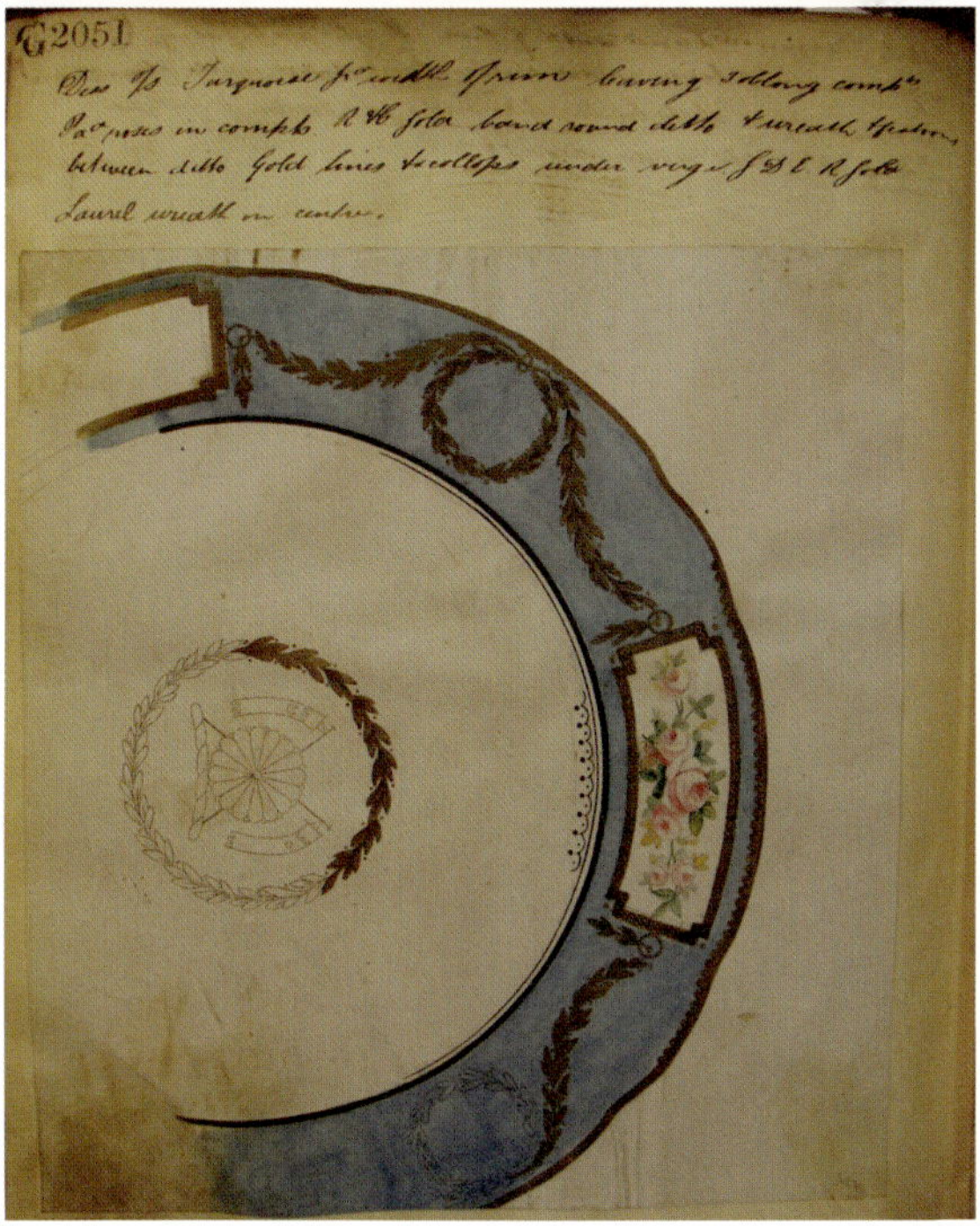


【カラー口絵 10】

ミントン社『図案帖 G1800-G2099』の菓子皿。明治 8 年、宮内省が明治天皇の御会食用に注文した磁器を製作するための図案。中央に菊の御紋があるこのデザート用食器は、明治 14 年 10 月 26 日、赤坂仮皇居御会食所に初めて迎えた外賓である英国両皇孫アルバート・ヴィクター、ジョージ（のちの国王ジョージ 5 世）との晩餐会で使用された。

【カラー口絵 11】

ミントン社の青地色絵天使図見本皿。1863 年（文久 3）にウェールズ公エドワードとデンマーク王女アレクサンドラの結婚を祝して製作された。英国王室に由緒あるオークの葉が青地に金彩で縁取られている。御会食所で【カラー口絵 10】の皿に接した英国王子ヴィクターとジョージは、この王室ゆかりの食器との類似点を見出し、日記に書き残している。

【カラー口絵12】

九州有田の精磁会社が製作した金彩桐御紋大皿。同社は明治12年に設立され、赤坂仮皇居時代に多数の宮中磁器食器を手がけた。桐御紋付食器セットは、この時代を代表する宮中晩餐の食器となったと思われる。明治22年2月11日に憲法発布を祝い、新築の明治宮殿で開催された大宴会でもこのセットが使用された可能性が高い。

【カラー口絵13】

セーブル製の淡青地金彩パルメット文カップ（1833年）とソーサー（1842年）。フランスの磁器製造窯、セーブル社によって、国王ルイ・フィリップがサン・クルー城とコンピエーニュ城で使用するために製作された。【カラー口絵12】の桐御紋付食器製作の参考に用いた見本も、セーブル製のパルメット文食器だったことが分かっている。

【カラー口絵 14】

精磁会社の染付葡萄唐草鳥獣文菓子皿。【カラー口絵 12】の桐御紋付食器とともに、赤坂仮皇居御会食所でよく使用された国産磁器洋食器だった。明治 13 年 9 月、宮内省は御会食所の新設にあわせて、有田の精磁会社へこのセットを初めて注文したことが確認できる。縁の装飾は、「古鏡」模様とも称される。

【カラー口絵 15】

唐代の鳥獣花背円鏡。【カラー口絵 14】の皿の縁に描かれた、葡萄の蔓のあいだを駆け巡る動物たちの装飾は、正倉院の宝物であるこの銅鏡に由来していると考えられる。鶴や鳳凰、唐草等の正倉院風の「古典」モチーフは、明治時代のさまざまな工芸の意匠に頻繁に用いられた。

part 3
「天皇のダイニングホール」にかかわる人々

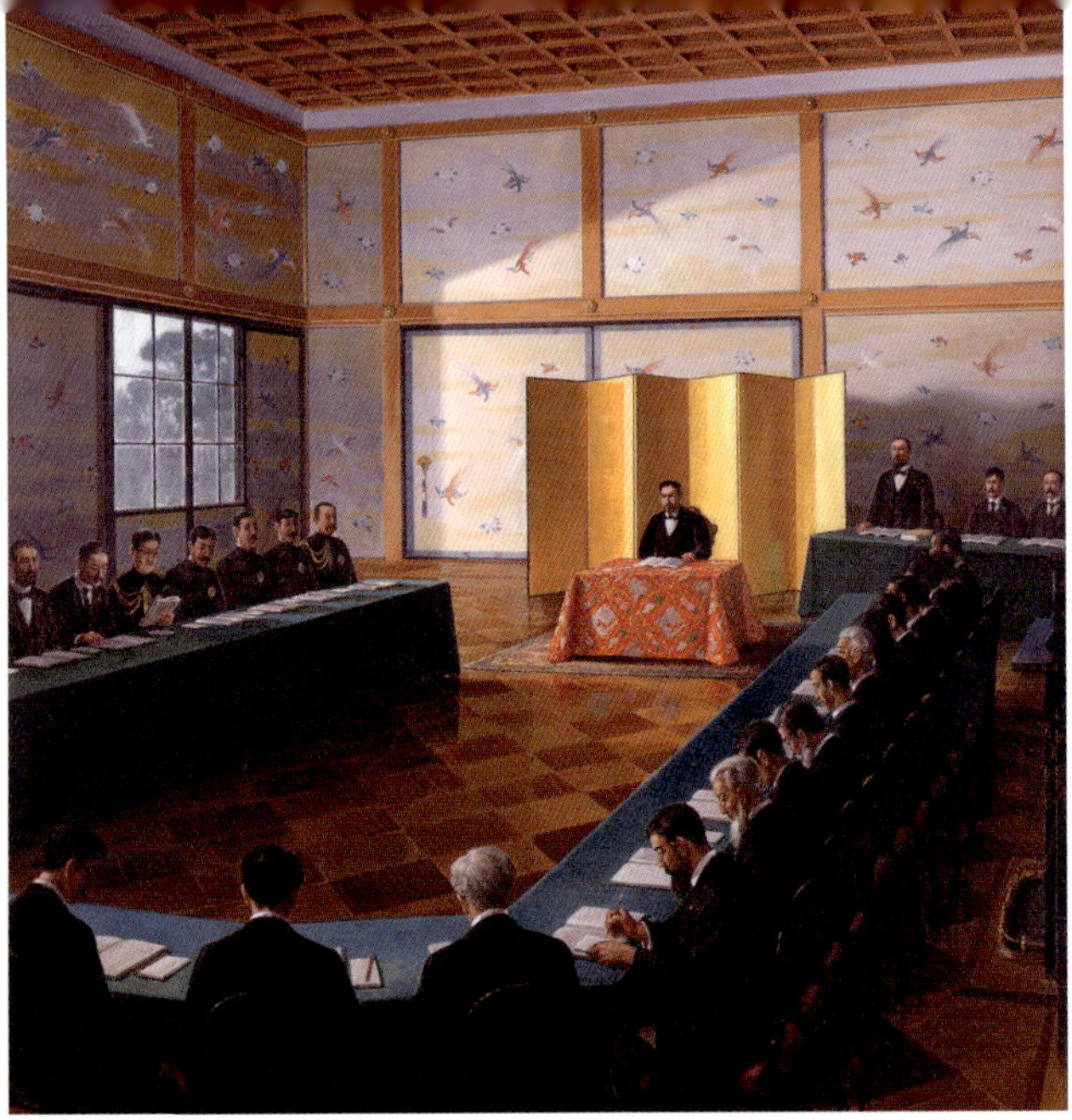

【カラー口絵16】

聖徳記念絵画館壁画「枢密院憲法会議」(二世五姓田芳柳・画)。「天皇のダイニングホール」の主役は、やはり明治天皇。天皇の臨席で行われた枢密院会議の模様を描いた本作の中央にいるのが明治天皇で、その隣に立ち憲法草案の説明をしているのが、枢密院議長の伊藤博文。場所は「天皇のダイニングホール」こと「御会食所」である。後年、伊藤博文には、この建物が下賜されることになる。現在の明治記念館本館「金鶏の間」。

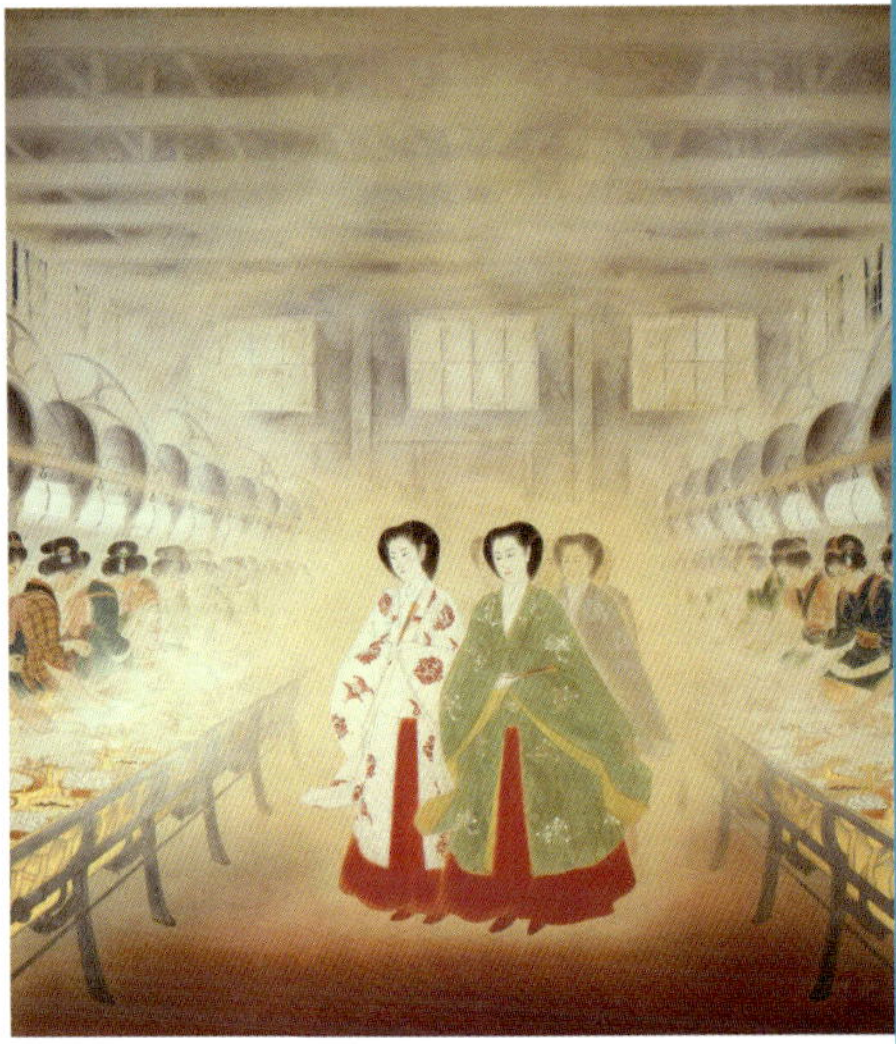

【カラー口絵17】

聖徳記念絵画館壁画「富岡製糸場行啓」(荒井寛方・画)。「天皇のダイニングホール」、もうひとりの主役は皇后である。中央、向かって左の白い和装姿が明治天皇の皇后である昭憲皇太后。

【カラー口絵 18】

「チャリネ大曲馬御遊覧ノ図」（楊洲周延・画）。吹上御所でイタリア人の曲馬をご覧になる明治天皇とドレス姿の昭憲皇太后。明治19年（1886）7月、皇后は初めて洋装を召した。

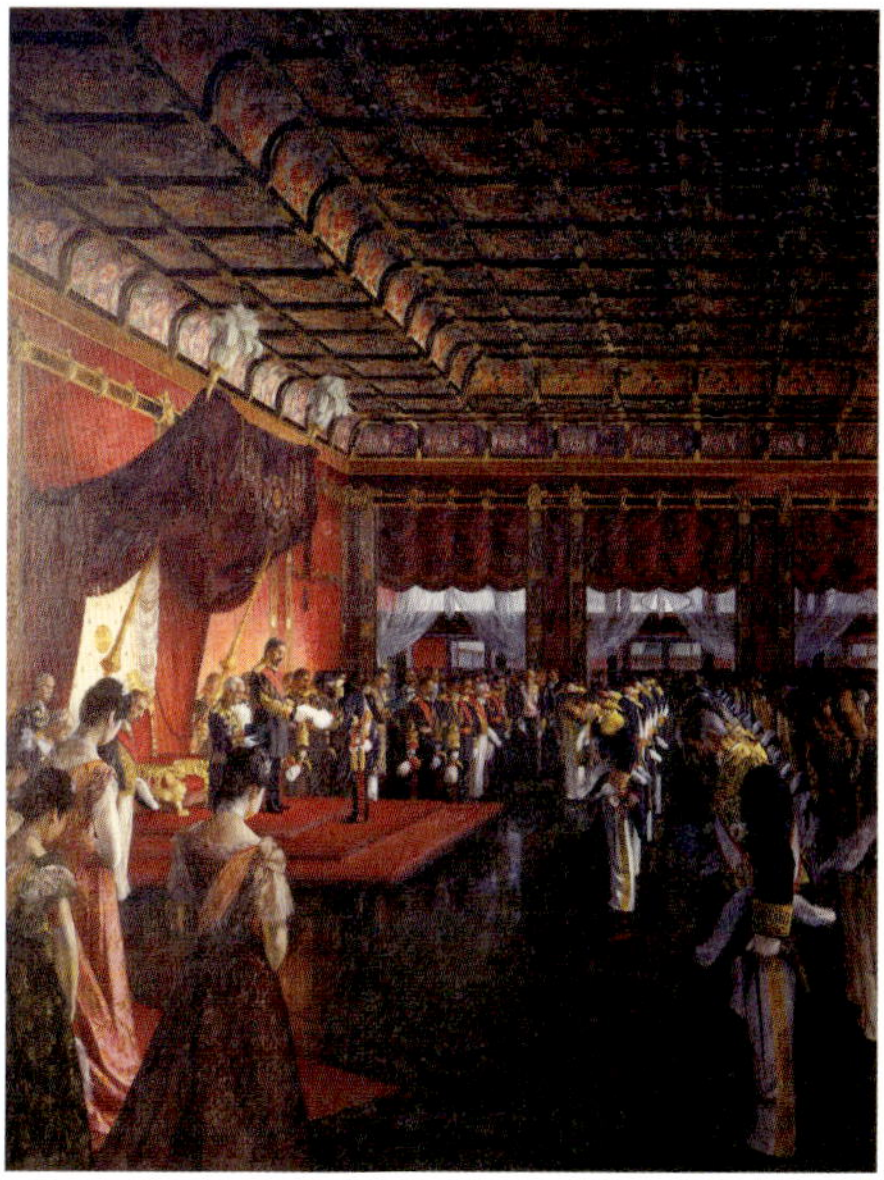

【カラー口絵 19】

聖徳記念絵画館壁画「憲法発布式」（和田英作・画）。明治22年に行われた憲法発布式の様子を描いたもので、場所は赤坂仮皇居の次に明治天皇と皇后が住まわれた明治宮殿。中央の壇上に立つのが明治天皇。手前の壇上で、ピンクの中礼服を着用しているのが昭憲皇太后。

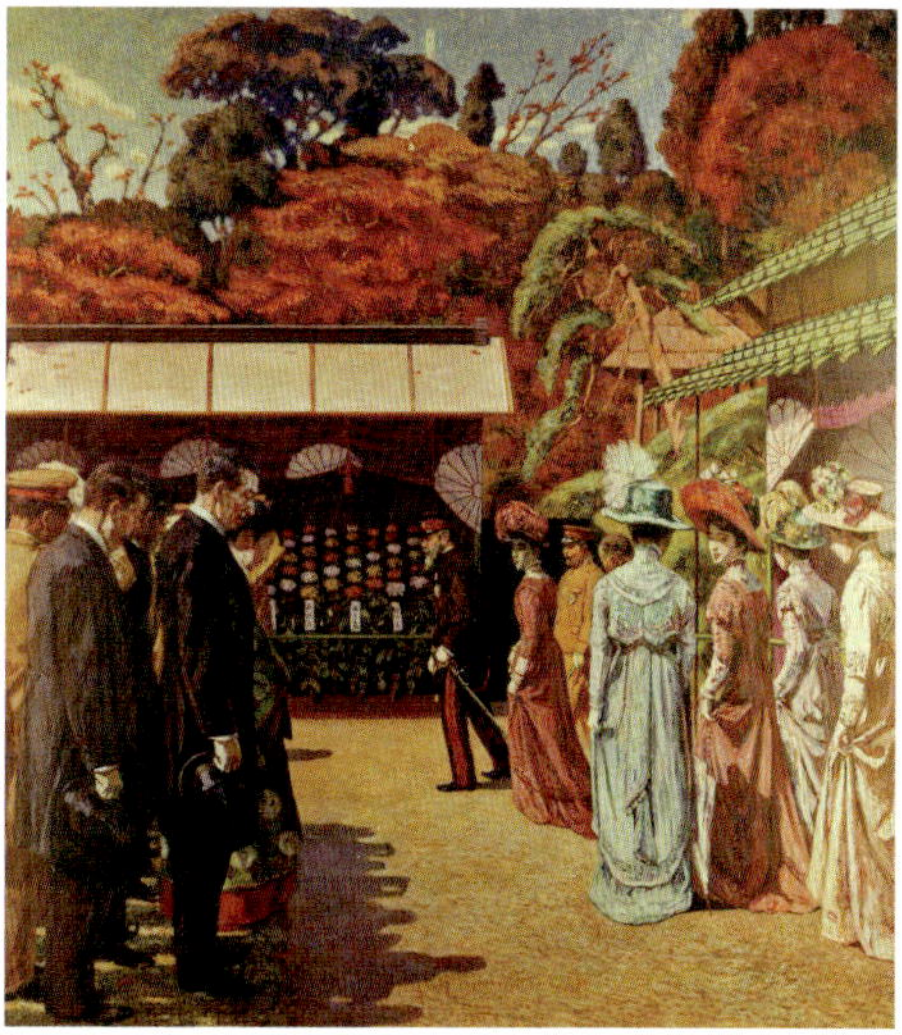

【カラー口絵 20】

聖徳記念絵画館壁画「観菊会」（中沢弘光・画）。観菊会は、明治13年に創設された皇室主催の園遊会のひとつ。秋には菊を愛で、春には「観桜会」として桜を愛でた。描かれているのは明治42年の観菊会で、中央が天皇と皇后である。

【カラー口絵21】

聖徳記念絵画館壁画「岩倉大使欧米派遣」(山口蓬春・画)。「天皇のダイニングホール」にかかわる人物のひとり岩倉具視が、欧米諸国の視察のため汽船「アメリカ号」に乗船する様子が描かれている。波止場を離れた小蒸気船の中央が岩倉。向かって左が大久保利通。右が木戸孝允。右下の小舟に乗る赤い着物の女性は、のちに津田塾大学を創設する津田梅子である。

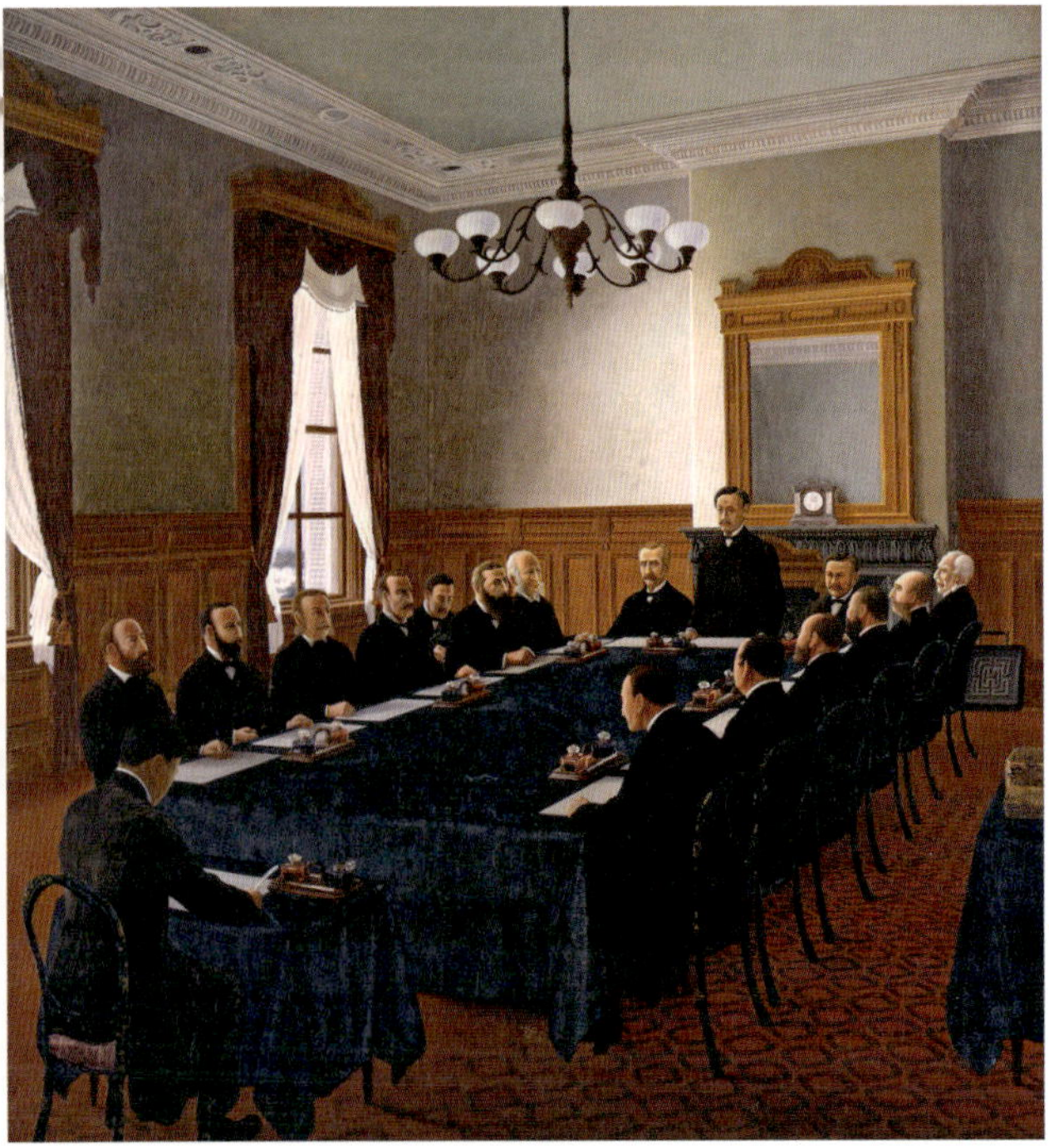

【カラー口絵22】

聖徳記念絵画館壁画「条約改正会議」(上野広一・画)。「天皇のダイニングホール」こと「御会食所」で行われた外交接待の主たる目的となったのが、徳川幕府が諸外国と結んだ不平等条約の改正である。この改正のために奔走したのが外務卿の井上馨。この壁画は、各国の代表を集めた条約改正のための予備会議の模様を描いたもの。中央で起立しているのが井上馨で、その右隣が通訳のアレクサンダー・シーボルトである。

# まえがき

本書は、明治天皇（一八五二―一九一二）が赤坂仮皇居時代に「御会食所」と呼ばれた場所で行った宮中外交を「建築」「テーブルアート」「人物」という三つの視点から読みとくものである。

明治天皇とその皇后である昭憲皇太后（一八四九―一九一四）の饗応の舞台とその様子を、多方面から検証していく前例のない試みとなるものだが、まず、本論をよりスムーズに理解していただくために二つの歴史的変遷について説明しておきたい。

ひとつは、明治天皇の住まいについて。

もうひとつは、明治外交の舞台についてである。

## ＊明治天皇、四つの住まい

先ほど「明治天皇が赤坂仮皇居時代に」と書いたが、この「赤坂仮皇居」とは、明治天皇にとって三つ目の住まいとなった場所である。

明治までの天皇は、数例を除けば、あまり人前に現れることはなく、その生涯を京都御所だけで終えることがほとんどであった。

明治天皇も、世が江戸幕府体制のまま移ろえば、近世の天皇と同じように、その生涯を京都御所のなかで終えたことであろう。

しかし、明治維新という時代の大転換が起こり、明治天皇は生涯を通して四つの場所に住まうことになる。

ひとつ目の住まいは、京都御所である。

明治天皇は、嘉永五年（一八五二）に京都御所内の御産所《おんうぶしょ》で生まれ、江戸の世が終わるまで、ずっと京都御所から出ることはなかった。

しかし、明治になると、新しい世の到来を示すために「行幸」と呼ばれる天皇の外出が、頻繁に行われるようになる。

天皇の初めての行幸は、明治元年に京都の二条城にて、新政府の総裁である有栖川宮熾仁《たるひと》親王に旧幕府軍の追討令を出す際に実現した。

そして同年、明治天皇は東京行幸により江戸城に入城。翌年から、この地が明治天皇の新たなる住まいとなった。

しかし、明治天皇は、この二つ目の住まいから慌ただしく立退くことになる。明治六年（一八七三）五月五日、皇居宮殿として使用されていた旧江戸城の西ノ丸御殿が、女官部屋からの出火により焼失したためである。

この際、明治天皇と皇后が緊急避難し、そのまま仮の住まいとして定められたのが、三つ目の住まいとなった赤坂仮皇居である。

この地は、もともと紀州徳川家の江戸屋敷《えどやしき》があった場所で、この地に仮皇居を定めたことから、以降この住まいは「赤坂仮皇居」と呼ばれることとなる。

明治天皇は、この赤坂仮皇居に、明治六年五月五日からおよそ十六年にわたって住み、明治二十二年一月、新しくできた明治宮殿に引っ越すことになる。

この明治宮殿が、明治天皇にとって最後となる四つ目の住まいとなった。この宮殿は、旧江戸城の西ノ丸に和洋折衷の木造建築として建てられたもので、明治二十二年二月の大日本帝国憲法発布式もここで行われた。明治天皇だけでなく、大正天皇、昭和天皇も居所とした明治宮殿だが、第二次世界大戦の末期、昭和二十年（一九四五）五月の東京空襲の際に類焼して、そのすべてを焼失している。

なお、余談になるが、明治宮殿の次なる宮殿が作られたのは、昭和三十六年のこと。昭和天皇は、「国民の復興が先」と、宮殿の造営を認めず、この間、防空壕だった御文庫で過ごしている。

## ＊明治外交、三つの舞台

さて、本書を読みとく上で重要な「赤坂仮皇居」の位置づけは、おおよそ理解いただけたであろうか。続いては「御会食所」の概要を理解していただくため、明治宮殿が完成する以前、すなわち赤坂仮皇居時代の明治外交の三つの舞台について解説したい。

ひとつめは明治十六年、日比谷に作られた「鹿鳴館」。設計者は日本建築界の父と呼ばれるジョサイア・コンドル（一八五二―一九二〇）である。

おそらく「明治外交の舞台」と聞いて、多くの人が真っ先に名前を思い浮かべるのがこの鹿鳴館ではないだろうか。外務卿であった井上馨《かおる》（一八三六―一九一五）の発案で作られたこの社交場では、当時の日本外交の課題であった不平等条約の改正のため日本が文化的にも欧米に近い先進国であることを示そうと、外交官たちを招いての夜会がたびたび催された。

ただ、急ごしらえの洋風接待は、外国人からの評判もよくないうえ、国内からも「退廃的行為」などと少なからぬ悪評に晒された。この鹿鳴館で饗宴が催されたのは、井上馨が外務卿を辞任する明治二十年までと、その期間は四年あまりにすぎない。それにも関わらず「明治外交＝鹿鳴館」という印象が強いのは、この芳しくない評判ゆえであろう。なお、鹿鳴館は明治二十三年に宮内省に払い下げられ、昭和十五年にはその建物も取り壊されている。現在は、東京都千代田区の帝国ホテル近くに、その跡を示す石碑を見ることができる。

ふたつめは「延遼館」である。

明治二年の春、英国公使パークスは、夏にイギリス王国の第二王子・エジンバラ公がアジア歴訪の途上、日本に立ち寄ると政府に告げる。ここから明治政府にとって初めての国賓接遇が始まるのだが、これに際して宿泊施設が作られることになった。場所は、江戸時代には徳川将軍家の別邸「浜御殿」があった現在の浜離宮恩賜庭園。ここに当時あった海軍施設「石室」を改修し、調度品を整えてエジンバラ公をもてなす宿舎とした。これが「延遼館」と名付けられ、こののち、外務省の管轄となって、国賓の接遇や宿泊の施設、饗応などに用いられるようになる。

この後、明治十六年に鹿鳴館ができると、延遼館は外務省から宮内省に移管される。ここから外務省は鹿鳴館を、宮内省は延遼館を外交接待に用いることになる。

この鹿鳴館、延遼館とならぶ三つめの明治外交の舞台が、本書の主役となる「御会食所」である。

御会食所は、明治天皇の三つめの住まいとなった赤坂仮皇居に明治十四年十月に作られたものである。

明治時代、皇居のなかでは、天皇との対面がさまざまな機会に行われた。

年頭の新年拝賀においては、天皇と高級官僚や有位有爵者との主従関係が「拝賀」という行為のなかで確認された。また各国の外交官に対しては、その着任、離日に際して宮中で天皇への謁見が許され、外国の皇族が来朝した際には宮中での天皇との対面がセッティングされている。

宮中ではこうした天皇との対面の他に、より親密な関係を示すものとして、天皇と食事を共にする「御会食」という機会がしばしば設けられた。

明治天皇の御会食には、身内である皇族方との祝い事に際して皇后や皇太后（英照皇太后）と開くごくプライベートなものから、年中儀式として行われる三大節賜宴（新年宴会、紀元節賜宴、天長節賜宴）や外賓が来朝した際の宮中晩餐会といった国家儀礼まで多様なケースがあった。そこでは天皇と会食の相手との「距離」や「親密さ」が、会食の形式や食事の内容によって表現された。

御会食所は、赤坂仮皇居という臨時の住まいに不足していたこのような「御会食」を催すため、天皇専用のダイニングホールとして作られたのである。

外観は和風意匠でありながら、内部は洋風の要素を取り入れた和洋折衷の大空間の建物で、設計者は宮内省の技師・木子清敬《きこきよよし》（一八四五―一九〇七）。木子は、明治二十二年に竣工した明治宮殿の設計者としてよく知られる人物である。

明治天皇が赤坂仮皇居で過ごした明治六年五月から明治二十二年一月までは、西南戦争を代表とする内乱の鎮圧、幕末に諸外国と締結した不平等条約の改正、大日本帝国憲法の制定と国会開設といった、近代国家としての体制整備が急ピッチで進められた時期であった。天皇との「御会食」には、これらの課題をスムーズに解決するための触媒のような役割も期待されていた。

ちなみに「御会食所」があった赤坂仮皇居の場所には、現在、「迎賓館赤坂離宮」が建っている。この建物は、もともと嘉仁《よしひと》親王（のちの大正天皇）の住居、すなわち「東宮御所《とうぐうごしょ》」

として作られたもので、明治三十二年に着工し、十年後の明治四十二年に竣工している。設計者は、宮廷建築の第一人者である片山東熊《とうくま》（一八五四―一九一七）である。

この迎賓館赤坂離宮の場所にあった「御会食所」と、「鹿鳴館」そして「延遼館」の三つが、明治宮殿誕生以前の日本外交を支えた舞台なのである――。

**＊今なお残る「御会食所」**

本書を読みとくうえで知っておいていただきたい「明治天皇、四つの住まい」と「明治外交、三つの舞台」について、おおよそご理解いただけたであろうか。

では、この「はじめに」の最後に本書でなぜ赤坂仮皇居にあった「御会食所」にスポットを当てたのか、その最たる理由をご説明しておきたい。

それはこの建物が、今もなお、誰もが訪れることができる場所に残っていることにある。

その場所を「明治記念館」という。

明治記念館は、明治神宮外苑の一角である東京都港区元赤坂二丁目にあり、総合結婚式場としても広く知られる場所であるが、この本館こそ「御会食所」の建物、そのものである。

明治宮殿が完成し、明治天皇と皇后が赤坂仮皇居から移られると、同地には皇太子の居所となる「東宮御所」が作られることになった。これにより「御会食所」は、いったん、解体されるも、その後、移築されることになる。

移築先は、当時、伊藤博文邸のあった現在の品川区大井。「御会食所」は、ダイニングホールとしてだけでなく、大日本帝国憲法の草案を審議する枢密院会議の場所としても利用されていたため、この枢密院の議長であった伊藤に下賜されたのである。伊藤は、この建物を「恩賜館」と名付け、応接などに用いた。

明治四十二年に伊藤博文が亡くなり、時代が大正に移って明治神宮外苑の造営が計画されると、伊藤博文の息子の伊藤博邦から明治神宮にこの「恩賜館」が奉納されることとなった。このとき、この建物は過去の経緯にちなんで「憲法記念館」と改名される。

そして戦後となる昭和二十二年に、同館は「明治記念館」として新たな歩みを始め、現在にいたっている。

このように「御会食所」の建物は、いったん、元赤坂の地を離れた後、道路を挟んだ先にある元赤坂の隣地に戻ってきたのである。

現在、明治記念館では、数多くの結婚式やパーティーが催されているが、この建物が、このような歴史を経てきたことを知る人は少ない。今も披露宴が行われる部屋で、明治天皇と昭憲皇太后が食事をし、伊藤博文らが憲法の審議をしたことに思いを馳せる人も少ない。

しかし、現在の明治記念館の本館は、明治時代、幾多の歴史的舞台となった貴重な遺構なのである。

そこで本書では、この「御会食所」の新たな評価へとつながる一歩として、建築、テーブルアート、人物にスポットを当て、明治という時代の理解を深めることを目指した。

来年、平成三〇年（二〇一八）は、明治維新からちょうど百五十年の節目の年。少しでも多くの方に、明治という時代の実像を感じ取っていただければ幸いである。

# 天皇のダイニングホール　～知られざる明治天皇の宮廷外交～　目次


まえがき

序章　明治天皇の御会食にみられる三つの機会とその内容　1　山崎鯛介

天皇の御会食に見られる三つの機会／「おごそかな和食昼餐会」として行われた三大節賜宴／来朝した各国皇族との御会食／大臣・参議および各国公使との御陪食

第一章　交流の建築　～御会食所のデザインにみる「復古」と「近代」の二面性～　19　山崎鯛介

一、既存建物のリノベーションとその空間　25

西ノ丸皇居における儀礼形式の確立／赤坂仮皇居への移転と既存建物の改修／空間の使い方　朝儀（新年拝賀と三大節賜宴）の場合／空間の使い方　国賓接待の場合

二、御会食所の設計意図　39

最初に計画された謁見所・会食所「併設案」／設計変更による会食所への特化／竣工時の御会食所に見られる和洋折衷の室内意匠／「復古」を強調した京都御所風の意匠

三、明治十九年に行われた床仕上げの大改修　53

儀礼空間を対象とした床仕上げの大改修／婦人の洋装化と洋風晩餐会への洋装皇后の同席／新年拝賀に導入された新しい形式「列立拝賀」

第二章　食卓の外交　～明治天皇の洋食器と意匠をめぐる戦略～　61
――メアリー・レッドファーン（林美和子　訳）

一、食卓の用意　64
諸国酒宴に参加した日本／外交の小道具　宮中の洋食器／「西洋の」食器
二、御会食所の初日　81
明治八年に注文された英国製の洋食器／明治十四年に来日した英国の王子たちとの饗宴／天皇の戦略
三、御用食器の新古模様　105
御会食所のための国産宮中洋食器／「天皇」のためのデザイン／明治天皇の食卓を越えて／器の絆

第三章　饗宴の舞台裏　～人物で読む明治宮殿誕生前夜の宮中外交～　129
――今泉宜子

一、ドレスと勲章　～皇后のディプロマシー～　133
御会食所の皇后ことはじめ／皇后の洋装化／女の勲章／明治宮殿への登場
二、条約改正への道　～シーボルト兄弟が見た明治外交～　156
不平等条約というくびき／アレクサンダーとハインリヒの日本／井上馨外相時代の改正交渉とアレクサンダーの奔走／遠い夜明け

三、明治天皇の料理番　～大膳職を支えた人々～　177
「本格」未満の時代／宮中洋食はじめて物語／秋山コレクションに見る御会食所の午餐・晩餐／「食」のお雇外国人と海を渡った大膳職

あとがきにかえて

■付録

「天皇のダイニングホール」を訪れた人々　～赤坂仮皇居御会食所の利用年表～
注
図版所蔵先・出典一覧
人物索引

序章

# 明治天皇の御会食にみられる三つの機会とその内容

山崎鯛介

この序章では、次章以降の各論の内容を正しく理解するための一助とすべく、そもそも赤坂仮皇居の御会食所ではいつどのような機会に明治天皇の御会食が行われたか、またその内容がどのようなものであったかについて、史料をもとに全体の傾向と歴史的な流れをまとめておく（巻末年表参照）。

## 一、天皇の御会食に見られる三つの機会

ところで、「明治天皇の御会食」と聞いて思い描くのは、一体どのようなイメージであろうか。おそらく多くの方は、現代の宮中で行われているような洋風の豪華な晩餐会をイメージするかもしれない。実際に、そうした華やかな宮中晩餐会は、明治二十年前後にたびたび行われたことが『明治天皇紀』や『昭憲皇太后実録』に記されており、また同席した外国人の日記[1]にも書かれている。しかし一方で、御会食所では同時期にまったく異なるスタイルによる新年宴会や紀元節賜宴、天長節賜宴といった御会食も行われており、そこでは皇后をはじめとする女性は参加せず、御会食は「昼餐」として行われ、メニューは日本料理であった。そして、このまったく異なる二つの御会食のスタイルは、赤坂仮皇居の時代を通じて併用さ

れ続け、その後、明治二十二年に竣工した本格的な宮殿である明治宮殿にも継承されていった。まず、こうした代表的な御会食の機会がどのくらいあったか、史料に基づき整理してみよう。

明治神宮には『御会食所御用途一覧』（自明治十四年十月至二十二年一月）と表紙に書かれた資料が保管されている。これは、御会食所の竣工（明治十四年十月）から明治宮殿への移転（明治二十二年一月）までの期間を対象に、御会食所が使用された機会をすべてリストアップし、それぞれの使用機会について、日付と時刻、使用目的を整理したリストである。憲法記念館の開館から間もない大正七年（一九一八）頃に宮内庁所蔵の公文書を悉皆的に調べて作成したものと見られる。[2]このなかから御会食以外の用途で建物が使用されたケース[3]を除き、「御会食」として使用された機会のみを抜き出してその目的ごとに分類・集計すると、次のようになる。

①三大節賜宴（新年宴会、紀元節賜宴、天長節賜宴）　二二回（すべて昼餐）
②来朝した外国皇族との御会食　一〇回（昼餐五回／晩餐五回）
③大臣・参議・地方長官および外国公使との御陪食
　大臣・参議との御陪食　一四回（昼餐三回／晩餐一一回）
　地方長官御陪食　八回（すべて昼餐）

外国公使との御陪食　八回（昼餐六回／晩餐二回）
その他…嘉仁親王が九歳になり皇位継承者となった際の祝賀　一回（昼餐）
皇后誕生日にあたり祝賀の立食　一回（昼餐）
以上合計　六四回（昼餐四六回／晩餐一八回）

このように、宮中ではさまざまな機会に明治天皇との御会食が開催され、多くの賓客や臣下がそこに招かれていたことがわかる。京都御所の奥深くで女官に囲まれて暮らしていた江戸時代までの天皇とは異なり、明治時代の天皇には、新しい時代のリーダーとしてのイメージを国の内外に発信することが求められたが、宮中での御会食は、その重要な機会であったと考えられる。そして、そこでの天皇の役割は多様であり、①は宮中行事の主催者として、②は海外の皇族との交流を目的に、③は内政・外交に関する日常的な政務の一部として御会食が行われた。

こうした明治天皇の御会食については、『明治天皇紀』に多くの記載が見られ、その様子を断片的に知ることができる。そこで、次節以下ではそれぞれのケースについて明治初期までさかのぼってルーツを確認しつつ、代表的な事例をとりあげてその内容を見ていくことにする。

## 二、「おごそかな和食昼餐会」として行われた三大節賜宴

「三大節賜宴」とは、一月五日の新年宴会、二月十一日の紀元節賜宴、十一月三日の天長節賜宴を指す言葉で、いずれも江戸時代まで「太陰暦」に基づいて行われていた年中行事（節句）に代わり、明治政府が明治五年十一月に導入した欧米標準の「太陽暦」に合わせて導入された「近代の」宮中儀式である。賜宴に招かれたのは、高級官僚、参議や大臣などの政府要人、有爵者といった天皇を支える人々である。この三大節賜宴の特徴は、その御会食の内容において復古的な色彩が強調された点にある。たとえば新年宴会について『明治天皇紀』には、「歳首に於て宴を群臣に賜ふことは千有余年来行はるゝ所なるを以て、旧典に拠りて其の式を新にし、其の期日を変更して是の日之《こ》れを行ひ、新年宴会と称せらる[4]」と、それが古来行われてきた重要な宮中儀式「元日宴会」を継承したものであり、古代に典拠を求めつつも式次第は近代的にアレンジした、復古的かつ近代的な行事であると説明している。

紀元節賜宴は、明治五年に神武天皇即位の年を紀元元年と定めたことに始まる宮中儀式であり、明治六年から新年宴会と同様の形式で賜宴が開かれた。そして、天皇の誕生日を祝う天長節賜宴は、明治五年一一月に紀元節とともに祝日とすることが決まり、これも明治六年から新年宴会と同様の形式で賜宴が開かれるようになった。

これら三大節賜宴は、いずれも「昼餐」として行われた。メニューについては、「賜饌色目は、勅任官は取肴・酢物・鮓・煮肴・吸物（鯛・昆布）・作身・水物・浸し物・温物（鶴糸絲牛房）、奏任官は取肴・酢物・鮓・煮肴・吸物・作身・浸し物・温物、判任官は・鮓・取肴・作身、等外官は鮓・取肴・吸物（蛤）にして、勅奏任官は折敷に之れを載せ、判任・等外官は折詰なり」(5)とあるように、伝統的な日本料理であり、食器もそれに合わせて折敷や折詰などが用いられた。そして、賜宴後には伝統的な形式を踏襲し、舞楽陪覧が行われた。これらの賜宴は、いずれものちに「おごそかな和食昼餐会」と呼ばれたが(6)、食事を楽しむというよりは、形式を重んじた儀礼的なものであったようである。

なお、明治十四年以降には、条約締結国の各国公使もこの三大節賜宴にも招かれるようになった。これは、不平等条約改正予議会の開催を目前に、交渉を有利に進めたい外務卿・井上馨《かおる》の尽力によって実現したものであるが、ここでも式次第は従来のまま、御会食は「おごそかな和食昼餐会」として行われた。これは、三大節賜宴が天皇と臣下との主従関係の確認を目的とした宮中儀式であり、外国公使もその枠組みのなかで招かれたためと考えられる。

なお、こうした宮中での賜宴とは別に、天長節には延遼館や鹿鳴館などの迎賓館において各国公使を招いての晩餐会（のちに夜会）が開かれたが(7)、これには天皇は出席せず、皇族や参議など政府の要人がホストを務める形式で行われた。

## 三、来朝した各国皇族との御会食

東京に皇居が置かれた明治二年三月から明治二十二年一月までの二十年間に、西ノ丸皇居または赤坂仮皇居を訪れ、明治天皇と対面を果たした諸外国の賓客の数は、『明治天皇紀』によれば十九名であった。(8) 当時のヨーロッパの貴族社会では、若年の皇族男子がその教育の一環として海軍に属し、士官として世界周遊に出る慣習があった。来日した外国皇族の多くも、そうした周遊の途上で日本に寄港し、宮中に参内して明治天皇との対面を果たしたものである。

その最初の賓客は、明治二年七月二十八日（旧暦）に参内した英国皇子アルフレート（一八四四―一九〇〇、ヴィクトリア女王の第二皇子）であり、最後の賓客は、明治二十一年七月十日に参内したオーストリア＝ハンガリー帝国皇族レオポルト・フェルディナント（一八六八―一九三五、トスカーナ大公フェルディナンド四世の第一皇子）であった。

この十九回のうち九回は御会食所の建設前に行われており、御会食所の竣工後に行われた各国皇族との御会食の機会は十回であった。まずこの前半の九回について、接待の内容を見てみる。

## ＊明治初期における庭園・御茶屋での賓客のもてなし

明治初期、すなわち西ノ丸皇居や赤坂仮皇居に移転して間もない時期に行われた宮中接待では、賓客は宮中での天皇との対面が終わると皇居内の庭園を案内され、庭園内の御茶屋で茶菓や食事のもてなしを受けた。最初の賓客となった明治二年の英国皇子のケースでは、皇子は西ノ丸皇居の「大広間」で明治天皇との対面を済ませた後、「次いで領客使、王子を吹上御苑紅葉御茶屋に導き、茶菓を饗す、既にして天皇、滝見御茶屋に臨御、王子を招き、椅子に御して談話あらせらる、〔三条〕実美侍す、茶菓の饗あり」(9)とあるように、吹上御苑の御茶屋で茶菓のもてなしを受けた。

以後、それを先例とし、明治五年十月十七日に参内したロシア皇帝アレクサンドル二世の第二皇子アレキシス・アレキサンドロヴィッチ親王（一八八一―九四）もまた、西ノ丸皇居の大広間で天皇と対面した後、場所を吹上御苑に移し、滝見御茶屋で茶菓のもてなしを受けている(10)。

赤坂仮皇居における最初の賓客は、明治六年九月一日に参内したイタリア国皇甥トンマーゾ・アルベルト・ディ・サヴォイア（一八五四―一九三一、初代国王ヴィットリオ・エマヌエーレ二世の甥、ジェノバ公）である。この時も天皇と対面した後、「畢《おわ》りて、皇甥等同車のまゝ外桜田門より宮城に幸《みゆき》し、皇甥を吹上御苑紅葉御茶屋に誘ひて氷水を取り、苑内を御逍遙、滝見御茶屋に於て午餐を共にしたまふ」(11)と、吹上御苑の御茶屋で接待を受けている。

宮殿内で天皇との御会食が実現した最初の例は、明治六年十月十三日にイタリア国皇甥（ジェノバ公）の離日に際して開かれた御会食と見られる。御会食は昼餐として行われ、メニューなどの詳細は不明であるが、会場には「御学問所代」と呼ばれた部屋が用いられた[12]。『明治天皇紀』を読む限り、これがこの時期に宮中での御会食が実現した唯一の例であり、その後は明治十二年まで外国貴賓の宮中参内は見られない。

## ＊最初の宮中晩餐会／ドイツ帝国皇孫との御会食　――明治十二年

「晩餐」で行われた天皇との御会食の最初の賓客は、ドイツ帝国皇孫（当時皇太子だったフリードリヒ三世の第二皇子）のハインリヒ親王（一八六二―一九二九）である。同親王は、米国前大統領グラントの来朝に先立つ明治十二年五月二十九日に参内し、明治天皇と対面した。日本が近代化の模範とする国の親王であり、また長期間の滞在だったことから、御会食は二度行われた。一度目は、明治十二年十月十五日に晩餐会として行われ[13]、二度目は同皇孫の離日に際し、明治十三年四月二日に昼餐として行われた。

前者の晩餐会の様子については、宮内庁所蔵『外賓接待録』に収録された資料から、座席配置と料理のメニューを知ることができる[14]。天皇と皇孫を含めた十四名で御会食は行われ、天皇と皇孫がテーブルの中央に横並びに座り、メニューは西洋料理のフルコースであった。一方、離日に際しての昼餐では陪席者が二十名以上にのぼり、親王や政府要人に加え、親王妃や井上馨夫人（武子）、青木周蔵夫人（エリザベート）も同席した。ただし皇后は御会食には同席せず、隣室（御座所）で開かれた食後の珈琲から懇談に参加している[15]。

これらを含め、明治十二年から十四年にかけてはこうした国賓を宮中に招いての御会食がたびたび催された。明治十二年十二月二日には、かつて明治六年九月にイタリア国皇甥として来朝したジェノバ公が皇従弟となって再来日し、宮中で晩餐会が開かれたほか[16]、明治十四年三月にはハワイ国皇帝カラカウア（一八三六—九一）が来朝し、十四日の告別に際して宮中で明治天皇との御会食（昼餐）が行われた[17]。これらのメニューと席次表も『外賓接待録』に収録されており、ほぼ同内容であったことが確認できる[18]。ただし、いずれの御会食にも皇后はまだ同席していない。

## ＊御会食所で実現した「本格的」な宮中晩餐会　——明治二十年前後

冒頭で述べたように、明治十四年十月に竣工した御会食所で行われた外国貴賓との御会食は、八年間で十回あった。この概要をまとめると、左のようになる。十回のうち七回は明治二十年から二十一年に集中して行われたことがわかる。

### 明治十四年十月二十六日／英国両皇孫（アルバート・ヴィクター、ジョージ五世）
### 延遼館宿泊、晩餐

明治十七年九月三日／スウェーデン国皇子（オスカル・カール・アウグスト）、延遼館宿泊、昼餐

明治十九年五月十九日／イタリア国皇親（ルイ・ナポレオン）、鹿鳴館宿泊、晩餐

明治二十年三月二十一日／ドイツ国親王（フリードリヒ・レオポルト・フォン・プロイセン）、延遼館宿泊、晩餐

明治二十年五月十三日／ヘッセン州伯ウィルヘルム親王（フリードリヒ・ヴィルヘルム）、ドイツ公使館宿泊、昼餐

明治二十年七月五日／ロシア国大公（アレクサンドル・ミハイロヴィチ）、延遼館宿泊、晩餐

明治二十年九月十九日／シャム国皇弟（デヴァウォングセ、国王ラーマ五世の弟）、延遼館宿泊、昼餐

明治二十一年五月三十日／サックス・ワイマール国公族（ベルナード、ザクセン＝ワイマール公国の貴族か）、鹿鳴館宿泊、昼餐

明治二十一年六月十四日／フランス国旧王族（アンリ・マリー・フィリップ・ドルレアン）、鹿鳴館宿泊、昼餐

明治二十一年七月十日／オーストリア＝ハンガリー帝国皇族フェルディナント（レオポルト・フェルディナント、トスカーナ大公子）、延遼館宿泊、晩餐

明治二十年以降の御会食がそれ以前と比べて大きく異なるのは、皇后の洋装化が明治十九年六月に実現し、それ以降、洋装の皇后と婦人たちが御会食に同席するようになった点であろう。皇后が外国皇族との御会食に和装で同席したのは、明治十九年五月十九日のイタリア国皇孫との御会食の一度しかなく、それに対し、明治二十年以降は外国皇族との御会食七回すべてに洋装で同席している。皇后の洋装化と婦人たちの御会食への同席が可能になったことで、御会食の規模も拡大し、伊藤博文や井上馨が熱望していた本格的な欧米流の宮中晩餐会が可能になった。

残された課題は大規模な御会食をスムーズに運営するための給仕の育成であったが、これについても明治二十年五月に来日し、御雇い式部官として宮中の近代化に尽力したドイツ人モールと、宮中執事に雇用されたベルギー人デヴェッテが指導的な役割を果たし、解決していった。モールの日記によれば、デヴェッテの陣頭指揮により、人のいない御会食所を使って週二回の給仕演習が行われたようである(19)。

## *国賓の宿泊所としての延遼館と浜離宮庭園

なお、この時期に来朝した外国貴賓の宿泊所には、外務省所管の接待所として明治十六年十一月に開館した日比谷の鹿鳴館と、それにともない明治十七年四月に外務省から宮内省へと移管された浜離宮の延遼館が併用された。両者の使用機会は、鹿鳴館が三回、延遼館が六回であった。外国貴賓の接待事務については、明治十四年八月に「外賓接待略記」が定められ、外務省の用務以外で来朝した外国皇族に関する事務は宮内省に一本化された。よって、明治天皇の賓客である外国皇族の宿泊所は、基本的には延遼館であったと考えてよく、延遼館に宿泊した外国皇族に対しては、六回中五回で参内の翌日に天皇が延遼館に行幸している。(20)この時期の延遼館は、建物はお世辞にも立派とはいえない状態であったが、このように重宝された理由としては、天皇の返礼の儀式としての行幸にふさわしい、浜離宮の広大な庭園の存在があったと思われる。

# 四、大臣・参議および各国公使との御陪食

これまで見てきた三大節賜宴と外国貴賓の接待は、御会食の規模や招待者の格式から見て、明治天皇の御会食の中心を占めるものであった。その他に、小規模ではあるが数多く行われた天皇との御会食として、冒頭の③のグループで示した大臣・参議や外国公使との御会食がある。

**＊定例御陪食のルーツとメニュー**

大臣・参議との御陪食の始まりは、西南戦争終結後の明治十年十一月まで遡る。国家体制の近代化を進める上で青年天皇に対する政治的教育が不可欠と判断した明治政府は、天皇と大臣・参議との意思疎通をよりスムーズに図るために定例昼食会の開催を提案し、明治十年十一月に第一回が行われた。「金曜日御陪食」と呼ばれたこの御会食の会場には、天皇が政務を執る御座所の二階の広間が充てられた。この御陪食は、その後、明治天皇の内閣への臨御の機会が増加するのにともない、その日の昼食会として火曜日、水曜日、土曜日と曜日を変えて頻繁に開かれた。

この定例御陪食のメニューは、「二重折詰料理・羹一種・香物・葡萄酒を賜ふ、爾後毎回

斯くの如し[21]」と、基本的に日本料理の折詰と葡萄酒であったが、土曜日には「爾後毎月上下両旬の土曜日正午を以て、同楼上に於て西洋料理の御陪食を大臣・参議に仰付けらるること例の如し[22]」と、西洋料理が定期的に出された。

このように、定例御陪食はカジュアルな御会食として宮中に定着していったが、同時に宮中関係者が西洋料理のテーブルマナーを学ぶ貴重な機会としても利用されたようである。

## ＊御会食所で行われた晩餐会形式の御陪食

明治十年に始まった金曜日御陪食は、御会食所の竣工後もそのまま場所を変えずに御座所の階上で昼食会として行われたが、明治十九年二月二十六日から七月二日（定例御陪食としての最終回）までの九回に限り、「今年より金曜日御陪食の例を改め、午餐を晩餐と為し、席を御会食所に移し、大に御召の範囲と人員とを増加し、盛餐を賜ふこととす[23]」とあるように、場所を御会食所に移し、大人数による晩餐会として行われた。このときのメニューは不明であるが、本格的な西洋料理であったと思われる。

明治十九年は、五月一日から東京で不平等条約改正の本会議が開催されており[24]、また開会まもない五月三日には、条約締結国の公使たちを宮中に招き、御会食所で晩餐会が開かれた[25]。金曜日御陪食が明治十九年に限り、大規模な晩餐会形式で行われた背景には、条約改正会議を成功に導くために欧化政策を推進した井上馨の意向があったと思われる。

条約改正交渉を有利に導くために条約締結国の公使を宮中に招き、天皇との御会食を開催するこうした試みは、寺島宗則（一八三二―九三）が外務卿を務めた明治七年九月に始まり[26]、井上馨（一八三六―一九一五）が外務卿として東京での開催にこぎつけた条約改正予議会の期間中（明治十五年一―七月）にも一度（五月二十七日）開催された[27]。前者は昼餐として、後者は晩餐会として行われた。このように、明治天皇の御会食は、この時期の最大の政治課題であった不平等条約改正問題の解決に向けても利用されたのである。

**＊御会食所で行われた小規模な御陪食**

より小規模な御会食としては、海外での重要な会議を終えて帰国した政府要人をねぎらうための御陪食[28]や、滞在期間が長期にわたり、天皇との親密な関係を築いた英米の公使に対する特別な御倍食の機会がある。後者では、米国公使ジョン・アーマー・ビンガム（一八一五―一九〇〇）に対し、帰国に際しての御陪食（明治十八年七月十日）を含め二度の機会[29]が与えられ、英国特命全権公使ハリー・スミス・パークス（一八二八―八五）には、清国への転任・離日に際して御陪食（明治十六年八月二十二日）の機会が、いずれも昼餐として設けられた[30]。

## おわりに

以上のように、宮中で行われた明治天皇の御会食には、三大節賜宴に代表される伝統重視の「和食昼餐」の形式と、欧米の本格的な宮中晩餐会を理想とした「洋食晩餐」の二通りの形式が存在した。いずれも新しい時代の「天皇」のイメージを表現するために明治初期に生み出され、条約改正問題を背景に、明治二十年には御会食所でその形式を完成させた。そして、この二種類の御会食のスタイルは、やがて明治宮殿へと受け継がれていったのである。

第一章

# 交流の建築

〜御会食所のデザインにみる「復古」と「近代」の二面性〜

山﨑鯛介

# はじめに

## ＊憲法記念館の由来

現在の明治記念館本館、通称「憲法記念館」は、かつて明治十四年（一八八一）十月に赤坂仮皇居に建設され、明治天皇が使用した「御会食所」の遺構である。我が国最初の「天皇のダイニングホール」であり、条約改正問題が最大の政治課題であった明治十年代には、三大節の賜宴や外国皇族を招いての宮中晩餐会の会場として使用された。

その後、焼失した西ノ丸皇居の跡地に新しい皇居宮殿「明治宮殿」が竣工し、そこへ天皇・皇后が移転してしまうと、赤坂仮皇居は赤坂離宮となり、明治二十二年十一月三日に皇太子となった嘉仁《よしひと》親王の「東宮《とうぐう》御所」として、その土地と主な建物はそのまま使用されることとなった(1)。やがて皇太子のご成婚が決まり、本格的な洋風宮殿（現在の迎賓館赤坂離宮）を同地に建設することが決まると、仮皇居時代の木造建物はすべて解体され、皇居を始めとする各所で再利用された(2)。この時に解体保存された「御会食所」の部材一式は、明治四十年に明治憲法の制定に尽力した伊藤博文に下賜され、大井町の伊藤博文邸で「恩賜館」と名付けられ再建された。明治四十二年に伊藤博文が亡くなり、大正時代になって明治神宮の造営が計画されると、建物は伊藤家から明治神宮に奉納され、大正七年に現在の地に二度目の再建を果たした。[3]これが現在の「憲法記念館」である。

明治記念館には、この建物が「憲法記念館」として移築された時の貴重な写真が数多く残されている。この写真からわかる情報を宮内庁所蔵の「御会食所」関係の文書・図面[4]や現在の建物と比較すると、二度の移築を経たにも関わらず、この建物は赤坂仮皇居時代の面影をかなり良くとどめていることがわかる。解体された宮中の建物が民間に下賜されることは古くから行われており、京都の社寺にはそうした由来をもつ建物が数多く残されているが、「御会食所」もそうしたものの一つであり、その移築にあたってはできるだけ改変を加えないように配慮されたことが伝えられている。[5]特に外観・内観の意匠や主要な構造部材の寸法は当初とほぼ同じことから、[6]その多くには当初のものが再利用されたと考えられる。

## ＊和洋折衷のデザイン

本章では、この建物のデザインの特徴とその意図を読みとくことを試みる。結論からいうと、この建物の特徴の一つはその「和洋折衷」のデザインにある。一見すると木造で瓦屋根の伝統的な和風建築に見えるが、注意して見ると、江戸時代の建物には見られない平面形式や洋風要素が数多くあることに気づく。また和風意匠についても、個々のデザインには意図的と思われる要素が少なくない。たとえば建物の平面を見ると【カラー口絵4】、江戸時代の書院造りの座敷には必ずあった床《とこ》や飾り棚などの「座敷飾り」がないことがわかる。また、

【1-1】憲法記念館内観写真（御会食所より珈琲の間を見る）（写真右手が庭）

部屋の廻りに入側《いりがわ》（畳廊下）がないのも江戸時代以前のつくり方と異なる特徴の一つである。

これらの点は、同じ赤坂仮皇居内に明治十二年七月に新築された天皇・皇后の御座所《ござしょ》と比べるとわかりやすい。これらは伝統的な形式を踏襲して建てられたものであり、先に指摘した要素をいずれも備えている。

一方、室内意匠について、御会食所から二度目の再建にあたる憲法記念館の写真【図1-1】【図1-2】を代用して眺めると、床が畳ではなく寄木張り（フローリング）であること、庭に面する開口部にガラス障子が用いられていることに加え、暖炉の大鏡や天井のシャンデリアなどに洋風の要素が確認できる。これらは明治時代初期に海外から輸入され、やがて国産化されたものである。

こうした和風要素と洋風要素の混在する意匠を「和洋折衷」と呼ぶが、これらは明治天皇がここで行う行為を意味づけ、また視覚的に強調する役割を期待して

【1-2】憲法記念館内観写真（珈琲の間より御会食所を見る）

意図的にデザインされた。これらの意図を読みとくには、この建物で行われた御会食の相手とその内容を知っておく必要があり、その点については、序章で詳しく論じ、その結論として宮中で行われた明治天皇の御会食には、宮中儀式の伝統を尊重した「和食昼餐」の形式と、ヨーロッパの宮廷に倣った「洋食晩餐」の二通りの形式があったことを指摘した。こうした二種類の御会食の形式と建物の和洋折衷の意匠との関係を読みとくのが本章の主な目的である。

御会食所が竣工した明治十四年十月は、天皇・皇后が焼失した西ノ丸から赤坂に避難してきた明治六年五月と、天皇・皇后があらたに竣工した明治宮殿に移った明治二十二年一月とのちょうど中間点にあたる。この赤坂仮皇居時代の前半期には、敷地内の既存建物、すなわち江戸時代には紀州徳川家の江戸屋敷であった書院造りの御殿が仮皇居の「宮殿」としてリノベーションされ、そこで天皇との謁見や御会食などの宮中儀式が行われていた。この前半期に培われた近代の儀礼形式は、その後の御会食所の設計にも大きな影響を与えたと考えられる。そこで本章では、この前半期のリノベーションについても内容を明らかにし、その意味を考えていくことにする。

# 一、既存建物のリノベーションとその空間

## 西ノ丸皇居における儀礼形式の確立

### ＊座式から立式へ

宮中における儀礼形式の近代化は、明治五年（一八七二）から六年にかけて段階的に行われた。まず明治五年一月に、宮中における天皇との対面形式が「天顔拝式」として正式に定められた[7]。これは、儀礼の規模や天皇との対面の相手によって天皇との対面の場所を「大広間」と「小御所代」に分け、さらに儀式の次第を大勢で行う「衆礼」と単独の謁見として行う「独礼」に分けて詳細に定めたものである。最大の特徴は、儀礼を従来のように床《ゆか》に座って行う「座式」から、立ってお辞儀（磬折《けいせつ》）をする「立式」へと変更したことである。

この「天顔拝式」以前に行われた宮中儀式の様子を描いた一枚の絵図がある【図1‐3】。これは明治四年七月二十九日に行われた三条実美の太政大臣着任の様子を描いたもので、場所は西ノ丸皇居の大広間（旧江戸城の大広間）である。説明書きには、京都御所の紫宸殿の代わりに旧江戸城大広間の畳を撤去し、板敷きにして対応したと書かれている[8]。右下にはこの日に大臣や参議に任命された者たちが衣冠束帯《いかんそくたい》に身を包み、板敷きの床に座っている様子

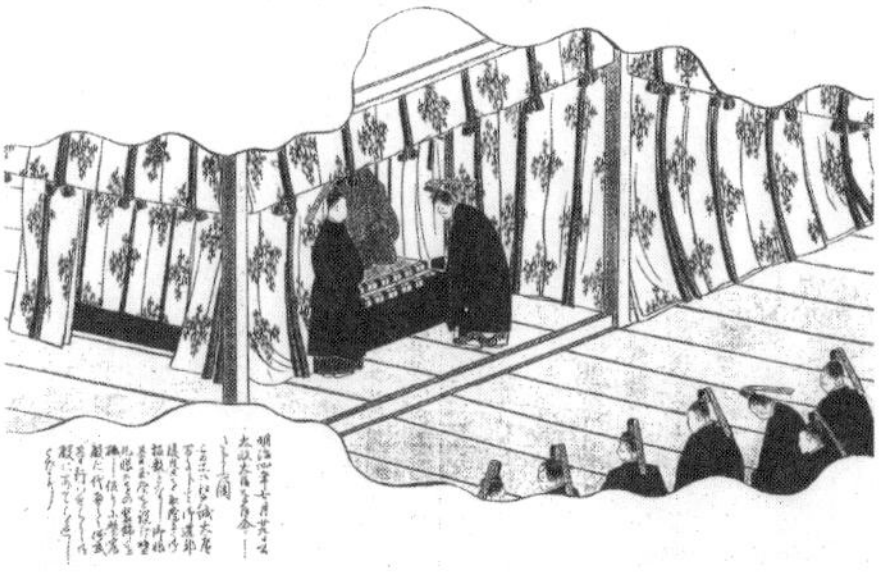

【1-3】三条実美の太政大臣着任の儀（明治4年）

【1-4】聖徳記念絵画館壁画「地方官会議臨御」（明治8年）

が描かれている。一方、【図1・4】は明治八年六月二十日の「地方官会議臨御」の様子を描いたもので、「衆礼」を描いた最も古いものの一つである。場所は皇居ではないが、[9]立式・洋装で行われた衆礼の様子を知ることができる。宮中儀式は明治五年から新年拝賀と三大節賜宴という形に再編されたが、立式の「天顔拝式」も同時期に導入されたと考えられ、明治五年の新年拝賀は立式で行われている。[10]また、宮中の床仕上げが畳から絨毯などの敷物に変更され、靴を履くようになったのもこの時期からのようで、明治四年末には宮中での靴の使用が義務づけられ、[11]また明治五年二月にはすでに宮中の床仕上げに「敷物」が用いられていたことが、当時麝香間祗候《じゃこうのましこう》を務めていた松平春嶽（一八二八―九〇）の書簡に記されている。[12]

## ＊和装から洋装へ

こうした靴や敷物といった「足下の近代化」に比べて、洋服の着用は少し遅れて導入された。儀式の際の服装（大礼服・通常礼服）が洋服に定められるのはやや遅れた明治五年十一月十二日で、そこでは大礼服は「帽子は船形、衣は燕尾服、金線若《も》しくは銀線を以て刺繍を施し」とされ、通常礼服は「衣は燕尾服、帽はシルクハット」と定められた。そこでは同時に「従前の衣冠は祭服として専用し、狩衣《かりぎぬ》・直垂《ひたたれ》・裃《かみしも》等は総《すべ》て廃せらる」と旧式を廃止することが定められたが、現実には洋服の調製・普及が間に合わなかったらしく、「但し、礼服調製に至らざる間は、姑《しばら》く直垂・裃を代用することを許す」との但し書きが付けられた(13)。

これに天皇の断髪が明治六年三月になってようやく実現したことを考え合わせると、明治六年の新年拝賀は、和服・洋服が混在する過渡的な状態であったと考えられる。この不思議な光景については、新年拝賀に出席した御雇い外国人のW・E・グリフィスによって次のように記録されている。

私が古風な衣裳を着たミカドを再び見たのは、宮中においてであった。一八七三年一月一日、私は政府に仕えていた少数の選ばれた客にまじって陛下の招待をうけ、宮城の玉座の前で謁見を賜わった。睦仁《むつひと》〔明治天皇〕は深紅と白の衣を着、軸にみそのある長い金色の羽毛のついた冠をつけ、二匹の『高麗犬《こまいぬ》』の上にすえられた玉座の椅子に座っていた。その左右には、宮廷の高官が二列に並んで立っていた。この人々はさまざまの色の風変わりな衣裳を着て、まるで一組のカルタの絵を見るようであった。ただし、みな近代的な革靴をはいていた(14)。

このように、宮中儀礼の近代化は明治五年から六年にかけて西ノ丸皇居で段階的に進められ、いったん完成したと見られる。しかし、その直後に西ノ丸皇居が焼失し、明治六年五月には赤坂仮皇居への移転を余儀なくされた。そのため、せっかく近代的に整えられた宮中儀礼の形式は、西ノ丸皇居よりもはるかに規模の小さい赤坂仮皇居で行わなければならなくなったのである。

## 赤坂仮皇居への移転と既存建物の改修

### ＊赤坂仮皇居の構成

では、赤坂仮皇居では建物はどのように改修され、またそこで宮中儀礼はどのように行われたのであろうか。ここでは宮内庁所蔵『儀式録』などに添付された図を用いて、その点を明らかにしていく。

まず赤坂仮皇居全体の構成について見ておく。【図１－５】は、幕末の紀州徳川家江戸屋敷を描いた絵図である。徳川御三家の江戸上屋敷であり(15)、江戸城を除けば当時最大級の御殿といって良い。

建物は敷地北側の高台に置かれ、主な座敷はその南側に位置し、その前には庭園が広がっ

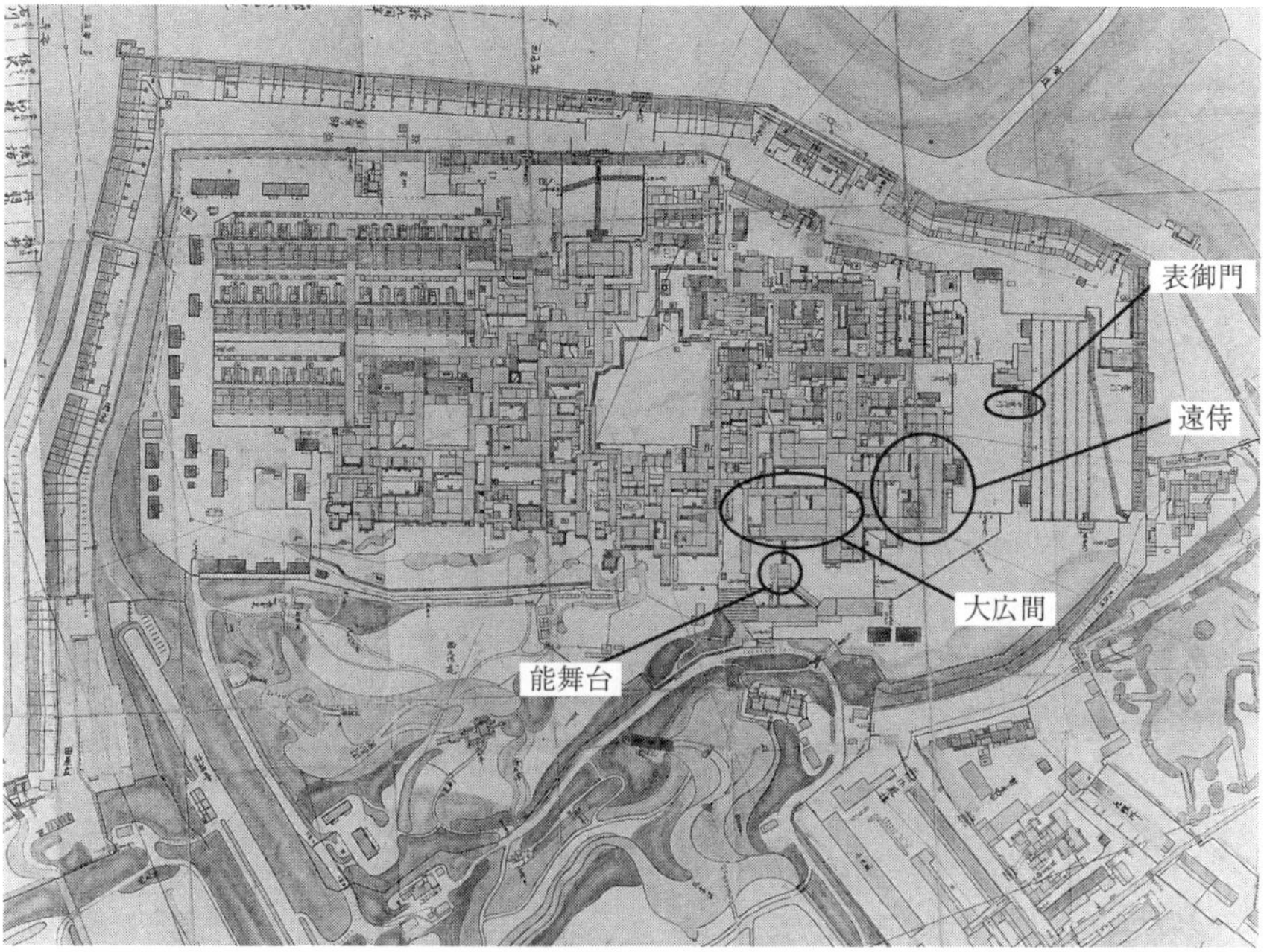


【1-5】紀州徳川家赤坂邸全図（上が北）

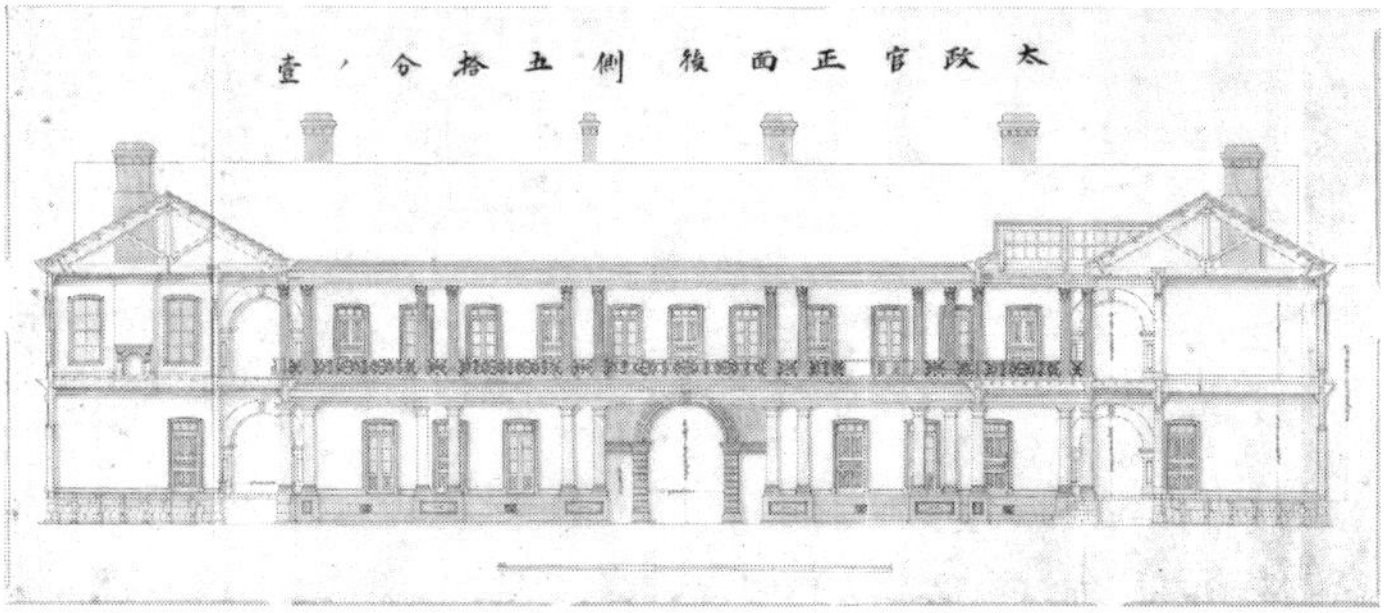


【1-6】太政官庁舎新築立面図

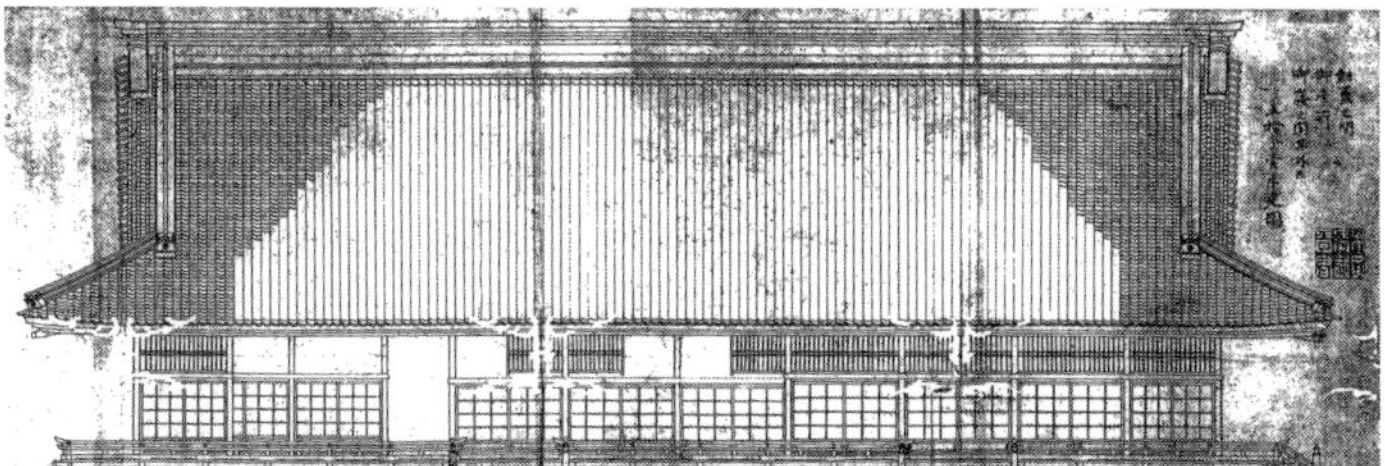

【1-7】赤坂仮皇居新築御座所立面図

ている。屋敷の表御門は敷地の東側に設けられ、その正面には遠侍《とおざむらい》があり、その西側に大広間が続く。大広間の前には能舞台が描かれており、典型的な書院造りの構成といってよい。この「表向き」のエリアは、幕末維新の混乱期に破却されたらしく、天皇・皇后が赤坂に避難してきた時にはすでになかったようである。御殿は東側から西側に行くに従い、建物の用途も表向き（公的）から奥向き（私的）へと変わっていくが、赤坂仮皇居として再利用されたのは、このやや小さめの奥向きのエリアであった[16]。

次に、【カラー口絵3】は、明治十五年頃の赤坂仮皇居の様子を描いた絵図であり、明治十四年十月に竣工した御会食所を含め、仮皇居になってから断続的に行われた増改築工事が一通り終わった頃の様子を描いたものである。主な増築建物としては、北側に明治十一年六月に竣工した木造洋風二階建ての太政官庁舎【図1-6】があり、南側には庭園に突き出し、渡り廊下で結ばれた明治十二年七月竣工の木造平家建ての新築御座所【図1-7】が描かれている。そして東側には渡り廊下で結ばれた明治十四年十月竣工の御会食所が描かれている。

この御会食所と南側の渡り廊下で結ばれた所に、矩折れの入側を備えた広めの部屋がある。ここが赤坂仮皇居の既存建物で最も広い部屋であり、外国貴賓との対面から三大節賜宴までフル回転で使用され、当時「小御所代《こごしょだい》」と呼ばれた部屋である。そして、その西側には同じ形式で少し小さめの部屋が続くが、ここが新年拝賀で使用され、当時「御学問所代《ごがくもんじょだい》」と

【1-8】日光田母沢御用邸　三階家外観

【1-9】日光田母沢御用邸　旧御座所内観

呼ばれた部屋である。「小御所」と「御学問所」は、いずれも京都御所で天皇が使用していた建物の呼称であり、そうした建物で長年行われてきた宮中儀式の伝統を明治以降も継承するという意識のもとに、こうした呼び方がなされたのであろう。

　そこから南庭に沿ってもう少し西に行くと、庭に突き出た独立建物があるが、これは明治七年十二月に増築された木造洋風の御学問所である。外壁は緑色のペンキで塗られ、室内は床に絨毯を敷き、天井高が十五尺と高く、暖炉を備えた広さ三十畳の洋風意匠の建物であった[17]。明治天皇の御講学のために新築された建物であり、習字以外の和漢洋の学問がここで講じられた。

　さらに西に移動すると、入側付きの二間続きの部屋があり、ここが明治天皇が日中に政務を執った部屋、「御座所」である。この部屋を含む三階建ての建物は、現在、日光田母沢《たもざわ》御用邸の一部として現存している【図1‐8】【図1‐9】。この御座所は聖徳記念絵画館の壁画にも描かれており【図1‐10】、畳の上に絨毯を敷いていた様子や、天井を白の張付天井としていた点など、当時の室内意匠がわかる唯一の部屋として貴重である。

　そして、ここから先は天皇・皇后の私生活のための「奥向き」と呼ばれるエリアであり、先述した新築御座所が庭に面して設けられた。

【1-10】聖徳記念絵画館壁画「兌換制度御治定」（明治 14 年）

## ＊書院造り座敷から一室大空間への改修

次に、江戸時代の書院造りの建物が、仮皇居の宮殿としてどのように改修されたか、「小御所代」と「御学問所代」を中心に見てみる。まず小御所代について、江戸時代の紀州徳川家時代の図面でこの部屋を探すと、「御座之間御上段」「御下段」と室名が記されている。部屋の広さはともに三間四方の十八畳で、また上段の間に床《とこ》・飾り棚・付書院からなる「座敷飾り」が描かれていることから、この部屋が典型的な書院造りの座敷であったことがわかる。天井については不明であるが、規模・格式の点から見て格天井《ごうてんじょう》や折上《おりあげ》格天井であった可能性が高い。

一方、改修工事については、宮内庁所蔵『工事録』に「小御所上段ノ間床取払床下ケ其他営繕」（明治八年四月二十八日）と題する資料があり、そこに「御床《と》コ取払床《ゆ》カ下ケ方致」と記載されている。これは、壁面から床《とこ》や棚などの座敷飾りを撤去してフラットな壁面へと改修するとともに、床《ゆか》から上段を撤去し段差をなくした工事であったと考えられる。改修後の天井については、宮内庁所蔵の明治十四年頃の平面図「赤坂仮皇居表御座敷向之図」【図

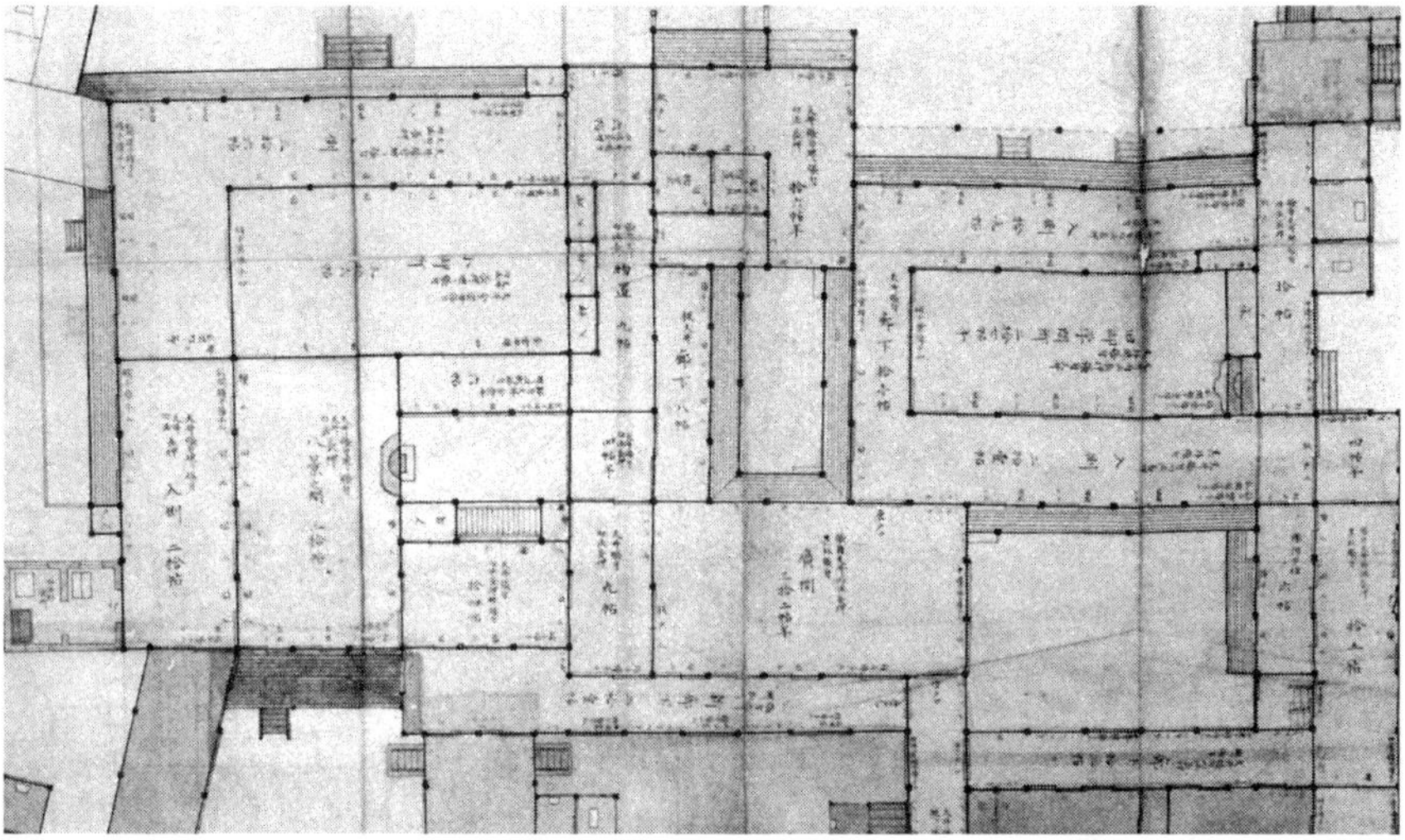

【1-11】赤坂仮皇居の表向き建物の平面図（明治 14 年頃、下が北）

1-11】に「上張惣体大雲形ニ金砂子蒔《きんすなごまき》」と記されており、おそらくこの時に部屋境の欄間も撤去され、二部屋全体で一つのフラットな天井（和紙張り・金砂子蒔き）に改修されたと考えられる。(18) つまり、これらの改修記録は、二間続きの典型的な書院造りの対面空間が、装飾の少ないフラットな床・天井の一室大空間へと改修されたことを示していると見て良い。

御学問所代については、江戸時代の紀州徳川家時代の図面には「御休息」「御二之間」と書かれており、内向きのくつろぎの場であったことがわかる。部屋の広さは前者が二間半四方の十二・五畳で後者が二間半×三間の十五畳である。

改修工事については資料がなく、時期は不明であるが、明治十四年頃の平面図（先掲）に「張付天井其外総張付」との書き込みがあることから、小御所代と同様に改修によって二部屋が一室に改修され、段差のないフラットな床とプレーンな張付天井からなる一室空間へと改修されたと

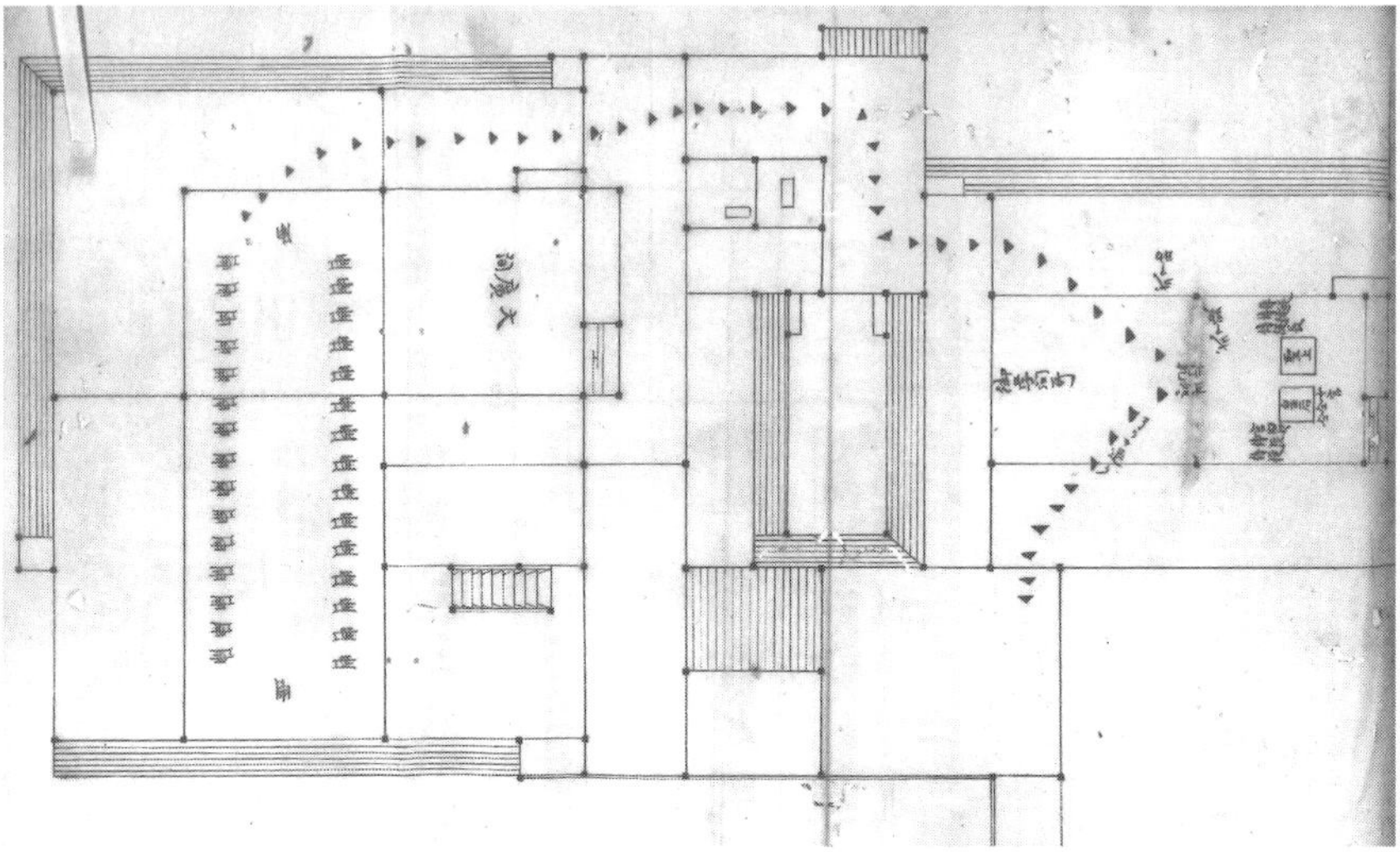

【1-12】明治7年の新年拝賀の図（下が北）

考えられる。小御所代との違いは、御学問所代では座敷飾りが撤去されなかったことである。御学問所代の座敷飾りは、その後も補修工事が行われており、このときに意図的に撤去されなかったと見て良い。

## 空間の使い方
### 朝儀（新年拝賀と三大節賜宴）の場合——

#### ＊御学問所代の使われ方

次に、改修後のそれぞれの部屋の使われ方を宮内庁所蔵『儀式録』などで確認し、両者の改修内容の意図がどこにあったのかを検討する。【図1-12】は、御学問所代で行われた明治七年の新年拝賀の手順を示した図である。赤坂仮皇居では衆礼を行う広い場所が確保できないため、小御所代と八景の間を控室とし、拝賀は順番に独礼で行われた。この図を見ると、天皇と皇后（この年から同席）が座敷

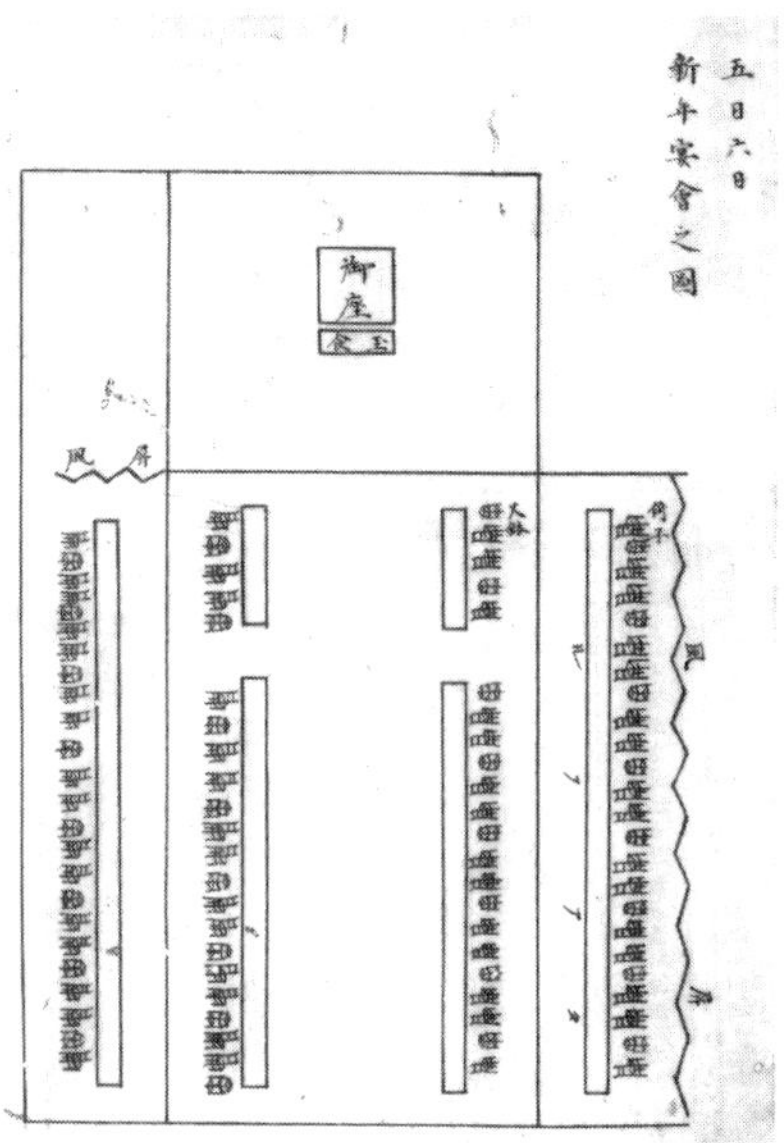


【1-13】明治7年の新年宴会における座席配置（小御所代、右が北）

飾りを背にして拝賀を受けている様子がわかる。京都御所の伝統では、天皇が座敷飾りを背に対面することはなく、[19] また儀式の際には「御帳台《みちょうだい》」が使用された。明治五年に制定された「天顔拝式」でも「御帳台」の使用が謳われていたが、明治七年にはすでに天皇は洋装化しており、さらにこの年の新年拝賀から皇后と並んで拝賀を受けるようになったことから、以後、御帳台は赤坂仮皇居では使われなくなったと思われる。

以上を考え合わせると、主たる対面空間として使用された御学問所代では、立式の近代的な儀礼形式にふさわしく壁・天井をフラットな一室空間へと改修しつつも、天皇と臣下との主従関係を視角的に表現するために、既存の座敷飾りが玉座の装飾として活用されたと考えられる。

## ＊小御所代の使われ方

一方、小御所代は主に三大節賜宴の会場として使用された。【図1-13】は、まだ改修前の明治七年の新年宴会の様子を描いた図であるが、大人数に対応するため、部屋境の敷居をまたいで椅子とテーブルがセッティングされた様子がわかる。天皇は部屋の長手方向の正面に玉座を構え、臣下はその前に向き合って机を並べている。

奥行き方向を強調した対面形式という点で、御学問所代で行われた新年拝賀と同じ空間の使い方といえる。

御学問所代、小御所代の改修では、「二間続きの対面空間からフラットな一室大空間への改修」が行われたが、その要因の一つには、宮中儀式においてこうした奥行き方向を強調した部屋の使い方が必要とされていたことが考えられる。

## 空間の使い方 国賓接待の場合

### ＊「相対立」する天皇と賓客

御学問所代や小御所代といった広い部屋は、外国貴賓が参内した時の対面や御会食の場としても使用された。『明治天皇紀』によれば、外国貴賓の参内または告別の際の対面は、主に小御所代で行われたようである。

興味深いのはその時の対面の「向き」である。明治六年九月一日に参内したイタリア国皇甥（ジェノバ公）との対面では、「皇甥進みて大広間（小御所代母屋と同庇とを開放せるもの、以下同じ）に到るや、天皇延《ひ》いて倶《とも》に上段に昇り立御あらせらる、皇甥は少しく退きて熾仁《たるひと》親王と相対立し（後略）」とあり、また明治十二年五月二十九日のドイツ国皇孫との対面では、

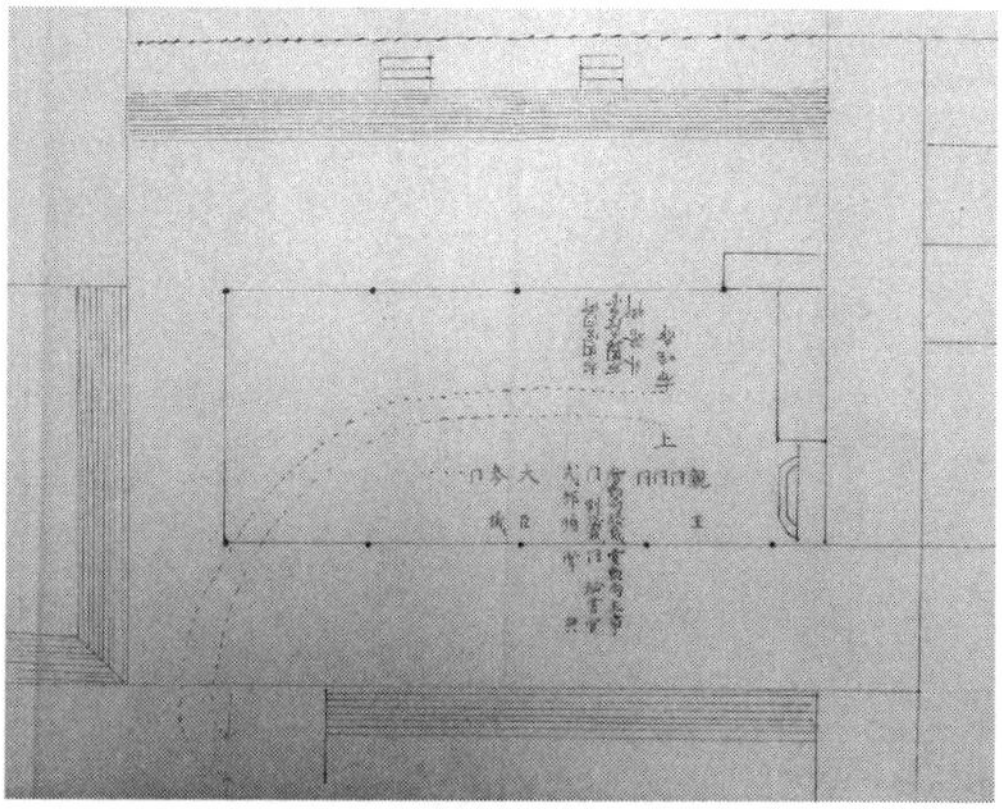

【1-14】ハワイ皇帝カラカウアの参内時の様子を示した図（御学問所代、下が北）

「二時、天皇正服を著して小御所代に出御、同所敷居際に皇孫を迎へ、退きて立御あらせられ、皇孫進みて対立す（後略）」とある。ここでは新年拝賀のように部屋の奥行き方向の軸で対面するのではなく、それに直交する向きで「相対立」していることがわかる。これは明治十四年三月十四日に告別のために参内し、御学問所代で明治天皇と対面したハワイ国皇帝カラカウアの時も同様であり、その様子は宮内庁所蔵「布哇《ハワイ》皇帝来朝御参内節舗設図」【図1-14】で確認できる。

## ＊御会食に用いられた部屋と座席配置

一方、御会食に使用された部屋は一定しておらず、御学問所代、その隣室の広間、大広間（小御所代＋庇）などが使用された。たとえば明治十二年十月十五日のドイツ国皇孫との晩餐会および同年十二月二日のイタリア国従弟（ジェノバ公）との晩餐会では、三十二畳半の「広間」[20]が会場として使用されたが、明治十四年三月十四日のハワイ国皇帝カラカウアとの告別の御会食（昼饗）では、小御所代に入側を含めた「大広間」が使用された。これらは、料理のメニューや陪席者の人数にはそれほど差がなく、[21]また会場の舗設も不明なため、どのような基準で部屋が選ばれたかは不明である。

ただし、いずれの機会にも共通して、御会食前の対面、御会食、食後の珈琲と款話《かんわ》は、必

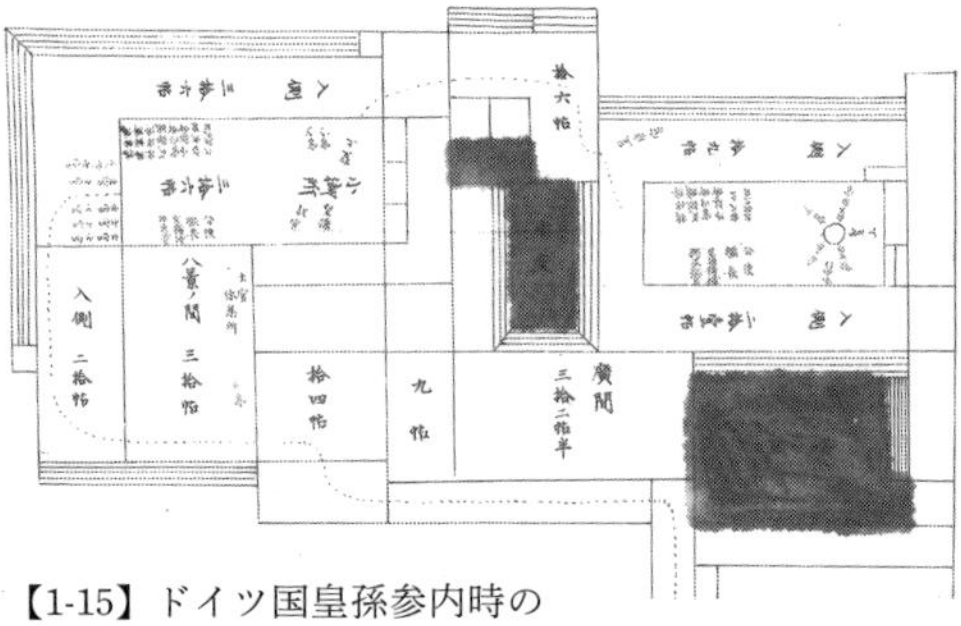

【1-15】ドイツ国皇孫参内時の対面場所を示した図（下が北）

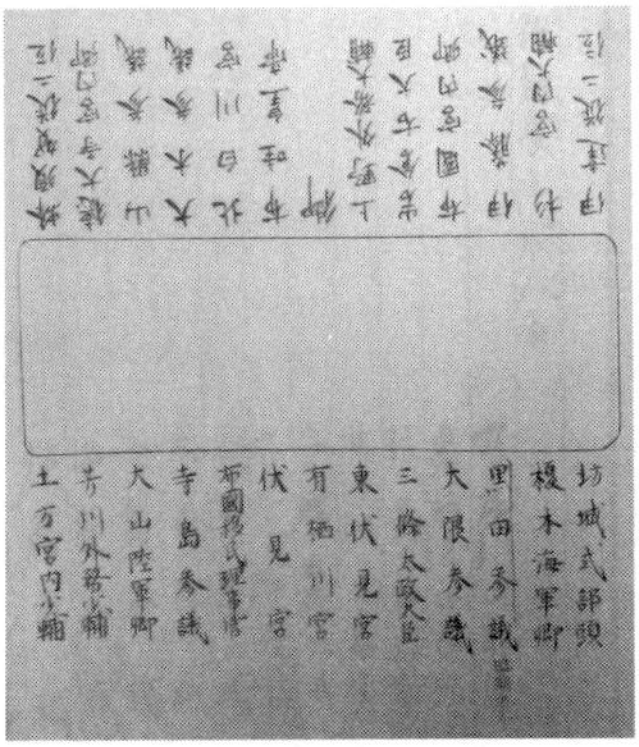

【1-16】ハワイ皇帝カラカウアとの御会食における座席配置

ず部屋を替えて行われた。たとえば明治十二年十月十五日のドイツ国皇孫との晩餐会では、天皇との接見は小御所代で行われ、御会食は広間、そして食後の珈琲と款話は御学問所代で行われた【図1-15】。このように、赤坂仮皇居では、数少ない広い部屋をフレキシブルに使い回して、宮中儀式や外国貴賓の接待に何とか対応していたようである。

そして、御会食の際の天皇と外国貴賓との「向き」については、いずれも大テーブルを横長に使い、その中央に天皇と主賓が横並びに座る形式であったことが宮内庁所蔵『外賓接待録』の付図から複数確認できる。例として、先述したハワイ国皇帝カラカウアとの告別の昼餐会の座席表を【図1-16】に示す。

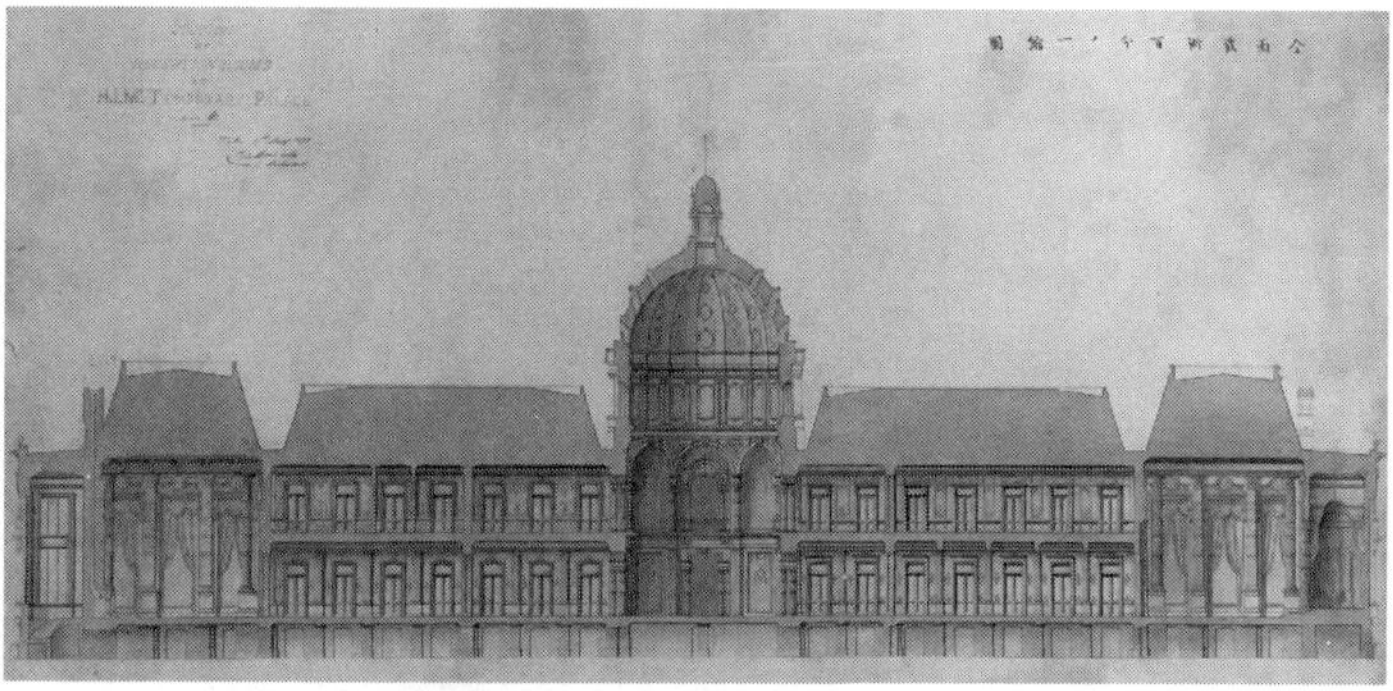

【1-17】ボアンヴィルの洋風謁見所案（断面図）

## 二、御会食所の設計意図

### 最初に計画された謁見所・会食所「併設案」―

**＊木造建設計画の発端**

ドイツ国皇孫やグラント前米国大統領などの外国貴賓の来朝が続いた明治十二年になると、皇居宮殿の建設計画もようやく本格的に動き出し、『明治天皇紀』には七月二十四日にその候補地として再び西ノ丸地区が選定され、九月十二日にはその具体的な工事に着手したと書かれている。

この皇居造営計画は竣工までに長時間を要することから、並行して赤坂仮皇居にも謁見所・会食所の建設が計画され[22]、フランス人建築家のボアンヴィルの設計により、遅くとも明治十二年には中央にドームを備え、両翼に謁見所と饗宴所を左右対称に配した本格的な洋風宮殿の計画案が作成された【図1-17】。この計画案は実際に工事に着手したが、工事中の地震で壁に亀裂が入り、明治十二年

【1-18】木子清敬

十一月九日には工事が中止され、「木造の仮謁見所・食堂を仮皇居内に建築すること」に変更された(23)。これが木造の赤坂仮皇居「御会食所」の建設計画の発端である。

## ＊仮謁見所としての検討

東京都立中央図書館所蔵の「木子《きこ》文庫」には、御会食所に関する資料が豊富に残されている。木子文庫は、御会食所や明治宮殿の設計を担当した宮内省内匠寮《たくみりょう》の技師である木子《きこ》清敬《きよよし》（一八四五―一九〇七、【図1‐18】）と、その息子で同じく宮内省の技師であった木子幸三《こうざぶ》郎《ろう》（一八七四―一九四一）が手掛けた営繕の資料を木子家の子孫が整理し、図書館に寄贈したものである。資料には、宮内庁所蔵の公文書にはない設計途中の図面が豊富に含まれており、これを分析することで建物の設計プロセスが明らかになり、建物の設計意図をより正確に理解することが可能になる。

御会食所については、四種類の平面図が残されており、その内容は、日付のない計画段階の平面図が二案【図1‐19】【図1‐20】、竣工建物に比較的近いが部分的に異なる見積書の添付図【図1‐21】、そして竣工建物の平面図【図1‐22】である。

二種類の計画案の平面図を見ると、どちらも中庭を広く取り、会食所と見られる広い部屋

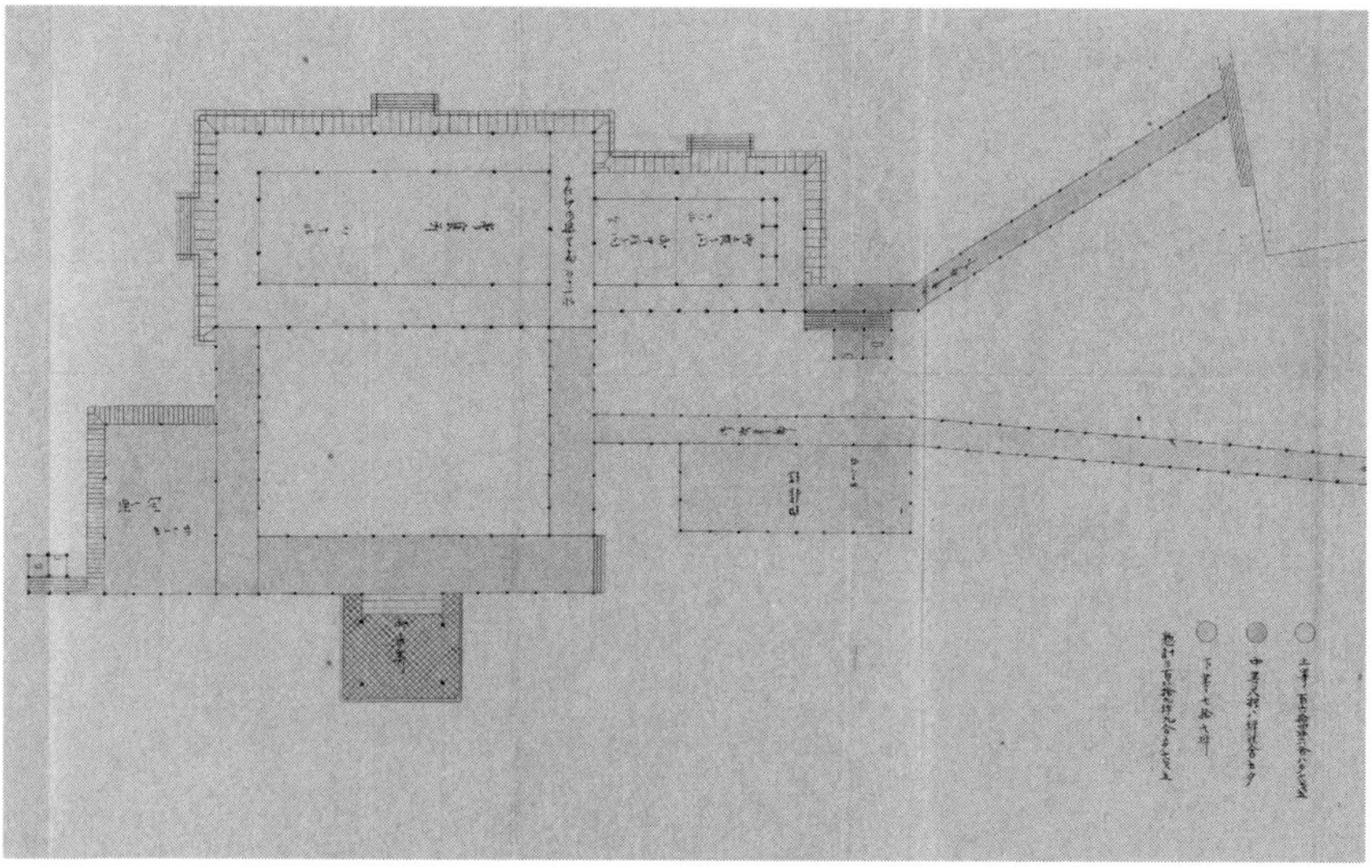

【1-19】仮謁見所・会食所計画案（別棟型）

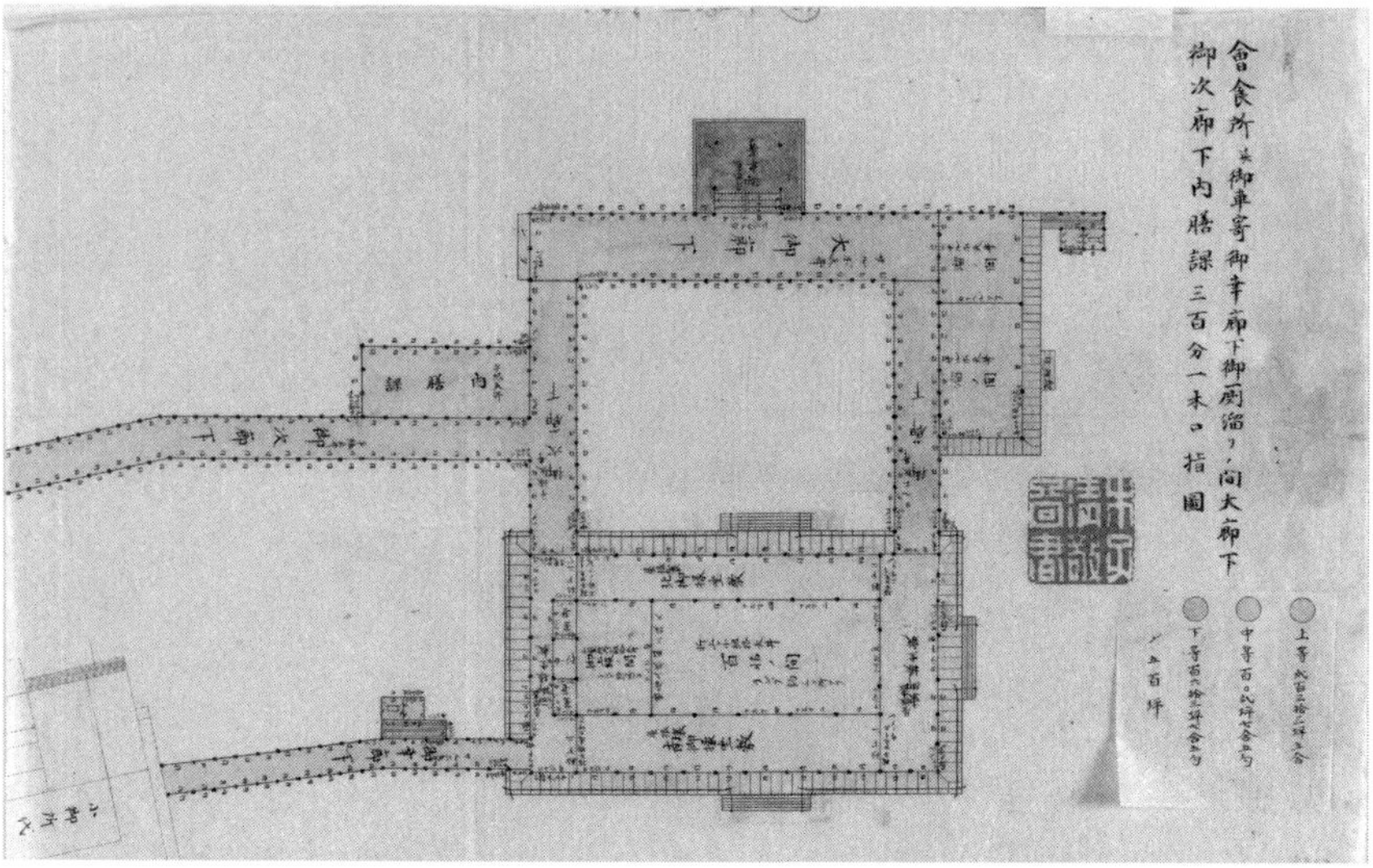


【1-20】仮謁見所・会食所計画案「初期案」（兼用型）

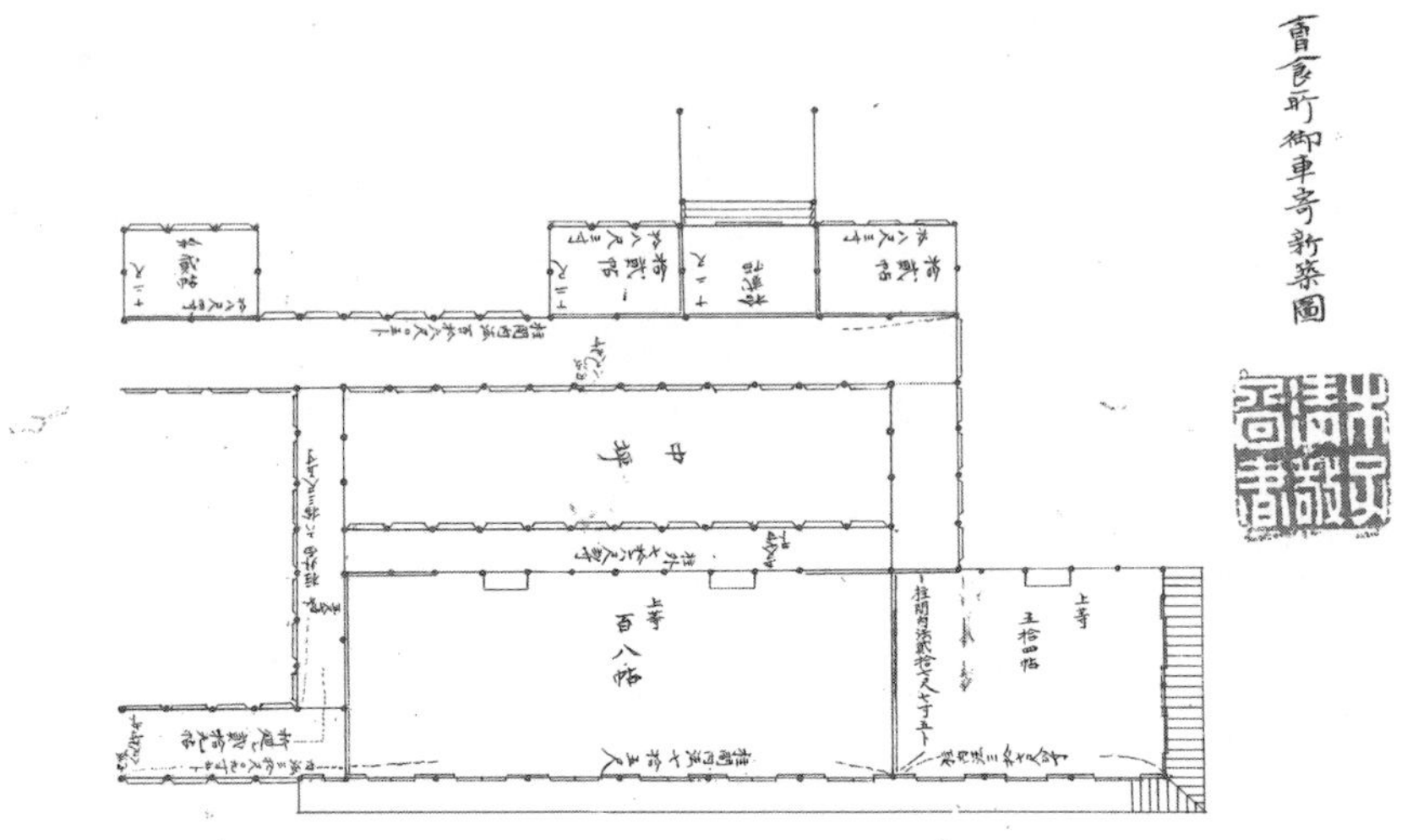


【1-21】御会食所実施案「原案」平面図（見積書の添付図）

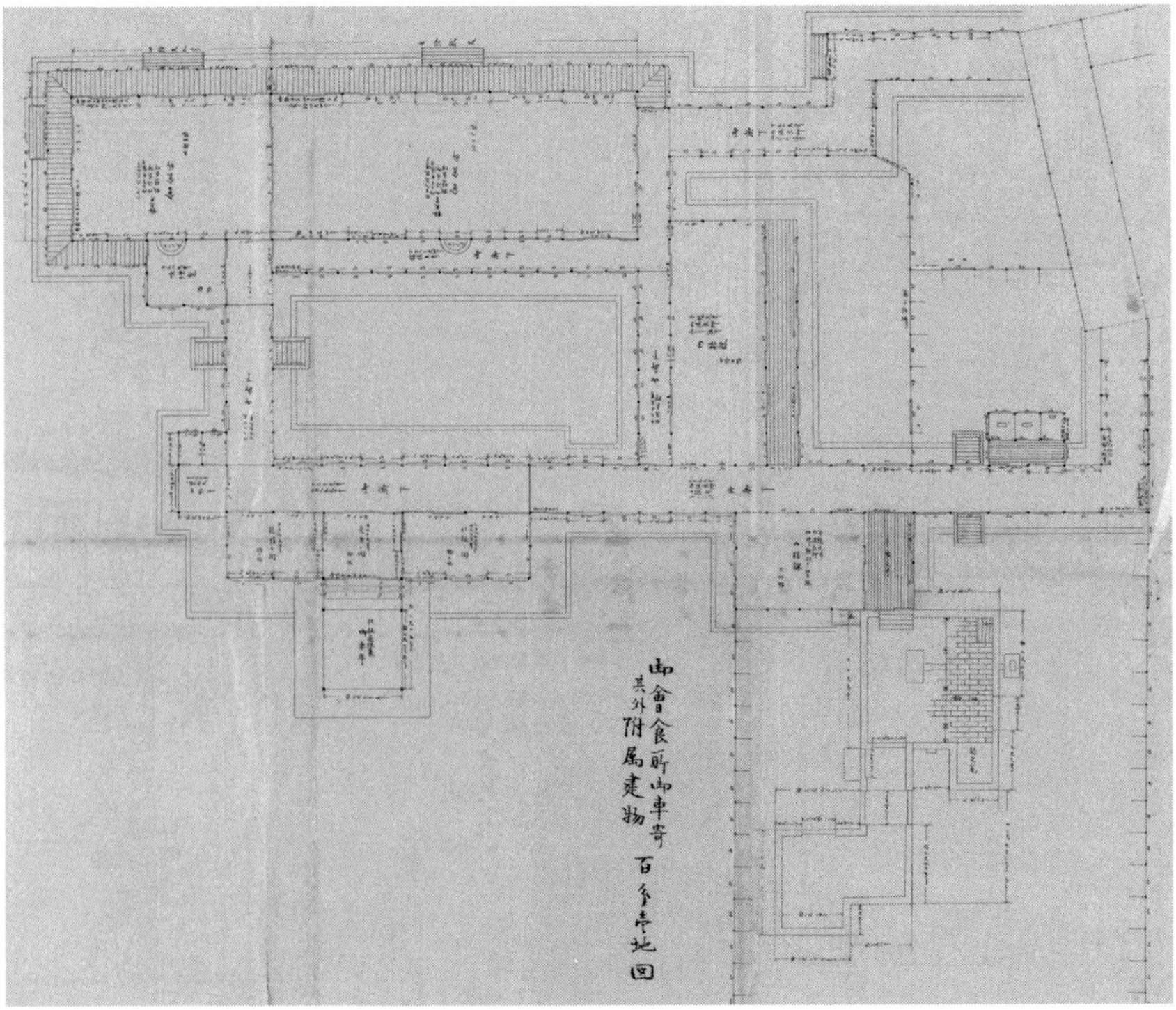


【1-22】御会食所竣工平面図

の周囲に入側を廻し、さらに「御上段ノ間」と称する別の部屋を計画している点が共通しており、それらはいずれも竣工した御会食所には見られない特徴である。すでに御学問所代の改修事例に見たように、新年拝賀など天皇との対面空間には、天皇の玉座を視覚的に強調する装飾が必要とされていたし、また入側から部屋に出入りする形式は、御学問所代で培われた新年拝賀の形式でもあった。つまりこれらの特徴は、この建物が「仮謁見所」としての使用を想定していたことを示している。

その後、明治十四年二月になると「食堂を仮皇居内に建設し、又仮皇居御車寄・外廓諸門等を新築せんことを上申し」と、謁見所としての用途に言及しなくなることから[24]、二月には謁見所としての用途を併設することを断念し、建物の用途が竣工建物のように会食所に特化されたと考えられる。よって、この二つの計画案は、明治十三年十一月二十九日から明治十四年二月の間に作成されたとみられる。

## 設計変更による会食所への特化

### ＊規模の縮小

明治十四年三月六日付の見積書に添付された平面図「会食所御車寄新築図」【図1‐21】

を見ると、中庭が二種類の計画案よりも縮小されており、また広間の周囲に畳廊下がない点や大小二つの部屋で構成されている点は竣工建物【図1-22】と共通している。ただし、両者を比べると部屋の柱間寸法や図に描かれた暖炉の数などに違いが見られる。

『明治天皇紀』には、明治十三年三月三十日に天皇の裁可が下り、明治十三年度の予算「宮殿御造営費」で建設することが決まったと書かれており[25]、御会食所はこの図面（以下「原案」とする）に基づいて工事が始められたと考えられる。その後の工事過程については、宮内庁所蔵『会食所新築工事録・日誌』（以下「工事日誌」）に記されており、四月十六日には現場で平面の位置決めを行う「縄張ニ着手」し、五月十二日には地盤工事を意味する「地形着手」、そして六月十五日には屋根の「上棟」まで進み、十月八日には「仮囲解体」を行い、十月十日に竣工した[26]。

先に見た計画案からこの実施案「原案」にいたる過程で行われた設計変更では、建物の床面積が大幅に縮小された。上段の間と会食所を一棟にまとめた初期の計画案（【図1-20】、以下「初期案」）と実施案の原案【図1-21】を比較すると、会食所建物（入側・畳廊下・隣室を含む）の床面積は、初期案では約三百六畳あったが原案では約百八十九畳へと大幅に縮小された。また、御車寄に附属している「溜之間」も初期案では二室合計で七十畳であったが、原案では三室で合計三十八畳へと縮小され、廊下の幅も初期案では三間または二間半であったものが、原案では二間半または一間へと縮小された。

＊会食所としての機能の拡充

しかし、個々の部屋について見ると、この過程で削除されたのは入側や畳廊下、「御上段之間」などであり、それに対し、会食用の部屋は百畳（百帖ノ間）から百八畳へとむしろ増加しており、食事を準備する「内膳課」は当初の一室四十五畳から二室合計六十九畳へと拡大された。さらに竣工建物では「吸煙室」が新設された。つまり、これらの設計変更は、謁見所の機能を廃止し、それに代わり会食所としての用途に関わる部屋を拡充することを目的に行われたと考えられる。

## 竣工時の御会食所に見られる和洋折衷の室内意匠

＊書院造風の壁と天井

会食所の竣工時の室内意匠については、実施案の仕様書「御会食所新築大工工事仕様[27]」に「内法長押」、「蟻壁長押」と書かれ、また天井については「格縁」や「天井板檜柾目」と書かれていることから、竣工時も現在の建物と同様に真壁で格天井の書院造り風意匠であったと考えられる。また、柱の太さは六寸六分（二十センチ）と太く、開口部の高さ（鴨居の高さ）を示す内法高は六尺八寸（二・〇六メートル）と通常の和風住宅より高めで、小壁の高さが内法高と同じ六尺八寸として設計されていた。[28] 仕様書にはその他の部材の寸法も記載されており、それらは全体として現在の建物の実測値とほぼ一致している。また、建具には縁を黒漆塗りとした格子戸とガラス障子が組み合わせて用いられた。[29] その様子は、憲法記念館の古写真で確認できる。

**＊洋風の家具装飾と床仕上げ**

御会食所に用いられた家具や室内装飾については、宮内庁所蔵『御用度録』[30] 所収の資料から、大鏡付きの暖炉、「釣ランプ」、肘掛け椅子などの洋風家具が用いられたことがわかる。フランスから輸入された大鏡[31]を除くと、いずれも伝統的な工芸技術を用いて和風装飾が施され、国内で製作された「和洋折衷」の家具であった。[32] たとえば次のようである。

- 暖炉大鏡の枠／「黒蠟色塗草花折枝模様ツナカリ」（御食室用）「桐唐竹ノ模様」（御茶間用）
- 釣ランプ／「七宝焼華皿付瑠璃燈」「三拾六燈ヨリ三拾燈マテ腕持玉重リ玉七宝其余金メッキ」
- 椅子のフレーム（肘掛け、中型、小型共通）／「黒蠟色塗模様桐折枝」
- 椅子の張地（肘掛け、中型、小型共通）／「紅鳶色地糸錦」

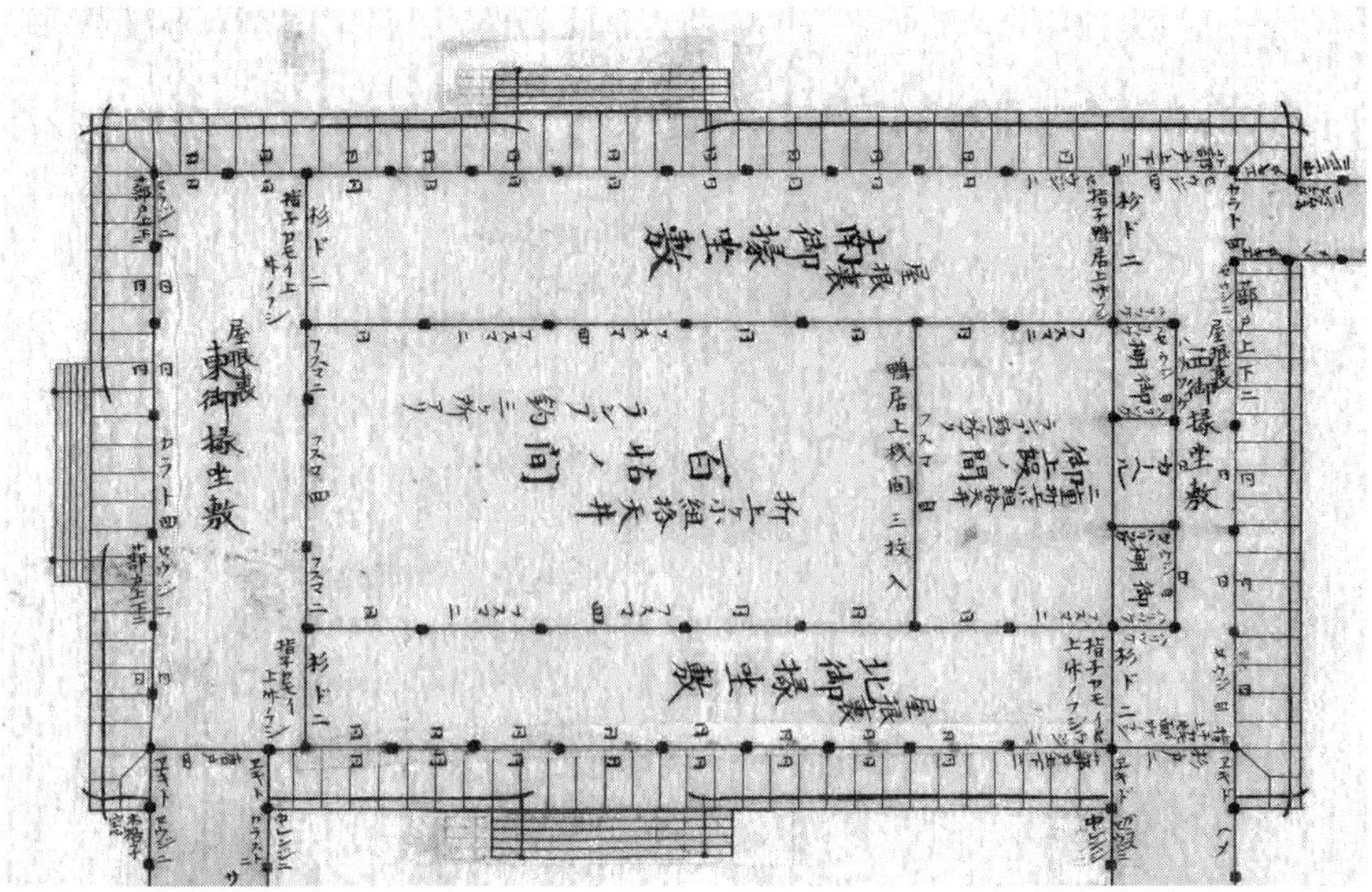

【1-23】仮謁見所・御会食所計画案「初期案」（図 1-20 の拡大図、部分）

竣工時の床仕上げは、現在のような寄木張りではなく「絨毯敷き」であった。工事日誌には「会食所御間内絨毯敷込ニ取掛ル」（明治十四年九月二十四日）と記されており、また、明治十五年頃の赤坂仮皇居の全体平面図【カラー口絵3】では、御会食所が小御所代や御学問所代と同じ赤色で塗られており、床仕上げが「絨毯敷き」であったことがわかる。

以上を踏まえると、御会食所の竣工時の室内意匠は、憲法記念館の竣工写真から床仕上げを絨毯敷きに、シャンデリアを七宝《しっぽう》焼きのシャンデリアに取り替えた姿を想像すれば良い、ということになる。

## 「復古」を強調した京都御所風の意匠 ―

ところで、御会食所に用いられた和風意匠を注意して眺めると、ある傾向があることに気づく。その傾向

【1-24】京都御所「小御所」外観

とは、「復古」的であるという点であり、より具体的には「京都御所」を想起させる意匠が用いられている、ということである。京都御所を想起させる復古的な意匠は、御会食所の「初期案」に最も色濃く表れている。少し振り返って見てみよう。

## ＊小御所風の天井と建具

初期案の平面図【図１-23】を見ると、天井意匠は「上段ノ間」に「二重折上《おりあげ》小組《こぐみ》格天井」、「百帖ノ間」には「折上小組格天井」、そして「御椽座敷《えんざしき》」には「屋根裏」との記入が見られる。そして、入側境の建具には「フスマ」が用いられ、外周建具には「蔀戸《しとみど》」と「セウジ」（明かり障子）が用いられている。この天井と建具の組み合わせは、まさしく京都御所の「小御所」に見られる意匠である【図１-24】。

京都御所の小御所は、宮中における天皇と幕府の使者との公的な対面所として使用された建物であり、外周建具に蔀戸を並べ小壁を白壁としたその外観には、寝殿造りの雰囲気が感じられる。また室内は上段の間の天井が二重折上小組格天井、中段の間が折上小組格天井、庇の間は天井を張らずに小屋組を見せる化粧屋根裏天井が用いられており[33]、部屋境の襖には、色紙を貼った平安時代風の大和絵が描かれる

【1-25】憲法記念館外観（舞良戸を開けた状態）

【1-26】憲法記念館外観（舞良戸を閉めた状態）

など、「御所風」の意匠でまとめられている。

なお、ガラス障子は西ノ丸皇居の時代にすでに導入されており[34]、赤坂仮皇居のほとんどの建物にも用いられていたが、この初期案では、「カーヘル」や「ランプ」などの洋風要素を用いながら、外周建具にガラス障子が用いられていない。これは、この初期案が御会食所の計画段階において建物としての機能性よりも「復古」の表現を優先していたことを示している。

翻って竣工建物（憲法記念館の写真で代用）を眺めると、復古的な意匠はまず、御会食所の外観意匠に見ることができる。憲法記念館の外観写真【図1-25】【図1-26】を見ると、まず建物が単体で独立した外観を示しており[35]、その庭側の外周全面を黒漆塗りの格子戸が覆っている。そして、その格子戸の上には欄間を設けず、白壁で簡素に仕上げられている。こうした外観は、京都御所の小御所と共通しており、それが意図的であることは、明治十二年七月に竣工した新築御座所の外観意匠【図1-7】にそれらが見られないことからも良くわかる[36]。

小御所では建具を上から吊る「蔀戸」が用いられ、御会食所では引き違いの「舞良戸《まいらど》」が用いられたという違いはあるが、御会食所の舞良戸が明らかに蔀戸を想起させる意匠（黒漆塗りの木格子）であることや、こうした開口部の工夫がいずれも室内への採光条件を犠牲にしたものであることから、[37] 御会食所の外観意匠に見られる復古的な意匠は、意図的に表現されたと見るべきであろう。なお、この舞良戸の意匠は、建設過程の設計変更で桁行方向（長辺方向）の柱を一本減らし、開口部をより横長に変更したことで、[38] より蔀戸に近いプロポーションになったと考えられる。

### ＊張付壁に用いられた紫宸殿のモチーフ

一方、室内においては、張付壁の模様に「復古」の意識が表現された。憲法記念館の内観写真【図1-1】【図1-2】に写っている張付壁の模様は、京都御所紫宸殿の北庇の間に使われている花鳥模様【図1-27】と同じである。張付壁の画題については、御会食所の工事日誌に「金花鳥」と書かれていることから、竣工時も同様であった可能性が高い。[39]

なお、天井に用いられた板張りの格天井は、和風ではあるが「御所風」ではない。これはおそらく、室内意匠が和と洋のどちらかに極端に傾くことを避けるために選ばれた、どちらかといえば両義的な意匠と見た方が良いと思われる。[40] もし復古を強調したければ小組格天井を採用するだろうし、小御所代や御学問所代のようにプレーンな張付天井にすれば、絨毯や暖炉、ガラス障子と相まって、ぐっと明るく近代

【1-27】京都御所紫宸殿「北庇の間」の張付壁

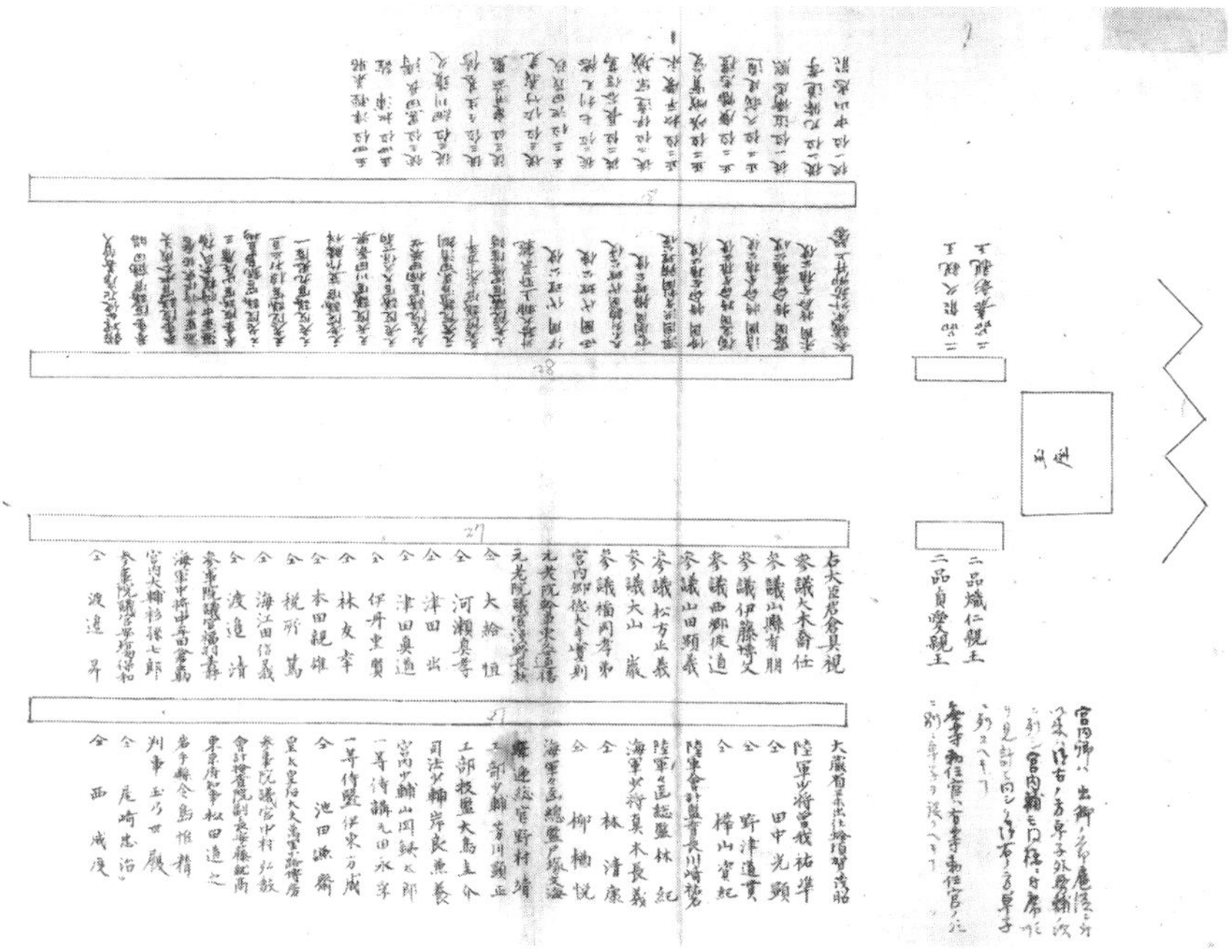

【1-28】御会食所における新年宴会の座席配置（明治15年）

的な空間になったと思われるからである。

【図1-28】は、このようにして竣工した御会食所で行われた明治十五年の新年宴会の座席配置を示したものである。小御所代で培われた対面形式、すなわち奥行き方向の正面に天皇の玉座を置き、その前に二列ずつ向き合うように臣下のテーブルが並ぶ形式が新築の御会食所にも踏襲されたことがわかる。この形式は、紀元節賜宴と天長節賜宴でも同様に用いられた。

**＊宮中関係者にみられる「復古」意識の高まり**

このように、赤坂仮皇居の御会食所は、ボアンヴィルの洋風謁見所中止に起源を持ち、また外国貴賓の相次ぐ来朝を背景に計画されたものであったが、設計の過程で「復古」が強く意識され、それは竣工した御会食所において京都御所風の意匠として具体的に表現された。御会食所の意匠になぜここまで「復古」が強く意識されたかはよく分からない。しかし、御会食所と並行して計画が進められた皇居造営計画においても、明治十五年には御会食所の初期案と非常によく似た小御所風の建物（内謁見所）が計画されており、[41]よってそこにはこの時期の宮殿建築に対する見方の一つが反映していると見るべきであろう。

考えられる理由の一つは、条約改正問題を背景に急速に進められた宮中儀式の近代化、特に新年拝賀への婦人同伴に代表される積極的な欧米スタイルの導入[42]に対し、保守的な宮中関係者が抱いていた反感が御会食所の設計過程（および皇居造営計画）に影響を与えたという可能性であり、たとえば岩倉具視や柳原前光《さきみつ》といった旧公家の有力者、あるいは元田永孚《ながざね》や佐佐木高行、吉井友実《ともざね》といった天皇側近の侍補《じほ》は、それぞれの日記や書簡のなかでこうした宮中の生活様式への洋風導入に対し、批判的な姿勢を明確に示している。[43]皇居宮殿や仮皇居の御会食所は、宮内省内匠寮が工事を担当しており、宮中関係者が宮中儀式の舞台となるこれらの建物に対して無関心であったとは考えにくいのである。

## 三、明治十九年に行われた床仕上げの大改修

### 儀礼空間を対象とした床仕上げの大改修

赤坂仮皇居では、御会食所が竣工した翌年の明治十五年五月二十六日に宮中儀礼に用いられる表向きの主要な四部屋が改称され、旧御学問所は「謁見所」、御座所の隣室の広間は「謁見所御次」、小御所代は「表一の間」、その隣の八景之間が「表二の間」[44]となった。そして、この頃からしばらく工事の記録が見られないことから、明治六年から断続的に行われてきた赤坂仮皇居の改修工事はここで一段落を迎えたとみられる。

ところで、御会食所の床仕上げは、先述したように竣工時は「絨毯敷き」であった。絨毯敷きの床は、部屋が使われない時には上から布をかぶせて保護していたようで[45]、使用後のクリーニングも含め、清浄な状態を保つためにはメンテナンスにも苦労がともなったと考えられる。この部屋の床仕上げについて、聖徳記念絵画館壁画「枢密院憲法会議」（明治二十一年六月十八日～十二月十七日）【カラー口絵16】では、憲法記念館の竣工写真【図1－1、1－2】と同じ寄木張りで描かれている。これは絵が間違っているのではなく、これ以前に床仕上げの改修工事が行われたことを示している。

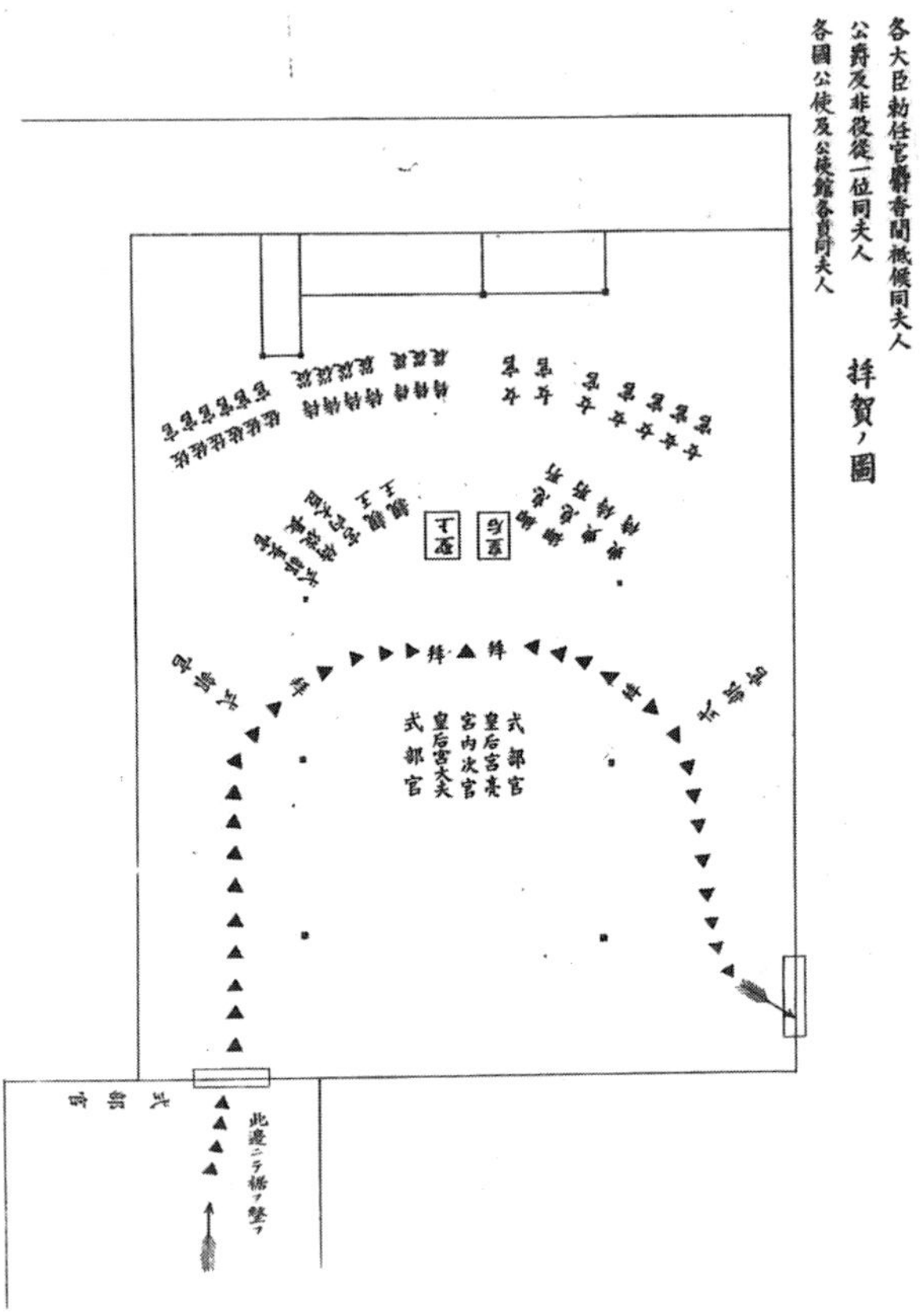


【1-29】明治21年の新年拝賀における謁見の図（謁見所：旧御学問所代）

御会食所の床仕上げは、明治十九年九月に寄木張りへの改修が決定した(46)ことが『工事録』からわかる。そして、これとほぼ同時期に、宮中儀礼に用いられる主要な部屋の床仕上げがすべて絨毯敷きから寄木張りへと改修されることになった(47)。改修工事は使用頻度の高い謁見空間から始められ、明治十九年十月頃には謁見所と表一・二の間の工事に着手している(48)。謁見所すなわち旧御学問所代では、入側も含めた床の全面が改修され、その際に柱の位置も儀礼が行いやすい位置に変更された【図1-29】。そして、御会食所の改修工事はそれよりもやや遅れた明治二十年二月頃に始められた(49)。

## 婦人の洋装化と洋風晩餐会への洋装皇后の同席

このように、明治十九年の秋から二十年にかけて儀礼空間の床仕上げが絨毯から寄木張りへと一斉に改修された背景には、この時期に皇后をはじめとする婦人の洋装化が実現したことが大きく関係していると思われる[50]。皇后の洋装化は、明治天皇の黙認の下、明治十九年六月二十三日に導入され、それ以降、上流階級の婦人に洋装が普及していったことが知られている[51]。

皇后は明治七年から和装で新年拝賀に同席しているが、外国貴賓との御会食には一貫して不参加であり、食後に場所を変えて珈琲が出される時に参加するのが常であった。また、新年拝賀への婦人同伴は明治十四年に導入されたが、そこでは和装（袿袴）と決められていた[52]。明治十九年までのこうした状況を踏まえると、明治二十年の新年拝賀は[53]、洋装の大礼服に身を包んだ皇后が天皇とともに姿を現したことに加え、寄木張りの儀礼空間で行われた最初の宮中儀式という点でも画期的であり、この時から宮中儀式の雰囲気は一気に洋風化が進んだと考えられる。

この寄木張りに改修された御会食所で最初に行われた御会食は、明治二十年三月二十一日のドイツ国親王、フリードリヒ・レオポルト・フォン・プロイセンを迎えての晩餐会であった。陪席者の人数は正確にはわからないが、『明治天皇紀』の記述に従えば少なくとも四十名以上であり、他にも親王の随員が同席していたと考えると、相当な大人数であったと考えられる。座席配置を示した資料は現時点では見ていないが、天皇と親王が横長のテーブルの中央に庭を向いて並んで座ったと考えられる。

このとき、天皇と親王の背後には暖炉と大鏡が位置し、また二人の正面にはガラス障子越しに広大な庭園が眺められたはずである。先述したように、建設過程の設計変更では御会食所の柱間が偶数（六間）から奇数（五間）へと変更されたが、それはこのように部屋を横長に使う際に、中央の玉座から庭への眺めを確保するための変更であったように思われる。

## 新年拝賀に導入された新しい形式「列立拝賀」

明治二十年初頭に儀礼空間全体の床仕上げが寄木張りに改修されたことをきっかけに、儀礼形式そのものにも新しいスタイルが導入された。それが明治二十一年の新年拝賀から導入された「列立拝賀」である。この拝賀は、「文武奏任四等以下並びに無等奏任、神職奏任、非役正五位以下従六位以上同勲四等以下勲六等以上」すなわち、宮中での新年拝賀に参加する者のなかでは最も階級が低い、しかしその分人数が多いグループを対象として行われた拝賀の形式であり、一月二日の午前十時から行われた。拝賀の順路は【図1-30】に示されたと

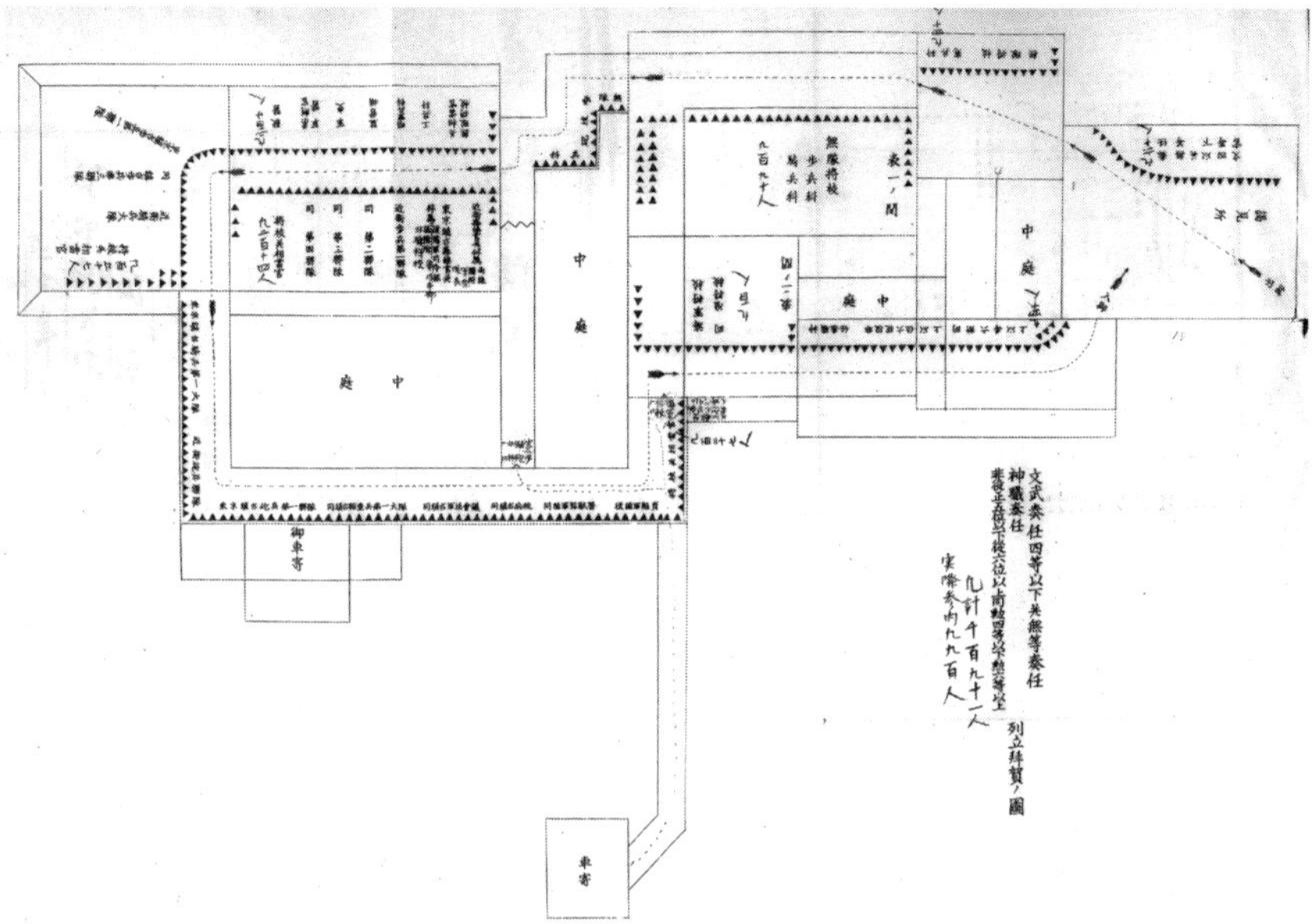


【1-30】明治 21 年の新年拝賀における列立拝賀の図（下が北）

おりで、天皇と大礼服のドレスに身を包んだ皇后が謁見所を出発し、表一の間の入側を経由して御会食所に達し、御会食所と珈琲の間を通り抜けてさらに御車寄の前を通過し、表二の間を通って謁見所に戻ってくるというものであり、その経路上に臣下が整列して並び、両陛下が拝賀を受けた。この移動中、皇后のドレスの裾は掌侍《しょうじ》および権掌侍が四人で支えていた[54]。

儀礼空間の床仕上げが一斉に寄木張りへと改修されたことと皇后の洋装化との強い関係は、ここにはっきりと示されている。この明治二十一年の列立拝賀では千百九十一人の参列が想定され、実際におよそ九百人が参内したようである。新年拝賀という伝統的な宮中儀式において、過去に例のないダイナミックな演出が施されたこの列立拝賀の導入には、おそらく明治二十年五月に来日し、御雇い式部官として宮中行事の洋風化に多大な足跡を残したドイツ人、オットマール・フォン・モール（一八四六―一九二二）が強く関与したと考えられるが、現時点でそれを裏付ける資料はまだ見いだせていない。

【1-31】明治宮殿「正殿」（謁見所）内観

【1-32】明治宮殿「豊明殿」（饗宴所）内観

## おわりに

御会食所で具体化された和洋折衷の空間、すなわち立式対応の床仕上げに書院造風のインテリアを折衷した意匠は、過去に例のない、全く新しい意匠表現であった。書院造りの御殿の近代的改修に始まり、京都御所の復古的な意匠を取り入れ、そして特に皇后のあり方において欧米の皇室をモデルとした宮中儀礼のスタイルをも取り入れて生み出されたこの意匠は、おそらくすぐに「近代の天皇」を象徴するデザインとして受け入れられたであろう。そして、当時すでに建設途中であった明治宮殿の設計にも変更を迫り、さらなる発展形として明治宮殿の表宮殿で完成するのである【図1‐31】【図1‐32】。また、赤坂仮皇居で培われた謁見や御会食などの形式も建物のデザインとともに明治宮殿へと引き継がれ、明治宮殿のお披露目となった明治二十二年二月十一日の憲法発布の記念式典では、それらが最大限に表現された【カラー口絵19】。

このように、現在の明治記念館は明治国家の形成期に宮中外交の舞台としてその成功を託された建物であり、そのために考案された和洋折衷の意匠は、「明治」という新しい時代を象徴するデザインであった。七十年間にわたり、「憲法記念館」として大切にされてきた赤坂仮皇居の御会食所は、ひとたびその歴史をひもとけば、その小さな空間のなかに、こうした濃密な「明治」という時代を内包していたのである。

# 第二章

# 食卓の外交

## ～明治天皇の洋食器と意匠をめぐる戦略～

メアリー・レッドファーン
林 美和子 訳

# はじめに

正餐《せいさん》は一種のお芝居である。

決して広くもない赤坂仮皇居の敷地に、新たに御会食所が建設されたことは、それだけ宮中での宴会が重要視されたことを意味する。ここにおいて正餐は新たなステージを迎えた。扉を開けて入ってくる賓客、サービスを務める給仕係、そして、主催者として振る舞う天皇と皇后。そこでは全員がキャストとなる。しかし、お芝居の成功にはまた、それに見合う小道具が必要であり、これに関しては、宮中宴会も例外ではなかった。

御会食所が建設された時、数多くの調度品や装飾品の製作が依頼された。注文内容は釣りランプ、炉棚に飾る置時計、燭台、花瓶、石炭用バケツ、椅子、テーブル、そして鏡など多岐にわたった。(1) これらを含む品々は、会場で天皇や賓客を取り囲む。この新しい建物の成功のために必要なものであった。しかし、饗宴の招待客がテーブルを挟み、向き合った時、その存在が際立ってあらわれる一つの小道具がある。天皇の食卓の上という重要な位置を占領し、すべての賓客の目にさらされ、手に取られるもの——。それは食器である。

明治時代初期、皇室行事や皇室外交に西洋料理をも取り入れることは、大きな挑戦だった。洋食宴会で使用される食器は、宮中で通常使用する和食器とはかなり異なっていた。(2) チュリーン、コンポート、皿が必要であり、多数のシャンパングラス、コップ、ワイングラス、そして、ナイフにフォーク、スプーンが加えられた。こういった食事形式は欧米で発展したため、食器類の形は、ある程度はその役割や慣習によって決められていた。しかし、それらの食器に施された意匠やモチーフの詳細に関しては、もう少し自由に選択されていたのであろう。

食卓をめぐる明治初期の挑戦とは、同時に好機でもあった。ダイニングテーブルは人々に集まる場所を提供し、そして、そこに置かれた食器は、家紋や紋章といった意匠を通じて、主催者を取り巻くメッセージを数世紀にわたって伝達する可能性を持っている。明治天皇の食卓用に注文された食器も、やはりそのような多くの役割を演じることが期待されていた。デザインとは、その食器に反映された意図や期待が結晶化した産物である。本章では、明治天皇のために製作された食器に着目し、そのデザインに込められた意図を読み解いていく。そうすることで、文書記録だけではうかがいしれない、宮中饗宴という芝居の内実に迫っていきたい。

## 一、食卓の用意

一八六一年（文久元）にロンドンで出版された『Book of Household Management（家政読本）』で、著者イサベラ・ビートンは、「ダイニングは文明がもたらす特権である。ある人物が属する階級は、彼の食べ方を知ることで推測することが可能であろう」と明言した[3]。それから数年後の一八六八年（明治元）には、海を渡ったニューヨークで大衆雑誌『ハーパーズ・ニュー・マンスリー・マガジン』が、次のように主張を展開している。「人々が食事をとる姿を見れば、文明人としての彼らの階級を言い当てることができる」[4]。食事の仕方から個人の能力が判断されるだけでなく――正しいマナーに従う能力、洗練された料理を提供する能力、適切なもてなしを示す能力――、いまや文化や国民そのものが、食事という物差しによって比較され、対比され、そして階級づけされるにいたっている。ニコル・クーリッジ・ルマニエールが提言するように、「食習慣とは、国際舞台において教養や地位を表象するばかりでなく、文明そのものである」[5]。

外交的手段としての饗宴も、まさにこの文脈に位置する。将軍による事実上の支配が打倒され、王政復古が行われたことで、日本の皇室も国際舞台へ参入することになった。来る数年のうちに、日本の皇室外交で饗宴が潜在的な意義を持つことは明らかであった[6]。外交の食卓は、裁きの場であると同時に集いの場であり、君主とその外賓は食事をともにすることで、個人的にも政治的にも絆を深める機会を得た。ゲストもホストも、個人より国の代表としての立場を優先した。食卓が小規模な世界となったように、正餐は諸国が集う酒宴であった。

## 諸国酒宴に参加した日本

ナイフとフォークを使った洋風宴会は、明治六年（一八七三）以降、日本の皇室外交で欠かせないものとなったが、この外国の食事形式は日本列島においてさえ、それより長い歴史を持っていた。

日本で最初にフォークとナイフで食事をした人々は、この列島に流れ着いたヨーロッパ人であった。しかしながら、江戸時代には、そのような食習慣に対する認識と好奇心はまったくといっていいほど実用的とはならなかった。状況が変わるのは、政治情勢が変動し、外国式の食事が便宜上都合がよいと認められるようになってからだ。やがて好奇の的となった洋風の食卓は、歴史のなかでその役割を果たすことになる。

見慣れぬ外国の文物は、実際に日本の支配層の食卓に並べられる前に、まず記述され、絵に描かれ、そして説明された。

【2-1】「長崎出島阿蘭陀館絵巻」部分。1800 年前後

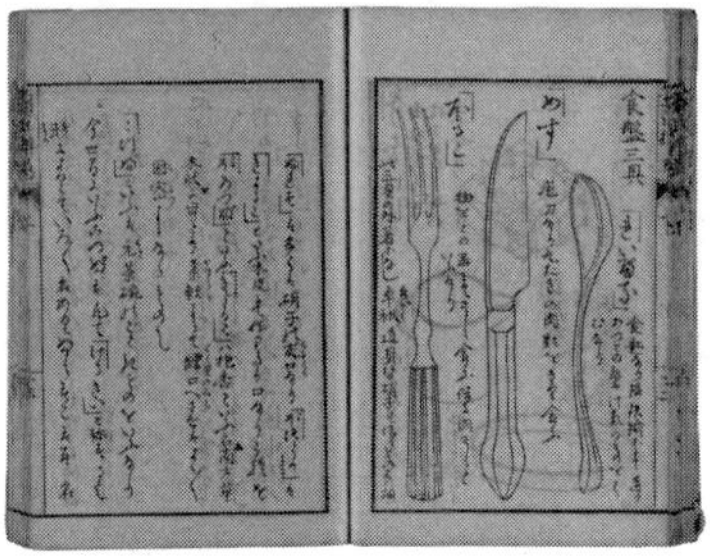

【2-2】『蘭説弁惑』に描かれたスプーン、ナイフ、フォーク。寛政 11 年

## ＊日本で見た西洋式食習慣

十六世紀半ば、スペインとポルトガルの商人と宣教師が初めて日本の島々にたどり着いた時、食べるためにフォークとナイフをペアで使用することは、ヨーロッパにおいてもまだ取り入れられたばかりであった。フォークとナイフで食べる習慣は、まず十六世紀にイタリアから広まった。ヨーロッパの広範囲でナイフとフォークの使用が普及するには、十七世紀後半までかかる。そして、ようやく十七世紀末に英国とヨーロッパ大陸ではそれが規範であると見なされるようになった(7)。

食器が時代に見合った目的と形式へと変わり、それとともに食卓に並べられたナイフとフォークは、北米やヨーロッパ諸国の植民地や交易がある居留地へと持ち出された。のちに、日本人によって「西洋」とみなされたこのような食習慣は、日本では出島にいた阿蘭陀人の間で初めて見出されることになった。

出島にオランダの貿易地があった当時の絵巻物、版本、そして長崎絵には、オランダの慣習に対する当時の日本人の好奇のまなざしが如実に現れている。寛政十二年（一八〇〇）前後の作と思われる出島での生活が描写された絵巻には、阿蘭陀人貿易商のダイニングルームも描かれている【図２-１】。帽

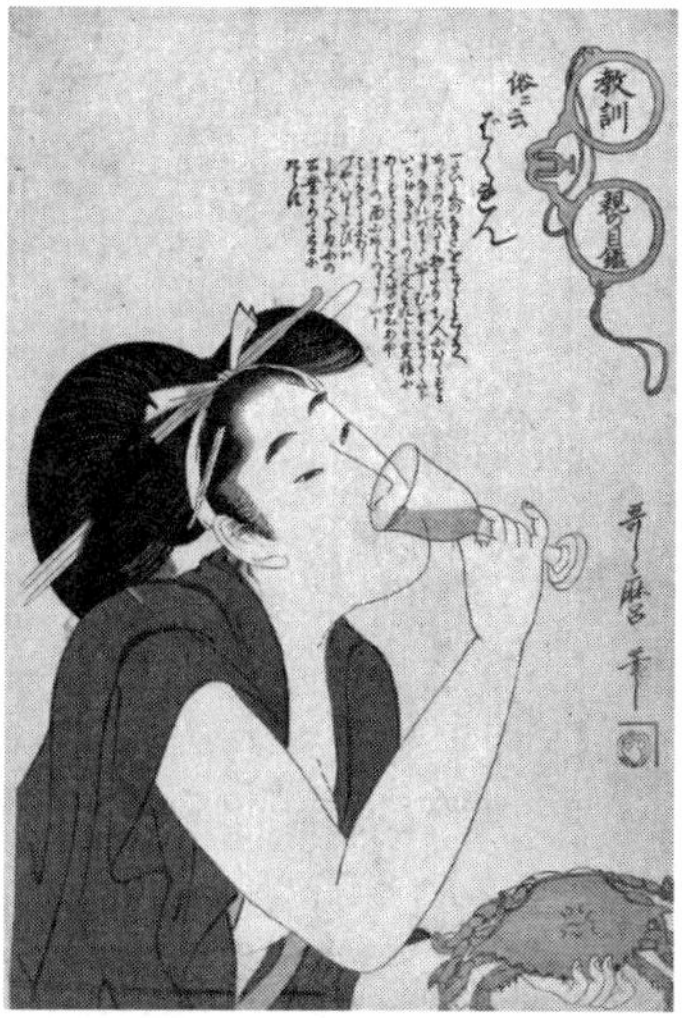


【2-3】「教訓親の目鑑　俗ニ云ばくれん」喜多川歌麿。享和2年頃

子は壁に掛けられ、阿蘭陀人は一つのテーブルを囲んで座っていることが見て取れる。テーブルには染付の陶磁器、おそらく当時阿蘭陀人がヨーロッパに輸入していた肥前焼が並べてあり、ナイフとフォークが手に取られている。阿蘭陀人が使用したナイフとフォーク、そして、ガラス食器は、『蘭説弁惑』にも説明とともに描写されている【図2-2】。『蘭説弁惑』は、蘭学者有馬文仲《ぶんちゅう》が師である大槻玄沢とともに、阿蘭陀人と彼らの日常生活について語った問答集である[8]。多くの読者の関心を引くべく、この書は学問的というよりもっと一般的な興味の対象を優先して綴られている。

喜多川歌麿がワイングラスを手にした市井の女を浮世絵版画に描いたように、いくつかの食の小道具はヨーロッパのダイニングルームから日本文化の文脈へと組み入れられた【図2-3】。しかし、オランダの食習慣と実際に関わりをもったのはごく限られた人々で、その多くは蘭学者のサークルに属する者たちだった。天明五年（一七八五）、大槻玄沢はオランダ語通詞吉雄幸作が催したオランダ正月を祝う宴会に出席した。吉雄はオランダ座敷がある家を建てており、玄沢は食事も食卓もオランダ様式であったと述べている。十年後、玄沢はみずからの門人を招いて、テーブルにナイフ、フォーク、そしてスプーンを並べて、新年会

【2-4】「五カ国異人酒宴之図」歌川芳員。嘉永５年

を催してもいる[9]。

しかし、このような阿蘭陀人の食生活への関心を実践した例は、珍しかった。ほとんどの場合、当時の描写や出版物にみられるように、オランダ式の食事への興味は、好奇心に留まっていた。ナイフとフォークで食事をすることは広く流行しなかっただけでなく、支配層にも慣習として取り入れられてはいなかった。

一八五〇年代に不平等条約が締結され、欧米諸国の商人たちが新しく開かれた条約港へとやってきた。出島の例があるように、外国人訪問者の馴染みのない慣習や物質的文化は、当時の錦絵に捉えられた。横浜絵に描かれている食習慣は「オランダの」というより「西洋の」食習慣である。文久元年（一八六一）に出版された歌川芳員《よしかず》の「五カ国異人酒宴之図」には、テーブルを囲んで飲食をともにする外国人が描かれている【図２-４】。題名が示す通り、食事をしているのは五カ国の代表者たちだ。その五カ国とは、米国、ロシア、オランダ、英国、そしてフランスである。これらの国々が共有する文化を強調するダイニングテーブルは連合の場として見立てられている。しかし、六番目の国もまた存在しているのだ。この頃に、二度目のアヘン戦争（一八五六―六〇）で敗退した国のことだ。この酒宴には二人の中国人（「南京人」）が給仕係として描かれているのだ。芳員はこの諸国酒宴の食卓を、国と国の連合の舞台であるとともに、当時の政治権力の表象の場として描いている。しかし、その場に描かれていない日本の立ち位置は見極め難い。

## ＊海外における西洋式食習慣との出会い

幕末期、幕府が定めた渡航制限は緩和され、日本人が外国を訪問する動機も機会も増加した。条約港で外国人居住者のために開店した洋食レストランで食事をする機会もあったが、多くの日本人は故国から離れた船上で外国料理とその食習慣に初めて出くわすこととなった(10)。船上には、留学や商業目的で渡航する人たちとは別に、将軍の命を受け政治的意図を担う特使たちがいた。日本が諸国と同盟を批准するために、欧米へと派遣された外交使節団だ。重要な任務を背負った日本の代表者たちは、いたる所で馴染みのない行儀作法や文物、そして礼儀作法と出くわすことになる。

万延元年（一八六〇）に徳川幕府が米国へと派遣した最初の使節団は、ただただ見よう見まねで、米国の饗宴での複雑な作法を切り抜けることを試みた。ジェームス・ブキャナン米国大統領との正餐に招待された副使村垣範正《むらがきのりまさ》は、饗宴での出来事をこう語っている。

食盤の中央の向ふに大統領こなたに対して姪女《てつじょ》エレン此右に〔新見〕正興左にをのれ……やがてあつものを出しさまさまの肉なと例のサンバン酒其他種々の酒なとすすめさすが大統領も対食せしことなれは少しはつつましけなるか様子もしらねばかたはらの婦人の食せしを見て真似するもいとおかし……(11)

状況に応じて気を配り、村垣は他の賓客にならった。しかし、便宜的であったが（そして村垣にとっては楽しいことだったが）、見よう見まねでは大きな誤差が生じ得るのであった。

この重要な使節団に同行したのが、オランダ通詞であり、蘭学者であった福沢諭吉だ。福沢は文久元年（一八六一）に派遣された後続の外交使節団にも同行するよう徳川幕府から任命されている。自叙伝では、同胞が西洋式作法で対処しそこなった時に感じた恥ずかしさについて回顧している。それはパリでの出来事だった。福沢はトイレに行く主人に連れ添う日本人の随行人を目撃した。「私は丁度其処を通り掛つて、驚いたとも驚くまいとも、先づ表に立塞がつて物も言はずに戸を打締めて、夫れからそろそろと其家来殿に話したことがある」(12)。欧米人と同席した福沢は礼儀作法の違いを村垣のようには楽しめなかった。

福沢は外国における日常茶飯事を理解することの重要性を認識し、旅行中に多くの記録を残した。のちにこう記している。

外国の人に一番分り易い事で殆ど字引にも載せないと云ふやうな事が此方では一番六《むつ》かしい。(13)

ヨーロッパではこのようないわばあたり前のことはほとんど本として出版されなかったこともあり、福沢は覚え書きをもとに『西洋事情』を書き上げた。慶応二年(一八六六)から明治三年(一八七〇)にかけて出版された『西洋事情』は、福沢が旅行中に出くわしたさまざまな施設や考案品に関する事柄を広範囲にわたって紹介している。第一巻では、蒸気機関車に養護施設、新聞紙と多岐にわたる。福沢の海外経験をもとに、慶応三年には片山淳之介(福沢の門人の一人)の名で『西洋衣食住』が出版されている。同書は、一般的には福沢諭吉の著作といわれている。(14)

書名通り、『西洋衣食住』は欧米での食器、服装、そして生活を簡潔に紹介している。挿絵をふんだんに取り入れ、日本人には馴染みのなかったシャツやズボン、靴篦、ヘアブラシに便器まで、日常生活での作法を図解で説明している。食の部では、食卓の装具である皿、ナイフ、フォーク、スプーン、コップ、シャンパングラス、花瓶などが、テーブルに一人分の食器一式としてまず描かれ【図2-5】、次に一つ一つが図解されている【図2-6】。本文には食事における望ましい行動や、これらをどう使うのかなどの見識も添えられている。たとえば、スープはスプーンを使ってお皿から食べ、紅茶ですら音を立ててすることは不

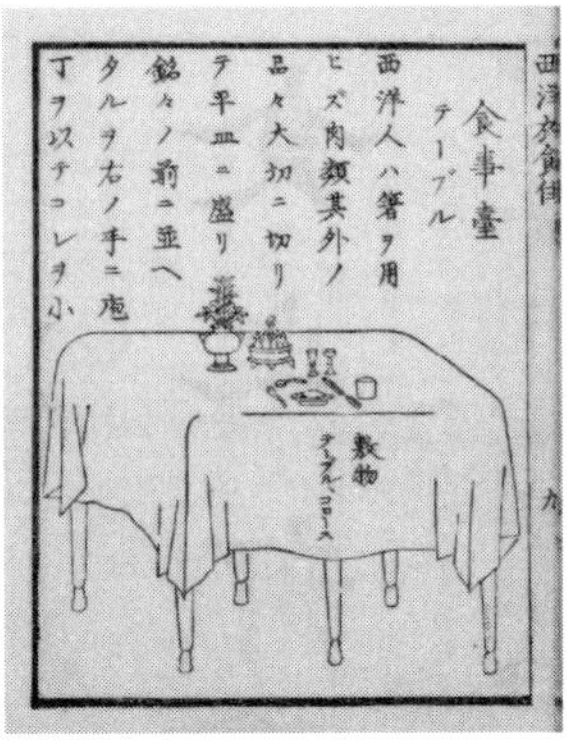


【2-5】『西洋衣食住』に描かれた食卓。慶応３年

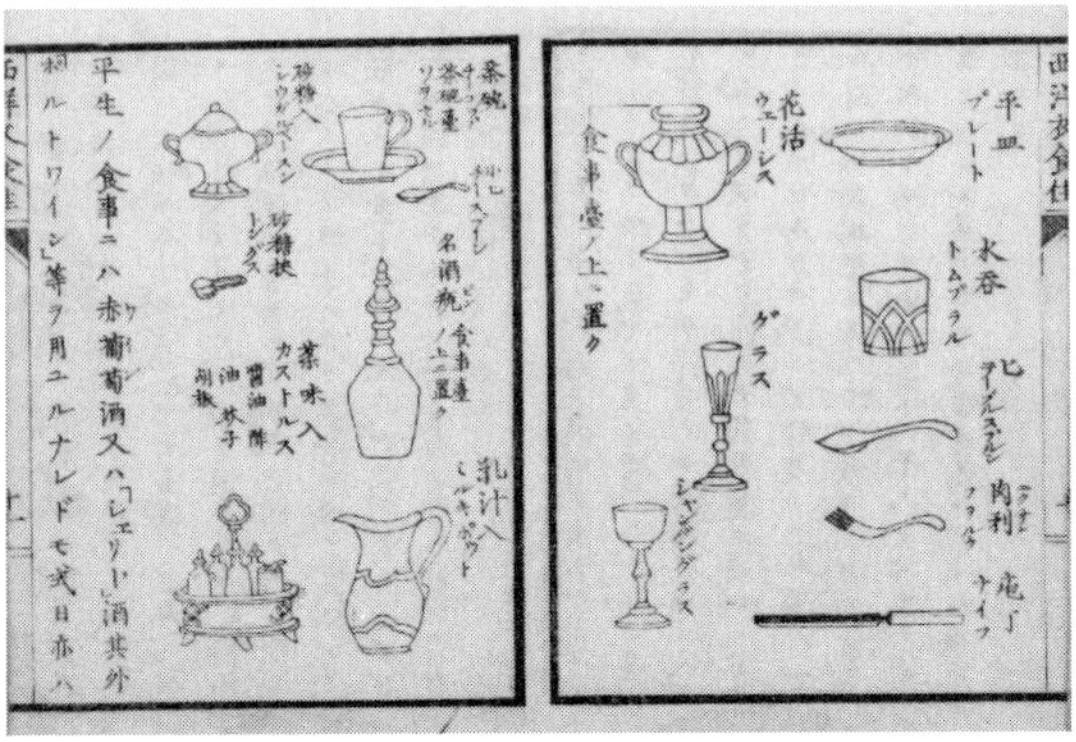


【2-6】『西洋衣食住』に描かれた食器類。慶応３年

作法だとある。

福沢が認識したように、幕府の外交使節団が招かれた外国での宴会にはそれぞれ独自の規則があり、行儀作法があった。日本に着いた外国人が箸や本膳の作法に馴染みがなかったように、渡航した日本人は複雑な西洋式宴会への対応に苦労したのである。重要なのは、福沢は馴染みがない規則を観察し、その土地の行儀作法に従うことがいかに大切か理解していたということだ。幕府任命の使節団として海外での経験を得て、西洋式のディナーテーブルに並べられた品目を丁寧に描写したことは、福沢が正餐自体の重要性を認識していたことを裏付けている。

徳川政権末期、外国の宴会流儀を受け入れることは好機をもたらすと察した上流階級の間で、外交における宴会の重要性は認識されつつあった。神奈川条約（日米和親条約）の慎重な日本人交渉人は、嘉永七年（一八五四）にマシュー・ペリー提督とその一団を公式な和式形式の饗宴でもてなした。そして十三年後の慶応三年（一八六七）、徳川慶喜は保護を求め、洋風宴会を開いて英国の公使に敬意を表することとしたのだ。(15) しかし、将軍の権力はすでに衰退の一途をたどっていた。

## ＊宮中に渡来した西洋式食習慣

明治元年（一八六八）、明治維新により天皇は日本の国民統合の象徴として表舞台に登場する。やがて天皇の新たな役割として、日本の外交分野に積極的に参加すべきことが明らかになった。そこで同年、明治天皇は外国の代表者の受け入れを始める。宮中ではこれ自体が衝撃的な展開だった。そのような謁見の可能性が初めて提起された時、明治天皇の母中山慶子と多くの廷臣は失望してしまったのである。[16] しかし、この時はまだ、天皇が外賓と食事をすることはないと考えられていた。

明治二年に英国エジンバラ公が来日した際には、天皇と内謁する前に茶菓子が供されている。その時のことを同国公使館員のミットフォードはこう記している。「殿下は皇居の庭にある紅葉御茶屋へ案内されて、そこでお茶とあらゆる種類の珍味が供された。そのうちに滝見御茶屋で陛下がお待ちなので来るようにとの知らせがあった[17]」。

その後の数年間で、新たな料理、新たな食事作法、そして新たな賓客が天皇の御会食に登場することとなる。

明治天皇は明治四年に初めて西洋料理を口にされたとされている。八月十八日、天皇は大臣たちを浜離宮にある延遼館に招集し、西洋料理が振る舞われたと、木戸孝允が記録している。[18]西洋家具で揃えられた延遼館は、エジンバラ公のような外賓を迎えるために使用された。しかし、この日については、外賓に関する記述はなく、大臣、参議、諸省長・次官が歓迎会に出席したという。どのような料理が提供されたのかは具体的にあげられていないが、このような官僚や政治家に西洋料理が振るまわれた事実は注目に値する。その後二カ月も経たないうちに、木戸は岩倉使節団の一団員として、欧米へ派遣されたのだった。

同じ明治四年十二月十七日、これより明治天皇が食肉を召し上がることを宮内省が公式発表した時、天皇の食習慣は新たな意義を担うことになった。[19]この公式声明の重要性は、日本における食肉文化の歴史を踏まえなければ理解できない。[20]食肉、とりわけ狩猟鳥獣は、江戸時代に食されてはいたが、日々の食生活の大部分を占めることはなかった。仏教と神道に由来する禁忌が屠畜や食肉の摂取を非難していたため、肉を食べた時は、しばしば、山鯨《やまくじら》などの婉曲語を用いて隠したり、薬効があるとして正当化したりした。

そもそも、日本における初期の食肉消費制限は、皇室自体に由来している。天武天皇四年(六七五)、天皇は四月から九月の間、屠畜や家畜(牛、馬、鶏、犬)と猿の肉の消費を禁じたのだった。

欧米人と同等の強靭な体格に発育することを切望し、一八七〇年代初め、明治政府と知識人は、文字通りより強靭な国家を作り上げるため、国民の食生活に肉を取り入れることを奨励した。天皇の体は国民の食生活の模範として用いられた。

しかし、「何を」食べるかが変わっても、「どのように」食べるかまでが変わるとは限らない。そのようにして、たとえばすき焼きのような料理が、和食の世界に肉を取り込むことになったのだ。明治天皇は国民の体力増強を促進することを目的に、その模範となるべく肉を口にした。一方で、天皇がどのように食事をするのか、誰と食事をするのかという問題については、その目的は異なっていた。天皇が国民のために肉を食したのであれば、天皇は外交のために食事をしたのである。

明治天皇が肉を食したと公表された翌年、内膳司はアイスクリームや氷菓子を作る機械を要望した。[21]欧米で出版された書籍も調べたようである。大膳課の『例規録』では、ビートン夫人の『家政読本』の翻訳準備が検討されている。題名にもかかわらず、この本は調理法と食事についての記述が大部分を占めていた。[22]そして、明治六年六月、宮内省は福沢諭吉の『西洋衣食住』を購入している。[23]

天皇の日常生活には、他にもいくつか変更がなされた。最も顕著なのは、天皇の服装に新しい軍隊のデザインを取り入れたことだ。それは、日本軍隊の制服としてすでに取り入れられた、ヨーロッパの軍服によく似ていた。

明治六年、西洋料理は特定の宮中行事や外交宴会に正式に採用された。同年七月二日、『明治天皇紀』には、九月中旬以降、西洋料理を供進するための準備に取りかかったと記録がある。その目的のため、明治天皇、昭憲皇太后、そして宮中の女中は西洋料理を食すための正しい作法の手ほどきを受けることとなった[24]。このように準備が整い、西洋料理は天皇主催の饗宴で供されることとなる。

明治六年九月八日、明治天皇はジェノバ公を午餐でもてなした。この御会食の意義はジェノバ公に通じた。同行した在日米国公使デロングは、こう語っている。「数年前までは偉大すぎて見る事すら許されなかった天皇が、外国形式で私たちと同席した。外国のナイフ、フォークとスプーンとともにだ[25]」。明治天皇は諸国との酒宴でみずからの席に腰を下ろしたのであった。

## 外交の小道具 宮中の洋食器

テーブルマナーの知識を確実なものとすることに加え、帝室は明治天皇が来賓を洋風の宮中晩餐でもてなすために必要な物を確保するための投資を惜しまなかった。これまでの宮中の食事とはまったく異なった物質的文化が要求され、宮内省は食皿からナプキン、コーヒーカップ、シャンパングラス、ナイフにフォークまで数々の品を購入した。天皇が主催した外交宴会がお芝居であるなら、これらの品々は極めて重要な小道具であった。外交の小道具である。

これらの道具を表現する語は「洋食器」だった。西洋の省略語で、「洋」はこれらが「西洋の」品々であることを意味する。生産地を説明するよりも、むしろ外国式の食事であることを示している。確かに、明治時代に使用された多くの宮中洋食器は日本製であったが、いくつかの御用食器はフランスや英国から輸入されたものであった。

明治時代の宮中洋食器はほんのわずかな数しか現存していない[26]。現存する食器のみからでは、それが宮内省から直接発注したものなのか、贈り物として受け取ったものなのか、いつ入手したのか、そして実際に御会食で使用されたことがあるのか、言明し難い。このような問題を理解するための鍵を握るのは『御用度録』と呼ばれる記録である。『御用度録』の記録は御会食所が建設される十年前の明治四年から現存し、宮内庁宮内公文書館に保管されている。当時の注文記録から編纂されたこの貴重な書類は、天皇が宮中で使用した日常品の購入記録である。これらの膨大な史料は、明治時代前半の食器やそれに関連した品々の入手に関する豊富な情報を含んでおり、御用食器の発注内容を浮き彫りにするのである。

### ＊宮中洋食器の初期の痕跡

明治六年五月五日未明、西ノ丸皇居がその女官部屋から出火した。風にあおられ、皇居は焼失。三種の神器や他の宝物は避難させたが、多くの宮中財産は炎とともに失われてしまった。そして、天皇、皇后はより狭い赤坂仮皇居への移動を余儀なくされたのである。

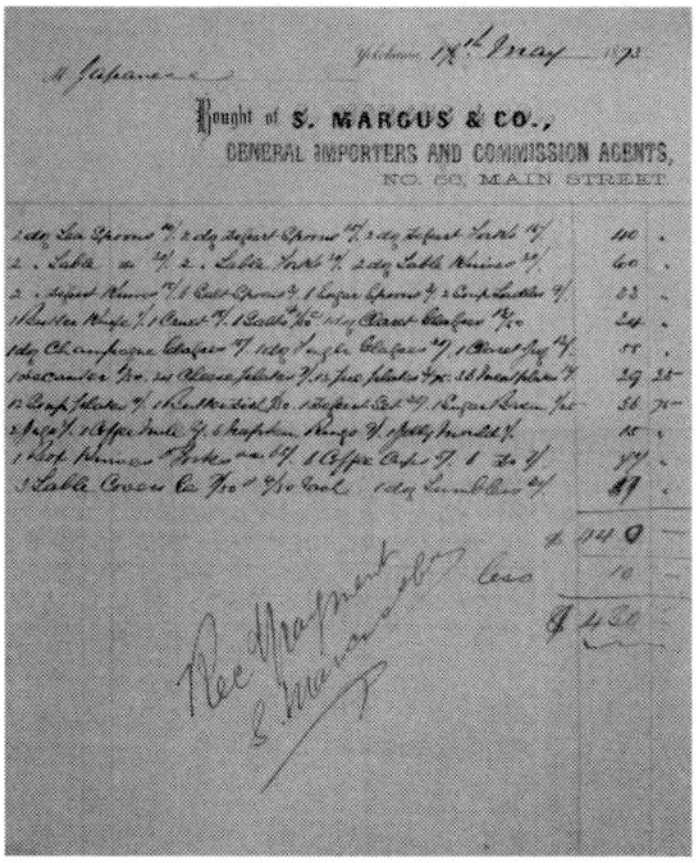


【2-7】エス・マーカス社からの領収書。明治6年5月17日

この激変の後、既述のとおり多くの進展があった。六年七月二日より帝室への西洋料理に関する指導が始まり、九月にはジェノバ公を洋風午餐にてもてなしている(27)。火災がこのような進展をもたらしたように思われるかもしれない。しかし、失火による被害を詳しく述べた内膳司の記録によれば、宮中宴会の変容は火災が起こる前からすでに始まっていたことが明らかだ。

火災後の数日間、宮内省は被害状況を調査した。焼失した食器類には、コーヒー付属品、ガラス製砂糖入れ、ナイフにフォークが含まれていたという(28)。その月末には、金製、銀製、銅製の器が溶けてできた黒い塊が見つかったと、内膳司が記録している(29)。さらに『御用度録』は、火災の十二日後に新しい洋食器が横浜在留の輸入代理店エス・マーカス社を通して購入されたことを記している【図2-7】。迅速に購入したということから、その緊急性を推し測ることができるし、類似品が以前から使用されていた可能性も考えられる。あいにく、領収書からは基本的な品名以外のことは分からないし、食器の生産地や形状も書かれてはいない(30)。横浜在留の卸売業者（おそらく外国人在留者へ供給することに慣れていたのだろう）から購入したこれらの食器は、単にすぐに購入が可能なものであったのかもしれない。

この時期、日本人の陶工にも皇室のために洋食器を製作するよう要請があった。佐賀県に保存されている古文書には、明治四年に外務省が伊万里に御用食器一式を発注したことがこう記されている。「延遼館ニ於テ各国人へ賜饌ノ節御用相成候」(31)。これらの陶工のうちの数人はすでに和食器製作に従事していた。有田の陶工である辻勝蔵に関する記録には、明治四年から御用食器製作の依頼を受けていたとあり、具体的な洋食器一式の記述がある明治八年の皇室購入記録も含まれている(32)。辻家は、代々、御用食器の製作をする禁裏御用達の勅諚《ちょくじょう》を受けている。同時に、京都在住の陶工、幹山伝七《かんざんでんしち》は早ければ明治四年には御用品の製作の注文を、明治六年には延遼館で使用するための洋食器製作の注文を、それぞれ宮内省から受けていたといわれている(33)。

延遼館で使用するために作られた食器のいくつかは、現存している。それら食器の裏には延遼館のために作られたことが明記されている(34)。これらの注文のうち少なくとも一件は、外務省が深く関わったことが明白であり、このことからも延遼館用の注文は御用食器と少し区別して考えるべきであることが推察される。つまり、皇室の迎賓館である延遼館のために作られた食器は、どちらかというと、天皇の来賓が館内でプライベートな食事をする際にも使用することが意図されていたようだ。どのような食器が御会食のために製作されたのかを判断することは、今後の課題としたい。

## 「西洋の」食器

洋食器の採用は、宮中における意義ある一歩であり、そこでは新しい食器類の入手や適切な作法の取得が求められた。ナイフ、フォーク、シャンパングラスにスープ皿が並べられたテーブルセットを挟んで、諸外国の代表者と向き合い、明治天皇は礼儀正しいホストとしてだけでなく、日本外交におけるみずからの役割を演じたのである。

一方、明治時代初期の御用食器の入手に関する資料には、用途や意匠を特定できる情報はまったくといっていいほど記されていない。この時期に延遼館用に製作された食器を識別することはおそらく可能ではあるが、御用食器として製作された食器の明確な特徴を判別することは容易ではない。

資料からは、この時期に宮中が過渡期にあったことが明らかだが、文書による記録をただちに現存する御用食器と関連づけ、意匠について論評することは難しい。よって、これらは、単に「西洋の」食器のままである。これらの食器の重要性、採用された理由、そして外交の道具として果たした役割については、詳細な検討が加えられることでやがて明らかになるだろう。

## 二、御会食所の初日

明治十四年（一八八一）十月二十六日、明治天皇は赤坂仮皇居の御会食所に初めての賓客を迎えた。それは、クラレンス・アヴォンディル公アルバート・ヴィクター王子とジョージ王子（のちの英国国王ジョージ五世）であった。両者とも英国王室の王子であり、ヴィクトリア女王の皇孫にあたる。王子たちが天皇の壮麗で新しい御会食所に足を踏み入れた時、彼らの前のテーブルに並べられた食器一式は、この御会食に相応しいものであった。御会食所の初日に使われた食器もまた、六年前に宮内省から注文され、英国からやって来たのである。

### 明治八年に注文された英国製の洋食器

明治八年、宮内省は食器や付属品を英国の複数の会社に注文する。注文した品目は、洋風宴会に必要な品一揃いであった。銀器、ガラス製品、金物類、陶磁器、さらに、椅子やダイニングテーブルである。宮中洋食器の初期の注文の場合とは違い、ここでは、現存する記録がこれらの品々の特性を詳細に語ってくれる。その記述は、注文の記録と宮内庁に実際に所蔵されている食器とを結びつけることができるほど具体的である。

このような記録と食器が存在することにより、我々は宮中饗宴で使用されたテーブルウェアの様式を垣間みることができるだけでなく、それらの品々に具現化された意図や思いといったものを推し量ることが可能になる。それはただ単に輸入された一般的な食器ではなく、ヨーロッパの王室で使用されたものとほぼ同等の食器であった。じつに、国を治める君主の物質的実践であった。明治天皇は外国の宮廷の伝統に従い、メインコースは銀器で、デザートは磁器（この場合は「ボーンチャイナ」）で食事をすることとしたのだ。

## ＊「西洋国の王様と同じように」――ガッラード社製の銀器――

明治九年五月三十一日、ロンドンタイムズ紙は明治天皇が陶磁器と漆器を見放し、今や銀器で食事をしていると報じた。

日本人がヨーロッパ文明の必需品を取り入れる準備がすでに整っているということを証明する必要があるのであれば、古びた漆器や磁器に飽きてしまっているミカドが、西欧の王や皇帝のように銀器から食事をする決意をしたという事実を示せばよいであろう。……ミカドの希望を叶えるため、その食器製作の注文は、ヘイマーケットに店を構える王室御用達の金細工商ガッラード社に託された。……(35)

記者の視点からすると、このような食器の注文は、よろこんで過去の作法を捨て、外国の作法を取り入れようとする日本の君主の意欲を示す、明らかな一例として捉えられたのである。[36]英国の高級紙がこの件について論評しているという事実は、同時に、明治天皇のテーブルセット注文の一連の過程がよく精査されていたことを示している。

タイムズ紙に取り上げられたガッラード社製銀器は、明治八年に宮内省が英国の複数の会社に注文した食器類と家具の一部であった。明治天皇のために製作されたガッラード社製銀器が現存するのか否かは定かではないが、記録史料や当時の新聞記事は、この重要な食器セットを推測する手がかりとなる。タイムズ紙は、この注文食器は、明治天皇が「西欧の王や皇帝のように」なったことを示すものだと主張する。しかし、当時の記録史料等を付きあわせて検討することで明らかになるのは、むしろ、これらの食器のデザインに託された「意図」とその「認識」の間にあるズレである。

ガッラード社製銀器に関する記事は、タイムズ紙とモーニングポスト紙の両紙で見られる。モーニングポスト紙は、この日本が注文した銀器のことを「この国で製作されたかつてないレベルの最も素晴らしい製品の一つである」と評した。それは約二百五十枚の皿、「ナイフ、フォーク、スプーン、玉じゃくし、舟形バター入れ、カラシ壺、塩入れ、そしてイングランドのディナーテーブルで通常見つけられる品々」と、二十五人分の食事を提供できる食器一式であったという。これらの食器は、亀、龍、コウノトリ、そして鳳凰、「日本人の目には

| 品名 | 員数 | 代金 |
|---|---|---|
| 香水泉中央台 | 1個 | £1250 |
| 花台 | 2個 | |
| 燭台（大） | 2個 | |
| 燭台（中） | 4個 | £500 |
| アントレ・ディッシュ | 8個 | £600 |
| 舟形ソース入れ | 16個 | £266 |
| 香辛料入れ | 2個 | £70 |
| 香辛料入れホルダー | 2個 | £46 |
| カラシ壺 | 4個 | £30 |
| 給仕用トレー | 4個 | £105 |
| スープ皿 | 42個 | £552 |
| 食皿 | 216個 | £2568 |
| 燭台 | 12個 | £340 |
| 魚ナイフ・フォーク | 42揃 | £140 16s |
| 食ナイフ | 242個 | £190 10s |
| 食フォーク | 242個 | £457 7s |
| 食スプーン | 108個 | £228 13s |
| 小ナイフ | 108個 | £74 5s |
| 小フォーク | 108個 | £146 6s |
| 小スプーン | 108個 | £146 6s |
| 大スプーン | 6個 | £27 5s |
| 小スプーン | 6個 | £18 7s |
| スープスプーン | 4個 | £26 4s |
| ソーススプーン | 16個 | £29 18s |
| カラシスプーン | 4個 | £2 16s |
| 魚サービングセット | 2揃 | £19 5s |
| ハサミ | 4個 | £24 15s |
| サラダサービングセット | 4揃 | £35 14s |
| 給仕用ナイフ・フォーク | 18個 | £21 12s |
| 串（大） | 6個 | £18 |
| 串（中） | 6個 | £14 |
| 串（小） | 24個 | £12 |
| 小ナイフ | 42個 | £54 17s |
| フォーク | 42個 | £57 10s |
| スプーン | 42個 | £57 10s |
| 氷皿 | 4個 | £30 13s |
| 氷匙 | 42個 | £43 15s |
| 給仕用匙 | 12個 | £33 12s |
| 果物器 | 4個 | £24 7s |
| 砂糖入れ | 4個 | £7 5s |
| 葡萄ハサミ | 4個 | £16 |
| | 彫刻料 | £173 11s |
| | **合計代金** | **£8442 2s** |

【表1】明治8年頃ガッラード社の注文書に見る銀器の詳細（宮内庁宮内公文書館所蔵『御用度録　購入11』明治10年をもとに作成）

象徴的意義を持つ生き物」、そして、野花で装飾されていた。(37)一方、タイムズ紙は亀足付噴水、大燭台、フルーツスタンド、アントレディッシュ、そして舟形ソース入れの品名をあげており、これらは伝統的で日本的なモチーフが選ばれたとするモーニングポスト紙の意見と共通する。

英国紙によるこれらの記述は、宮内庁宮内公文書館に保存されている注文書の内容と大体一致している。【表1】が示すように、千五百点を越える物品がガッラード社に注文され、その値段は八千四百ポンドを越えている。(38)しかし、最も重要で具体的な事実を教えてくれる

【2-8】ガッラード社『図案帖』の燭台。19世紀

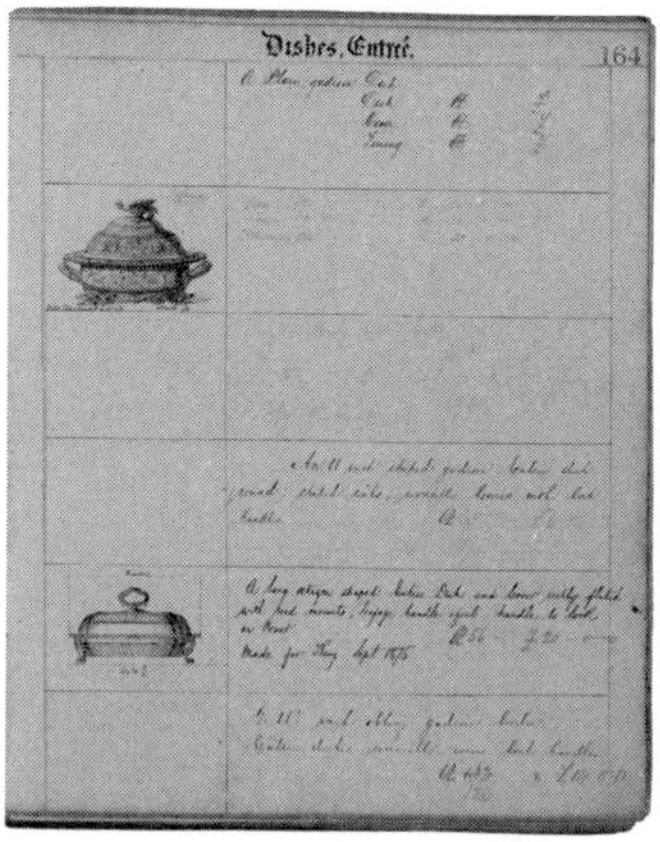


【2-9】ガッラード社『図案帖』のアントレ・ディッシュ。19世紀

のは、ロンドンに眠る記録文書である。ガッラード社がロンドンのアーカイブ・オブ・アート・アンド・デザインに残した文書のなかに、図案帖が含まれている。そこには注目に値する食器の図案が三点ある。そのうちの二点は燭台、一点はアントレ・ディッシュの図で、それぞれに「一八七六年二月日本政府用に製作」、「日本」と記されている[39]【図2-8】【図2-9】。

このような記述や図案を読み解いていくと、宮内庁が所蔵するいくつかの食器の写真が、ガッラード社製の製品を写したものであるとみなすことが可能になる[40]【図2-10】【図2-11】。これらの銀器はまた、宮内庁に保管されている食器図案帖にも見ることができる。これまでは、これらの「和洋折衷」の意匠は明治三十年代に生み出されたと議論されてきた[41]。しかし、鶴、龍、鳳凰、亀型の足のモチーフは、英国紙が具体的にあげた意匠とモチーフ、またガッラード社の図案帖にあった図案とほぼ対応している。ということは、これらの製品はガッラード社製であり、一八七〇年代半ばに英国の職人が明治天皇のために製作したと考えられる。

【2-10】燭光付花台の写真

【2-11】中央花飾台の写真

ここで注意すべき点は、これらの製品は明治天皇に贈られた贈答品ではなく、宮内省からの依頼で作られた注文品であることだ。英国女王の王室御用達の職人に注文を委ね、メインコースを銀器で食すというヨーロッパ王室の物質的実践に忠実に従い、宮内省は絶対君主としての地位に相応しい、明治天皇のためのディナーセットを手に入れることに出費を惜しまなかったのである。龍、鶴、そして亀が贅沢に装飾されたこれらの物品は、日本の職人が用意した意匠に従って製作されたと思われていた。しかし、モーニングポスト紙が指摘するように、この意匠は英国人職人、ウィリアム・テイラーによって立案されたものであった[42]。

ガッラード社製銀器の装飾に用いられたモチーフは、十九世紀後半、英国紙によって伝統的な日本の意匠の良い例であると見なされた。それぞれの製品に贅沢に施された装飾は、日本特有の食器というよりは、むしろ万国博覧会用に日本人の職人が製作した、外国人の目を奪うような大きな銅器、もしくは、ヨーロッパで作られた大げさすぎるジャポニズムの品々を思わせる。すなわち、これらの製品は欧米諸国を魅了した日本美術に対する、十九世紀

【2-12】宮内省『食器図案帖』の金鍍珈琲注。明治期

的な独特の視点を具象化しているといえる。エキゾチックであり、過度であり、グロテスクでさえある美術のことだ。

装飾的に贅沢であるということは、明治八年の注文の一つとして製作されたコーヒーポットにも見てとることができるだろう。ガッラード社に注文された銀器に加え、銀製のティーとコーヒー用のセットがハント・アンド・ロスケル社に注文されている。ガッラード社同様、ハント・アンド・ロスケル社は英国王室が使用する銀器の製作を承る王室御用達の会社であった。この注文は土瓶、ティーポット、コーヒーポット、クリームジャグ、トング付砂糖入れ、ティースプーン、そして大きなお盆からなっており、総額は四百五十ポンドを少し越えると購入記録に記されている。[43] さらに、明治時代の食器図案帖には、この注文にある銀製コーヒーポットを描いた図案が含まれている【図2-12】。

図案には、このコーヒーポットがハント・アンド・ロスケル社製であると示されてはいないが、この会社が同じ意匠のコーヒーポットを他の顧客にも製作していることから、その帰することは明白である。天皇のコーヒーセットに使われたデザインは、いわゆるアシュバーナムパターンと呼ばれるデザインの改作であった。もともとは第四代アシュバーナム伯爵のディナーセットのためにデザインされたものだ。ハント・アンド・ロスケル社は、蓋に龍の

【2-13】御紋の図案。明治9年頃

つまみと龍と鳳凰が両側に配置された菊の御紋章を付け加え、新しい顧客の注文に応じて製作したのであった。明治八年の注文書にも記録されている紋章である【図2-13】。

このアシュバーナムパターン自体、考察に値する意匠である。六角形の花が連結した表面装飾が、筆記体のようなボーダーのモチーフと結合している。そのモチーフはイスラムのデザインを強く思い起こさせるものだ。東アジアの伝統的な装飾である生き物とこれらのモチーフの思いがけない組合せは、オリエンタリズム的な先入観の存在を暗示している(44)。

アシュバーナムパターンが施されたコーヒーセットとガッラード社製のディナーセットから、これら食器のメーカーとその形状の選択に、明治天皇の食卓を整えようとする宮内省の意図が見て取れるとともに、製作者側が抱いていた日本の君主像も浮き彫りになってくる。一方で、宮内省は英国王室御用達の製造所に、ヨーロッパの食習慣に沿った形状というだけでなく、文字どおり、国王に適う銀器一式を注文した。しかし、その一方で、海外の職人に委ねられ、イングランドで製作された銀器は、タイムズ紙の指摘とは逆に、ヨーロッパの皇帝や国王の食器と同じように造られたというよりは、むしろヴィクトリア朝の英国にとっての日本、エキゾチックで「オリエンタル」な「他者」としての日本のイメージを反映するものであった。

＊食器のつながり――ミントン社製の陶器――

メインコースの食器が下げられると、デザート用食器一式がテーブルの上にセットされる。ヨーロッパの支配層の食事では、贅沢すぎる銀器がメインコースで使用されるのに対し、十八世紀半ばからは磁器がデザート用食器としての地位を確立していた[45]。この慣習を採用し、宮内省はメインコースで使用される銀器に続く、デザート用の陶磁食器一式を注文した。ロンドンの小売店、ウィリアム・モートロック・アンド・サンズに注文をし、英国王室御用達であるミントン社が製作したこれらの陶製食器は、ヨーロッパの王室趣味で満ち溢れている[46]。

今日、明治八年に明治天皇のために注文されたミントン社製のデザート用食器一式は、たった三点しか現存していないようである。宮内庁が所蔵する高台付バスケットが二点、低く丸いコンポート一点がそれだ[47]【図2-14】。

【2-14】ミントン社の青地色絵御旗御紋高台付バスケットとコンポート。明治8年頃

これらの製品の底には、製造者と小売業者として、ミントン社とモートロック社を組み合わせた銘がある。ミントン社はまた、磁器の素地が作られた年を表示するため（そのため、時には装飾や完成よりもそれらの年が先行していることがある）、多くの自社製品に記号を

ミントン社製ティー・コーヒーセット

| 品名 | 員数 |
|---|---|
| ティーカップ・ソーサー | 36 揃 |
| コーヒーカップ・ソーサー | 36 揃 |
| ケーキ皿 | 36 個 |
| 盛り皿 | 8 個 |
| 水翻しボウル | 4 個 |
| 合計代金 | £186 |

ミントン社製デザート用食器セット

| 品名 | 員数 |
|---|---|
| 菓子皿 | 48 個 |
| 高台付バスケット（大） | 4 個 |
| 高台付バスケット（中） | 4 個 |
| コンポート（大） | 8 個 |
| コンポート（中） | 8 個 |
| コンポート（小） | 8 個 |
| 合計代金 | £260 |

【表 2】明治 8 年頃モートロック社の注文書に見るデザート用食器とティー・コーヒーセットの詳細（宮内庁宮内公文書館所蔵『御用度録　購入 11』明治 10 年より作成）

押し付けていた。宮内庁に所蔵されている製品には、一八七四年（明治七）と七五年の印があり、注文書に記載された年と一致している。コーヒーセットもまた、この時期にモートロック社を通じてミントン社に注文されている。このセットもいくつか現存し、同様に年が刻まれている【カラー口絵8】。宮内庁宮内公文書館所蔵の記録から、注文されたデザート用食器一式は四十八人分であり、コーヒーセットは三十六人分であったことが明らかである(48)【表2】。天皇の宴会用に宮内省が発注した、これらの製品の形や装飾は注目に値する。

ミントン社製のデザート用食器とコーヒーセットは、明治八年に英国の複数の会社に発注された注文の一部で、天皇の御会食でガッラード社製銀器に続いて使用されるために製作された。しかし、これらの陶製食器は、意匠においても由来についても、ガッラード社製と対照をなしている。東洋の顧客を強く念頭において図案を作り上げるガッラード社製と違い、ミントン社製は、（交差する旗とともに）ヨーロッパの紋章の構成をも思わせる御旗御紋が中央にあるのみで、それ以上アジアに関連するモチーフは存在しない。

筆者は、イングランドのストーク・オン・トレント市に今日保存されている、ミントン社の図案帖を調査する機会を得たが、このコーヒーセットに使用された図案は、紋章を入れるための部分がもともと空白であったことがわかった。すなわち、この図案は、他の顧客のためにすでに使用されていた可能性があることを示唆している【カラー口絵9】。同時に、デザート用食器の意匠は、菊の御紋を特徴としており、この独特の構成は明治天皇のために特別に用意されたものだということを示している【カラー口絵10】。ただし、輪花形の口縁、青地に金彩の縁取り、白地部分に手描きされたバラと類似したものは、ミントン社製の他の製品でも容易に見つけ出すことができる。

この件を理解するためには、ある食器セットについての説明が必要だ。

一八六三年（文久三）、英国皇太子でありのちにエドワード七世となったウェールズ公は、デンマーク王女アレクサンドラと結婚。これを祝して、ミントン社製ボーンチャイナのデザート用食器一式が、夫妻のために用意された【図2-15】。エドワードの母であるヴィクトリア女王は、みずからがミントン社製の陶磁器の積極的なパトロンであり、エドワードとアレクサンドラのために発注されたこの食器は、十九世紀に英国王室のために多く製作されたミントン社製陶磁器の一つである。二つの王室が結婚によって結びつくのに相応しい祝賀のしるしとして、エドワードとアレクサンドラのために製作された食器には、中央に天使が高くかざした彼らのイニシャルが描かれている。また、輪花形皿の端には、青色の縁取りの白地の部分にバラが施され、英国王室に最も由緒深い木であるオークの葉が金で彩色してあり、

【2-15】ミントン社の青地色絵天使図食器セット、一部。ウェールズ公エドワードとデンマーク王女アレクサンドラのために製作された。1863年頃。

それがロココ様式の花綱《はなづな》へと落ちている【カラー口絵11】。オークを月桂樹に、ロココ様式をもう少し控えめな新古典主義のものと取り替えると、十二年後に明治天皇のために製作された皿【カラー口絵10】と非常によく似ているのである。

宮内省はこの時までにミントン社を十分認識していたと思われる。イングランドのストーク・オン・トレント市にあるミントン社の工場は、明治四年から六年まで欧米を見聞した岩倉使節団が訪問した陶磁器製造窯の一つであった。使節の随行員の一人、久米邦武の『米欧回覧実記』には、「英国ニテ尤モ高名ナル磁器ヲ出ス所ニテ其声名今ハ仏国巴黎《パリ》ト相比肩ス」工場と記されている(49)。

明治宮廷が注文したミントン社製の青いデザート用食器が、英国皇太子のために製造された食器と酷似しているのはただの偶然ではないだろう。王室御用達であるミントン社を指定し、英国王室が使用したものと類似したデザインを用いたことは、じつのところ意図的な行為ではなかったか。

明治八年に英国の複数の会社に注文した残りの品目は、ガラス製品と家具であった。テーブルと椅子の価格表は、次の一文で締めくくられている。

——斯巴西《ブラジル》マホガニーヲ以テ之ヲ製シ、ホッキンクハム王宮の通□タルベシ。長三十尺、巾七尺二才ヲ三部ニ分キ、合接シテ一ノ食机トナル(50)

天皇の食卓の（文字通りの）手本として、バッキンガム宮殿が参考にされ、これらの品々が戦略的に購入されたことは明白である。宮内省は英国王室と同じ物質文化を活用することで、両者に架空の関係を築き上げたのである。

ここで、明治宮廷が模範として倣っていたのは英国王室であったと提言することは妥当であるように思える。ただし、食器の意匠に関しては、若干事情が複雑だ。ミントン社製の多くの製品のうち、明治天皇のために製作された食器とウェールズ公エドワード皇太子のために製作された食器は、当時「オールド・セーブル」として知られたスタイルに属する。形と装飾は、十八世紀後期にフランスの磁器製造窯、セーブル社が製作した食器を思わせる。フランス国王ルイ十五世、またその不運な息子ルイ十六世の庇護の下で製作された食器だ。フ

【2-16】セーブル社の濃青地色絵人物図食器セット、一部。ルイ 16 世のために製作され、ジョージ 4 世が取得。1783—93 年

ランス革命後もセーブル社はヨーロッパで一流の磁器製造窯としての地位を確かなものとし、各国王室と密接なつながりのある食器として定着していた。

ヴィクトリア女王の叔父である国王ジョージ四世自身、セーブル焼の熱心な収集家であり、世界最高コレクションの一つを築き上げている【図2‐16】。彼はまた自身の豪華な王室饗宴のために、フランス料理を取り入れた人物でもある。そうであるなら、ヴィクトリア女王とその子孫は、もちろん英国の製造業を奨励していたけれども、彼らのために製作されたミントン社製の食器の多くが、王室の物質的表現の雛形をセーブル焼に見出していたことは、あまり驚くことではない。よって、明治八年に宮内省が採用した手本は、英国に限らず、ヨーロッパの王室ともつながりをもつもので、一世紀以上をさかのぼる王室間のネットワークに連なってもいた。

明治天皇は、みずからが宮中宴会のホストとして振る舞うだけでなく、その食事が供されるテーブルウェアによっ

ても、世界の君主たちのなかに位置づけられることになった。ミントン社製のデザート用食器とコーヒーセット、そして、それらの食器が置かれるであろうマホガニーのテーブルは、明治天皇をめぐるそのような意図が具現化したものでもある。

しかし、これらの食器が食卓にどのように配置されたのかを正確に理解することは、より困難な問題である。宮内省が特定の宴会で用いられたテーブルセッティングの記録を保存しているのかどうかについては、いまだ明らかではない。そのために、どの食器がどの饗宴で使用されたのかを特定することが難しいという事情がある。しかし、宮中の記録から視野を広げ、天皇の賓客、あるいは官僚や側近の日記を参照することで、宮中の生活については別の視点が見えてくる。

そのような日記の一冊が、明治十四年十月二十六日に御会食所で催された初めての行事について、歴史のカーテンを開いてくれる。この日記は、御会食所の環境や食卓の様子が詳述されている類のない資料である。ここには、当日使用された食器についても精確で具体的な記述が残されている。

その食器とは、六年前に発注されたガッラード社製とミントン社製の食器である。

## 明治十四年に来日した英国の王子たちとの饗宴―

明治十二年九月、クラレンス・アヴォンディル公アルバート・ヴィクター王子とジョージ王子【図2-17】は世界を巡る三年の航海に出る。二人の若き王子は、ヴィクトリア女王の王位継承者であるウェールズ公エドワード皇太子の息子であり、この二年前に英国王室海軍に入隊していた。この地球横断旅行は王室の教育の一環として適うよう意図されていた。英国海軍の軍艦バッカントに見習い士官として勤め、彼らは地中海、西インド諸島、フォークランド諸島、南アフリカ、オーストラリア、ニュージーランド、フィジー、日本、中国、そしてパレスチナを訪問した。王子たちはバッカントでの船旅を通して、大英帝国の遠い領域やその国境を越えた国々をよく知ることができたのだ。

渡航中、王子たちは日記をつけ、また本国へ手紙も書いている。また、旅に同伴した彼らの家庭教師ジョン・ニール・ダルトンは、英国帰国後に旅行記を編纂した。『The Cruise of Her Majesty's Ship "Bacchante"（英国海軍艦隊バッカントの巡航）』と題し、明治十九年に出版された全二巻からなるこの書物には、バッカントに乗船した王子たちの生活や航海中に出会った多くの国々や人々のことが記されている。[51] 日本訪問の記述は長く、赤坂仮皇居、新

【2-17】英国アルバート・ヴィクター王子（前列右）とジョージ皇子（左）、東伏見宮（中央）。延遼館屋外にて。明治14年。

しい御会食所、そして、もてなしを受けた宮中饗宴についての詳細な説明も含まれている。当時に関する他の資料と比較検討しながら読み進めることで、私たちは初めての賓客の目を通して見た御会食所を知ることができるのである。

**＊英国王子たちが見た御会食所**

明治十四年十月二十一日午前九時三十分、英国海軍艦隊バッカントは横浜港に停泊した。十月二十四日の朝、アルバート・ヴィクター王子とジョージ王子は、五日間の滞在のために上陸。東伏見宮（彼自身英国への留学経験がある）に同伴されて、横浜から東京まで特別列車に乗車した。そこで、彼らは浜離宮の敷地にある延遼館に天皇の賓客として滞在することになる。翌日の午後、赤坂仮皇居にて天皇と謁見し、そして、十月二十六日、天皇は英国王室からの国賓のために御会食を催したのである。これが新築の御会食所で催された初めての宮中饗宴である。

御陪食に関する王子たちの日記は、次のような御会食所の描写で始まる。

---

午前六時、正装に着替え、ミカドと食事をするために昨日お目にかかった場所と同じ宮殿へと向かった。晩餐（全大臣が招待されていた）は、いままで使用されたことがない大広間で催された。私たちが昨日、同じ建物の別の部屋のことで述べたように、

その壁面には同じ素木の長押があり、長押と長押の間は伝統的な日本画で装飾されていた。長寿の象徴のコウノトリ、そして、幸福の象徴の常緑樹の樅《もみ》の木が頻繁に用いられている。日本の宴席で常に目にするこの二つの意匠は、賓客に対する敬意を表している。部屋には五フィートから六フィート程もある大きな陶製の鉢がいくつかあり、それぞれに満開の花を付けた木が植えられていて、部屋の角やドアの両脇に置かれている。そして、それらを除いては、ダイニングテーブルと椅子以外、室内には何の家具も置かれていない。その印象は落ち着いていて好ましかった。(52)

---

新築の御会食所には、ダイニングテーブル、椅子、そして花を咲かせた盆栽の大きな鉢が質素に備え付けられていただけであった。宮殿のどこかで見た素木の長押から、伝統的な手法で描かれた絵画の装飾まで、英国王子たちの描写によれば、彼らの目には建物が日本的に見えたことは明らかだ。言及されたコウノトリや樅の木の絵画は、むしろ鶴と松であった可能性が高い。彼らは、描かれていたモチーフを正確には識別出来なかったかもしれないが、日本におけるそのような意匠の象徴としての重要性は理解していた。二人はまた、その部屋がいまだかつて使われたことがないことに気付いてもいるのである。このことに言及したのは、敬意を持って歓迎されたことへの謝意もあったろうが、日本の宮中で変化が起きていることを含意した発言でもあった。

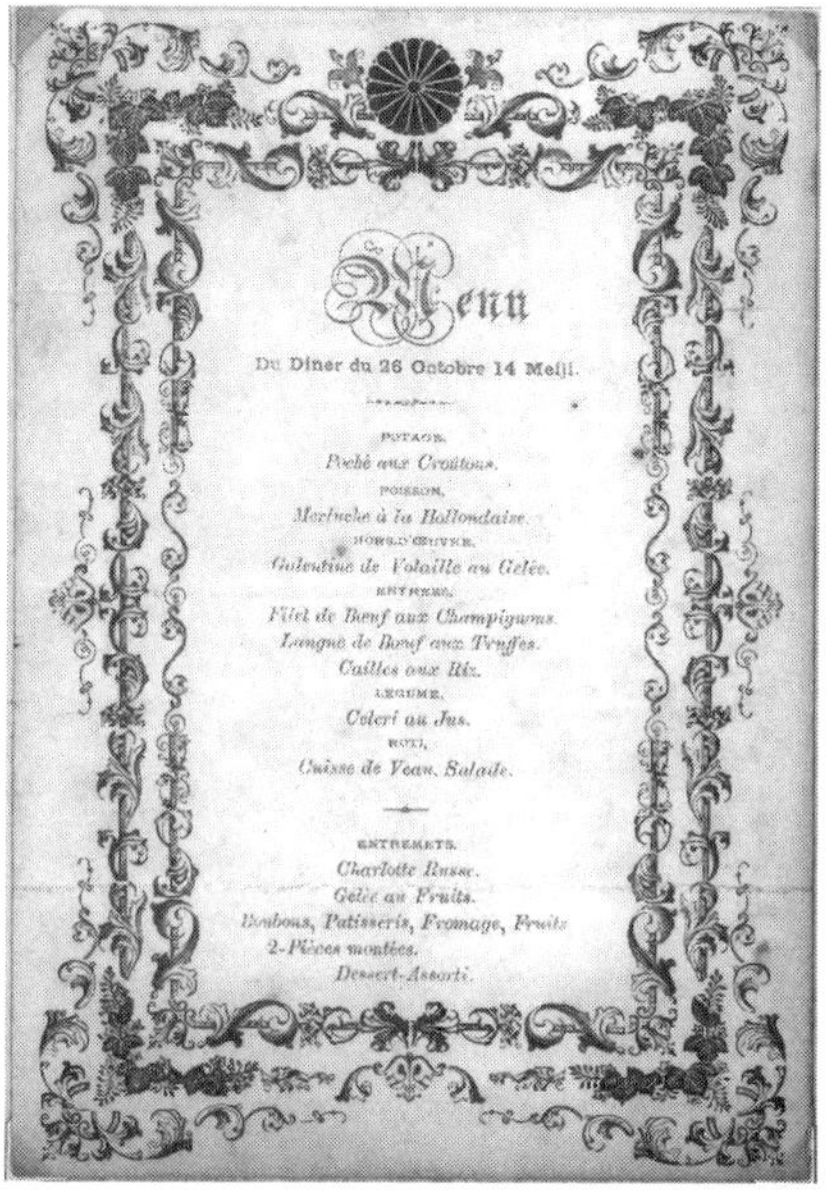
Menu

Du Diner du 26 Octobre 14 Meiji.

POTAGE.
Poché aux Croûtons.
POISSON.
Merluche à la Hollandaise.
HORS D'ŒUVRE.
Galantine de Volaille au Gelée.
ENTRÉES.
Filet de Bœuf aux Champignons.
Langue de Bœuf aux Truffes.
Cailles aux Riz.
LEGUME.
Celeri au Jus.
ROTI.
Cuisse de Veau. Salade.

ENTREMETS.
Charlotte Russe.
Gelée au Fruits.
Bonbons, Patisseris, Fromage, Fruits
2-Pièces montées.
Dessert-Assorti.

【2-18】英国王子たちとの晩餐のメニュー。明治14年10月26日

『明治天皇紀』は、この日記の記述を裏付けている。新築の御会食所へ通される前、午後六時に王子たちは天皇の出迎えを受けた。そして、御会食には、王子たちの他、親王、大臣、参議、宮内卿、宮内少輔、外務少輔、各国大使などが招待されていた。ダイニングテーブルでは、二人は天皇の左右という名誉ある位置に席が与えられた[53]。

御会食所で席に着くと、天皇と賓客に食事が運ばれた。のちに宮内省の主厨長となった秋山徳蔵のコレクションに、明治十四年十月二十六日付の宮中メニューカードが残されている【図2-18】。フランス語で印刷されているメニューには、クルトン入りスープの後、魚料理は鱈、続いて鶏肉のオードブル、そしてメインの牛フィレ肉にマッシュルーム添え、牛タンのトリュフ添え、そして鶉とライス、と列挙されている。さらに、野菜料理にセロリとサラダ、鹿のもも肉のローストでメインコースを締めくくる。この後、テーブルには焼菓子、果物、チーズ、ゼリー、そして「シャルロット・リュス」として知られる甘いデザートの準備がなされた[54]。

王子たちはこれらの料理すべてに馴染みがあったのだろう。御会食についての記述には食べた料理のことは書かれていない。実際、明治天皇の宮中饗応にあず

かった外賓たちが記した日記や回想録では、彼らが出席した御会食についてはほとんど触れられていない。たとえば、メアリー・クロフォード・フレイザーは残念そうにこう述べるのみである。「趣向の上ではどう見ても、ローマやパリやウィーンの公式ディナー・パーティーとかわりません」(55)。

料理に関しては沈黙のままであったが、例外的なことに英国王子たちの日記には、天皇とともにした御会食についての記述がある。さらに、御会食所の建物や装飾のみならず、実際に晩餐で使用された食器の特徴についてもコメントを残している。この日の天皇の食卓が、王子たちにとって馴染み深いものであったことに、彼ら自身もまた驚いたのだ。

## ＊明治天皇の食卓の評価

テーブルに置かれた金メッキ食器はガッラード社製であり、数年前にそれが送られる前にマールボロハウスで見た物と同じであった。唯一の装飾は皇室の龍と菊——ミカドの紋章——である。テーブルの飾りは花のみ。ミントン社製のデザート用食器は、マールボロハウスにある飾り額の中にバラが描かれている青い食器をそっくりそのまま写した複製品であった。(56)

王子たちの描写から、赤坂仮皇居に新しく建設された御会食所で催された、初めての晩餐で使用された食器は新しく購入したものではなく、六年前に英国に注文した食器の一部であったことがわかる。日記には、銀器とボーンチャイナの製造者と装飾について詳述した以外には、御会食で使用された食器についての具体的な記述はない。

明らかに王子たちは、これらの食器のいくつかをすでに目にしていた。ガッラード社製の銀器を、ロンドンを離れる前に親しく見ていたのである。主権国家同士のつながりを求めて日本が入手した食器は、天皇の若き賓客たちの鑑識眼の対象となった。

明治宮廷の青いミントン社製デザート食器を、彼らの父でウェールズ公エドワード皇太子の住居である「マールボロハウス」で使われていた食器と比較して、王子たちはみずからの家族が使っている食器とよく似ていることに気がついた【図2-15】。王子たちの目には御会食で使用されたミントン社製のデザート用食器は、よくできたコピー、彼らの父が所有している食器の「複製品」と映った。じつは、英国王室が使用する食器自体がフランス王室に端を発する「オールド・セーブル」スタイルの流れを受けたものなのだが。

皇居とそこを行きかう人々について王子たちが記した日記の描写からは、出会った文物に対し彼らが親しみと同時に当惑も覚えていたことが分かる。たとえば、宮中で着用されていた制服については、次のように記述している。

侍従たちはみなヨーロッパの宮中服を着ていた。プールで仕立てられたものだ。イングランドの民間人が着ている紺地の制服とまったく同じで、上着のポケット、袖口、そして正面が金モールで飾られている。唯一の違いは、金糸のオークの葉とその実が菊に取って代わっていたぐらいだった。(57)

王子たちが自身の王室との関係がある題材を見て、おもしろがったのか、光栄に思ったのか、それとも不快に感じたのかは明らかではない。日記はこう続く。

日本人男性が伝統的な宮中服を着ていたら、どんなにか良く見えたであろうかと考えずにはいられなかった。もしすでに着ることをやめてしまっていたのなら、この上なく残念に思える。……もし再び彼らが伝統的な宮中衣装を着ることになれば、その気品と美しさは宮中接待と儀式に計り知れない程の趣を添えるであろう。(58)

当時の多くの外国人がそうであったように、日本を風雅な物語に出てくるような異国情緒あふれる雰囲気に見せたほうが、天皇の賓客の目をより楽しませることができたのかもしれない。おそらく、彼ら自身、日本を対等の立場であるとみなす準備がまだ整っていなかったのだ。

## 天皇の戦略

ガッラード社製とミントン社製の食器は、御会食所が計画される数年前に発注されていた。しかし、明治八年時の注文でさえ、宮中宴会のための投資であったことは疑いない。それらの注文とデザインの選択は、極めて戦略的に実践された。明治天皇がテーブルを挟んで国外のゲストと相対するとき、その関係が対等であることを表現すべく意図されていた。初めての賓客を迎えた御会食所で食卓に並べられた食器たちは、古くてしかし、新しい正餐をめぐる物語を紡ぎ出していく。

御会食所で行われた初めての饗宴で使用された御用食器は、明治天皇の君主としての地位を明らかにすることを意図したものであったが、英国王子たちの冷ややかな反応を見れば、これらの食器に託された意図と賓客からの反応との間に若干の温度差があったことがうかがえる。一方で、明治天皇とその食卓にのぼる食器は人々の好奇の対象であり、メディアの関心の的にもなった。冒頭で引用したガッラード社への発注を伝える英国紙の記事も、その一例である。

王子たちは、相応しい服装と振る舞いで、饗宴の主催者にしかるべき敬意を払った。会食が終わりに近づいた時、王子たちは返礼をする。「天皇陛下は女王の健康を祝して乾杯の音頭を取り、私たちみなはそれを立って飲んだ。そして、エディ〔アルバート・ヴィクター王子」がミカドの健康を祝して乾杯の音頭をとり、皆が同じように振る舞い加わった」(59)。

別の日の日記を見れば、二人が日本のこと、この国の君主のことを好意をもって記していることが分かるが、御会食のために準備された形式は、この印象を保障する手段となった。明治天皇は、自分の賓客たちが慣れ親しんでいる礼儀作法やマナーを取り入れることで、みずからの芝居の舞台に彼らを引き込んだ。そして、その芝居のルールに従って、ゲストたちは天皇を世界の君主の一人として遇することになったのだ。

## 三、御用食器の新古模様

御会食所の建設が始まる一年前、宮内省は九州有田にある会社に磁器食器二セットの見積もりを依頼した。両方とも洋風宴会のためであり、各七百六点、四十八人分は十分にある枚数からなっていた。記録にあるこれらの食器には、外国から取り入れたデザインと国内で発展したデザインの両方が用いられた。ある意味、新しく、それでいて伝統的なデザインということだ。

これらの陶磁洋食器のうち数点が現存している。注文に関するいくつかの記録も残っている。一つ目のセットは、金の桐紋が付いている食器として知られている。メインコースとデザートの両方の用途を兼ねたこの食器は、すべて金彩で伝統的なパルメット文様で縁取られ、中央に皇室の桐紋が入っている。二つ目のセットは、葡萄唐草鳥獣文様の食器である。桐紋付食器と同じ形状であるが、それぞれ、染付で葡萄の蔓の中を駆け回る動物の図で縁取られている。

この発注のタイミングを考えれば、御会食所の歴史においてこれら二つの食器のセットは、天皇の外交への関与という観点から重要であることは疑いない。さらに二つのセットが、それぞれ別々の用途で用いられたことも特筆に価する。すなわち、一つは外交用の贈答品であり、もう一つは明治天皇の皇位継承者の宴会で使用されたものであった。これらの食器は明治天皇のために製作された初めての洋食器ではないが、この重要な時期に実践された戦略について、実に多くのことを明らかにしてくれる(60)。

## 御会食所のための国産宮中洋食器

御会食所が建設される以前、そして、使用されている期間中、宮内省は国内の会社に多くの食器を発注している。そのうちのいくつかは贈答品として使われたようだ。もしくは、皇室での私用目的だったかもしれない。しかし、その他は御会食所で天皇の饗宴のテーブルに並べるために用意されたものだ。このような注文は、饗宴に必要な食器を調達するという目的はもちろんのこと、激動期にあった日本の陶磁器製造会社にとっては工房への貴重な支援にもなった。御会食所時代を考えると、特に二つの工房が注目される。京都に窯を開いた幹山伝七と有田の製陶工房である精磁《せいじ》会社である。

### ＊幹山伝七製の食器

幹山伝七（一八二一―一九〇）は、陶磁器の生産地である瀬戸に生まれた。彦根藩の湖東焼で作陶を行い、文久二年（一八六二）に廃窯となると京都へ移った。幹山は清水坂のふもとに自身の工房を開窯。磁器を専門に製作した初期の製陶家の一人であるといわれている。彼はまた変わりゆく時代にも適応し、ゴットフリード・ワグネルの指導の下、西洋絵の具の使用も試みている。彼の製品は内国勧業博覧会でも万国博覧会でも大々的に取りあげられた。そして、日本の輸出基準を向上させることを目的とした『温知図録』に図案を提供している。最盛期の幹山の工房では百人近くの陶工を抱えていたが、明治二十二年、経営の不始末から解散へと追い込まれ、翌年、幹山はその生涯を終えた。(61)

第一節で述べたように、幹山は明治四年には宮内省から注文を受けていたと考えられている。また、明治六年には延遼館で使用するための七十五種類の洋食器を製作したとも伝えられる。(62)しかし現在までのところ、この注文の具体的な内容を示す資料は見つかっていない。分かっているのは、この明治六年に菓子皿十四枚の発注があったこと。幹山が延遼館のために作成した食器も数点確認されているということだが、それ以上の詳細は不明だ。一方、幹山が製作した食器セットには想像上の生き物をモチーフとして用いたものがあるが、これらは現在、宮内庁のコレクションとして所蔵されている。(63)

今般、『御用度録』を精査したところ、明治十年と十三年、そして十六年頃に幹山に発注された、洋食器ディナーセットの見積もり等が詳しく記された記録を確認することができた。これらは、御会食所以前と御会食所が使われていた時期に該当する。一方、幹山は皇室のためにより伝統的な和食器も製作している。既存の和食器を補充するために、幹山に発注された可能性は十分にある。が、まずは各々の注文について概略を紹介したい。

三つのうち最初の注文は明治十年八月、上野公園で開催された第一回内国勧業博覧会の後に発注されている。この博覧会を機に、皇室では国内産業の奨励に力を入れ、さまざまな手工業品を発注しているが、幹山に対する一つ目の注文もこの類に属する。それは花瓶と洋食器だった。(64) 現在のところ、食器の意匠の細部を識別するにはいたっていないが、注文は九十六点からなっていた。

次は明治十三年発注のものである。記録には「桜模様」とある。これらは翌年に建設される予定の御会食所のために用意したというよりも、むしろ東伏見宮のために注文された食器であったようだ。(65)

明治十六年、幹山は三つ目の洋食器の注文を受けた。見積書には、注文は五百十二点(四十八人分の食器セット)からなり、見本の模様に倣い上絵付けすることとある。しかし、この見本がどのようなものであったかは不明である。(66)

資料の制約といまだそれと思われる現存品が見つからない状況で、幹山伝七に発注された洋食器について論ずることは難しい。はっきりしているのは、明治十六年、御会食所時代に注文された食器は、明治十年(御会食所が建設される以前)の注文よりもはるかに数が多く、より多くの賓客をもてなすことができたということだ。宮中宴会の規模の変化に関してなんら論ずるにはいたらないが、明治八年に注文されたミントン社製デザート用食器セットも、その数が四十八人分であったことは特記しておきたい。

御会食所時代に幹山が製作した陶磁器については、今後も検討を要する。

## ＊精磁会社製の食器

江戸初期、有田は国内磁器生産の中心地として地位を固めた。京都にある御所もまた、天皇の食卓にこの新素材である磁器食器を取り入れ、菊の御紋や他の皇室ゆかりのモチーフで飾った染付けの磁器食器を使用した。禁裏御用品として知られたこれら御用食器の生産は、有田の三代辻喜右衛門（享保元年没）の時代に始まった。安政三年（一七七四）、六代辻喜平次は常陸大掾《だいじょう》源朝臣愛常の官名を授けられ、宮中へ磁器を直接納めるよう求められた[67]。辻家は世代を超えて、宮中磁器食器の製作を続け、明治天皇のための磁器を製作することになった。

　明治政府が殖産興業に新たな重点を置いたことを視野に入れ、有田の陶工たちもまた、変わりゆく日本の要求に答えるべく順応していった。明治四年、十一代辻勝蔵【図２-19】は辻家の当主として、亡き父十代辻喜平次の後を継いだ。同年、禁裏御用という肩書きとともに帝室の御用達を任命する慣習も廃止された。それでも辻は御用食器の

【2-19】辻勝蔵

注文を受け続け、明治八年には辻勝蔵、深川栄左衛門、手塚亀之助、そして深海墨之助によって新たな会社、香蘭社を設立するにいたった。香蘭社は協調精神に基づいてつくられ、その設立者はともに力を奮い起こし、市場拡大と産業の高度化を期していた。会社は万国博覧会に参加し、国内外から注文を請け負った。

明治十二年、辻勝蔵と同志である手塚亀之助と深海墨之助は香蘭社から分離し、新しい会社を設立する。それが精磁会社だ。彼らはその後の数年間で、国内外の市場に見合う高品質の食器、並びに装飾品としての磁器の製作を手がけた。精磁会社は繁盛したが、それはほんの短期間であった。十年後、辻勝蔵は離脱を決めた。しかし、その十年の間、彼と盟友は進取の気性に富んだ時代の好機を活かし、精磁会社は帝室への磁器食器の主要な納品業者としての地位を確立していった。辻と連携し、宮内省は江戸時代の天皇に食器を製作した陶工たちとの関係を維持したのだった。

明治時代に宮内省のために精磁会社が製作した製品としては、数多くの磁器の存在が確認されている[68]。そのなかには、形状も装飾も多様な洋食器が含まれている。最近まで、精磁会社製の磁器の大多数は、明治二十三年以前に製作されたと考えられていた[69]。現在の議論では、おおよそ明治三十年まで時期が延長されているが、いずれにしても精磁会社の食器の多くが御会食所の時代に製作されている[70]。宮内省の購入記録から、精磁会社が鳳凰と菊御紋で装飾された和食器の注文を受けていることも確認できる。また、いくつかの見本のほか、明治時代後期に有田の別会社で追加補充として製作された製品も現存している。[71]
宮内省が精磁会社に発注した多くの注文のなかに、御会食所での外交接待を考えるうえで特に興味をひく注文が一件ある。宮内庁宮内公文書館の資料から考察するところで、これが宮内省から精磁会社が請け負った洋食器の最初の注文だと思われる。すなわち明治十三年九月九日付けの発注であり、これは新しく建設された御会食所で天皇が初めての賓客を迎える一年前のことであった。これは大口注文であり、その納品に要する時間を考えると、食器は御会食における新たな局面に備えて注文されたのだと推測し得る。

## 「天皇」のためのデザイン

前述のように、明治十三年、宮内省は四十八人分のディナーセット二セットの見積もりを求めていた。文書は直接長崎県令に送られ、香蘭社と精磁会社がその打診を受けた。両社とも有田の会社であった。[72] 一つめのディナーセットは金彩桐御紋付模様と説明されている。二つめは染付け模様とある。見積もり書には、両セットともまったく同一の品目が列挙されているが【表3】、金模様ディナーセットは輸入された既存の食器を見本（サンプル）に使うこととしているのに対し、染付ディナーセットは宮内省が陶工に提供した図案通りに製作す

金彩桐御紋食器セット

| 品名 | 員数 | 代金 |
|---|---|---|
| スープ皿 | 60 個 | 450 円 |
| 食皿 | 240 個 | 1620 円 |
| 菓子皿 | 120 個 | 720 円 |
| パン皿 | 60 個 | 330 円 |
| ソースチュリーン | 8 個 | 200 円 |
| 野菜チュリーン | 8 個 | 320 円 |
| スープチュリーン | 4 個 | 240 円 |
| 小判形鉢（大中小） | 8 個 | 840 円 |
| 丸形鉢（大中小） | 8 個 | 432 円 |
| 菱形鉢 | 24 個 | 192 円 |
| 大高杯コンポート | 8 個 | 224 円 |
| 中高杯コンポート | 8 個 | 200 円 |
| 小高杯コンポート | 8 個 | 168 円 |
| 平皿 | 48 個 | 288 円 |
| 野菜鉢 | 8 個 | 240 円 |
| 長形肴鉢 | 4 個 | 300 円 |
| 珈琲茶碗 | 50 個 | 500 円 |
| | 合計代金 | 7264 円 |

染付古鏡模様食器セット

| 品名 | 員数 | 代金 |
|---|---|---|
| スープ皿 | 60 個 | 240 円 |
| 食皿 | 240 個 | 840 円 |
| 菓子皿 | 120 個 | 360 円 |
| パン皿 | 60 個 | 150 円 |
| ソースチュリーン | 8 個 | 160 円 |
| 野菜チュリーン | 8 個 | 240 円 |
| スープチュリーン | 4 個 | 180 円 |
| 小判形鉢（大中小） | 8 個 | 680 円 |
| 丸形鉢（大中小） | 8 個 | 320 円 |
| 菱形鉢 | 24 個 | 132 円 |
| 大高杯コンポート | 8 個 | 160 円 |
| 中高杯コンポート | 8 個 | 136 円 |
| 小高杯コンポート | 8 個 | 104 円 |
| 平皿 | 48 個 | 144 円 |
| 野菜鉢 | 8 個 | 192 円 |
| 長形肴鉢 | 4 個 | 240 円 |
| 珈琲茶碗 | 50 個 | 250 円 |
| | 合計代金 | 4528 円 |

【表 3】明治 13 年 7 月精磁会社の見積書に見る食器セットの詳細（宮内庁宮内公文書館所蔵『御用度録　購入 5』明治 13 年をもとに作成）

るようにとの記述がある。

当初、注文は精磁会社と香蘭社の間で分割されることとなり、二つのディナーセットの違った品目についてそれぞれ見積もりを提出した。しかし、宮内省調度課はこのような製作の仕方では、セットとしての一貫性が失われるのではないかと懸念を抱き、あらたに見積もりを取り直している。その結果、明治十三年九月九日、精磁会社は染付けディナーセットの製作依頼を受けた。その後、桐紋付食器の注文も受けているが、この理由に関しては述べられていない。しかし、精磁会社が一八八〇年代に桐紋付ディナーセットの注文を請け負ったことは、現存する製品と注文書の存在から明らかである。

この二つのディナーセットは、建設時の御会食所で行われる宮中宴会にどのような期待が寄せられていたのかを教えてくれる。二つは同じ形状でありながら、装飾はまったく異なる。しかし、それぞれのデザインの由来をたずねれば、両者がともに宮中宴会で天皇を象徴するという目的にぴったり合致していることが明白だ。

## ＊セーブル社の御用食器

宮内庁宮内公文書館が保存する『御用度録』には、金彩桐御紋のディナーセットについて購買記録が数多く含まれている。また、実際の食器も数点現存している【カラー口絵12】。既述のとおり、明治十三年の見積書ではそれぞれの品目を（パン皿を例外として）見本どおりに製造する旨が記されていた。その金模様の見本については、「舶来」と表現されている。[73]のちに精磁会社が製造した皿の注文記録では、金桐御紋を「フランス風」と説明している。[74]このような資料の存在は、この食器がフランス、セーブル窯の製品を見本として製造されたという仮説の裏づけとなるだろう。[75]

フランスにある磁器製造工場セーブル社については、前節で簡単に紹介したとおりだ。十八世紀半ばに設立され、工場はパリ郊外に位置していた。セーブル社はルイ十五世やルイ十六世など王室からの厚い庇護を受け、陶工たちは王族が使用するため、また上品な贈り物としての美しい食器を創作するため、芸術的かつ技術的なイノベーションを進めた。英国王室によって使用され、のちに明治天皇の洋食器としても発注される、ミントン社製デザート用食器にインスピレーションを与えたのは、セーブル社で十八世紀に製造されたディナーセットだった。その後、セーブル社はフランス革命によって王室からの庇護を奪われるが、国内の次の支配者たちから新たな支援を獲得し、十九世紀にはじつに繁盛したのである。この時期にあたる明治五年、岩倉使節団が工場を訪問している。久米邦武は製品が得る高価格、工場が政府から受ける支援、そして、製作にあたり調査で博物館を利用していることについて書き留めている。彼はセーブル社を「欧米ニ珍重セラレ世界陶磁ノ首ト推ス」と評した(76)。

一方、明治天皇のために作られた桐御紋付ディナーセットは、十八世紀におけるセーブル社の偉業を祝した食器ではないが、金一色で描かれたパルメットデザインの縁による簡素な新古典派の配色を特性としている。同様の図案は、サン・クルー城とコンピエーニュ城でルイ・フィリップ一世が使用するために製造されたセーブル社製の食器に見られる【カラー口絵13】。ルイ・フィリップは、一八三〇年から一八四八年まで存続した七月王政時代のフランス国王である。彼は、王政時代の伝統を引き継いでセーブル社と蜜月関係を築き、自身のいくつかの城で使用するためのディナーセットを注文した。またしても、明治天皇のために注文されたディナーセットはヨーロッパの王室に由来していたのである。君主に相応しい食器として。

この注文に関するフランス製の見本、もしくは記録はいまだ見つかっていない。しかし、その後の出来事に起源の謎を解き明かす手がかりがある。

明治十八年、いくつかの御用食器が上野公園で開催された繭糸織物陶漆器共進会で、参考出品として取りあげられた。ここで宮内省が展示した製品に、パリ郊外の工場で製造されたディナーセットの一部が含まれていた。展示会で取りあげられた食器は、「坏質純白ニシテ形状完整之ニ仏国風ノ蔓紋ヲ金描」を有し、「唯毎器ノ中心及ヒ外辺ノ一所鉤勒《こうろく》ノ桐章ヲ描着セル」と説明されている。これはまさに桐御紋付ディナーセットのための原型（見本）について述べているのに他ならない。その目録には、この食器が明治六年に製造された六十人分のディナーセットの一部であると補足説明がついている[77]。この説明が正しければ、桐御紋付のフランス製食器は、明治天皇のために製作された最初期の洋食器の一つということになる。

## ＊「古鏡」という模様

染付葡萄唐草鳥獣文食器セットは、皇室の御紋を備えてはいない。代わりに、巻き付く葡萄の蔓の間を追いかけ合う鳥や動物——実在の、もしくは想像上の——が染付けで縁に描かれている。精磁会社製のこの食器セットの一部は宮内庁に保存されている【図2-20】。これらの製造時期は幅広く一八八〇年代とされているが、これは精磁会社の最盛期でもある[78]。個人蔵として知られている製品と合わせて考察すると、この食器セットには大、中、小の三つの大きさのチュリーン、コンポート、皿、長皿、カップとソーサーが含まれている。形状は桐御紋付ディナーセットと同一である。

【2-20】精磁会社の染付葡萄唐草鳥獣文食器セット。1880年代

桐御紋付食器セットは輸入品を見本として作られたが、染付食器セットは図案を基に作られたという。後者のセットで図案のほかに参照された唯一の見本は、パン皿のためのものだ(79)。というのも、明治十三年の『御用度録』に、この染付食器のパン皿は、桐御紋付食器セットのパン皿の形状を見本として使用したという具体的な記述があるからだ。このことからも、両セットは相互に連関して作られたことが推察される。パン皿以外の品目については、宮内省から長崎県令宛に明治十三年三月二日付で送られた注文書の案文に、図案が添えられている(80)。

この食器セットは、明治十三年九月九日に精磁会社へ発注された。精磁会社はセットすべてを製造完了するのに概算で一年かかると見込んでいる。その後、明治十五年一月に大口注文の支払い請求をしている(81)。

これら食器の装飾の由来はいろいろと考えられてきたが、依然、関心の対象として残っている(82)。当然のことだが、縁に描かれた葡萄の蔓の間を駆け回る動物の数は品目によって異なる。描くスペースが食器によって異なるからだが、食皿によっては最高で十一匹の生き物が確認できる。鴨、雉、虎、鹿、雄鶏と雌鶏、天馬、鳳凰、麒麟、孔雀、そして四つ足の犬らしき動物だ(83)。縁の装飾が皿の中央に向かうように描かれている大多数の洋食器とは違い、動物は周縁を駆け巡っている(84)【カラー口絵14】。この

配列は、江戸時代と明治時代に天皇家のために製作された和食器が、やはり模様が中央へと向かう典型的なデザインを踏襲していたこととも対照をなしている[85]。

手掛かりは、食器の装飾に対して与えられた名称に見ることができる。「古鏡」模様と名づけられたこの食器の装飾は、唐代（六一八―九〇七）の銅鏡に由来している。いわゆる「海獣葡萄」文様の鏡は、多くの場合、葡萄の蔓の間に動物や虫、鳥が描かれた縁が特徴である。縁の装飾は皿の中央に向かうように描かれていることもあるが、天皇の皿にあるように外縁に向かって描かれていることもある。動物の数や順序には若干の違いがあるが、とりわけ一つの鏡が天皇の御用食器にある図案とほぼ一致していると思われる。その鏡とは正倉院の宝物である【カラー口絵15】。

明治八年、正倉院の管理が東大寺から内務省の管轄となった[86]。その結果、正倉院とその比類なき収蔵品は新たな重要性を担うこととなる。その後の数年間は、収蔵品の目録が作成され、調査され、そして、日本の文化遺産の模範として一般公開された[87]。先行研究がすでに明らかにしているように、鶴や鳳凰、唐草等の正倉院風の「古典」モチーフは、帝室のために製作された作品も含め、明治時代のあらゆる工芸の意匠に頻繁に用いられていた[88]。

明治十三年、古代中国の意匠を日本の宮中洋食器の皿に置き換えたことは、正倉院宝物の意匠を使用した比較的初期の例であろう。これが鏡であったことも、デザインが選ばれる過程で考慮の対象となったのではないか。三種の神器の一つである八咫鏡《やたのかがみ》が物語るように、鏡は日本列島で長きにわたって権力の象徴とされてきたからだ。この新しい意匠は正倉院の宝物を基に描かれ、宮中饗宴のテーブルの上で明治天皇が祖先から受け継いだ遺産をも伝えたのだ。

## 明治天皇の食卓を越えて

明治天皇の饗宴のテーブルへと運ばれた食器はもう一つの役割を担っていた。桐御紋付食器と葡萄唐草鳥獣文食器は、宮中の領域を越え、世代を越えて伝わった。最初の事例は、宮中饗宴用に用意された精磁会社製の食器と同じ意匠のものが米国の前大統領へ贈り物として進上されたこと。二つめの事例は、御用食器が一世紀後に国賓のために催された宮中饗宴で使用された食器の見本となったことである。

### ＊磁器使節

明治宮殿で開催された饗宴に招待された賓客は、憲法発布式晩餐御陪食会で下賜された銀の小箱ボンボニエールを喜んだ。また記念品として得た磁器製の酒杯を楽しんだ。御用食器が下賜される機会はほかにもあった。(89) 葡萄唐草鳥獣文食器セット、もしくは、古鏡文食器セッ

【2-21】ユリシーズ・S・グラント

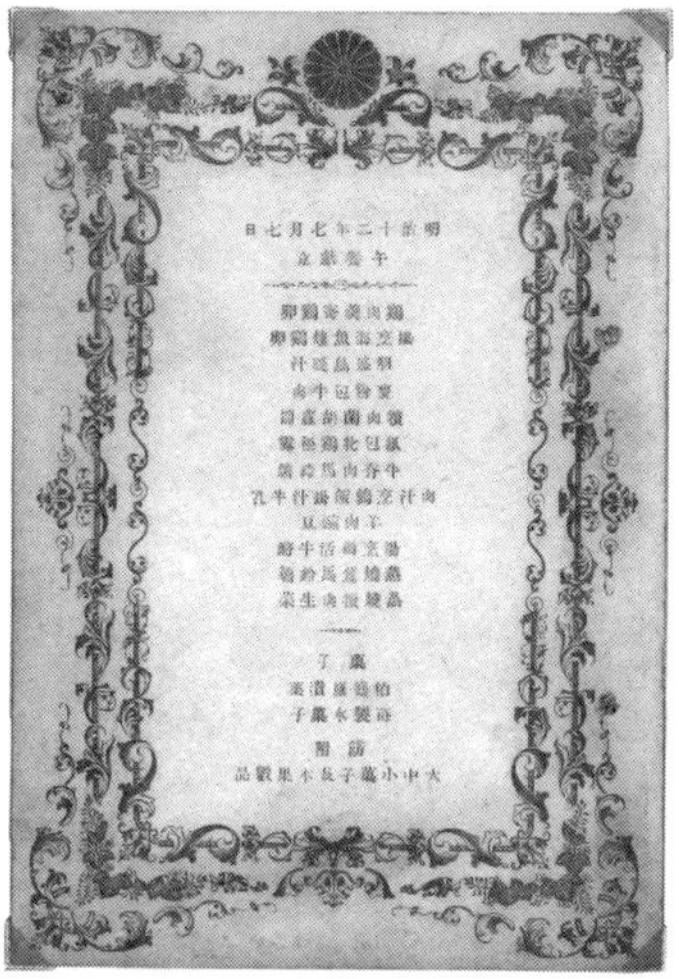

【2-22】グラント前米大統領との午餐のメニュー。明治12年7月7日

トには、さらなる旅が待っていたのだ。

君主から他国の君主へ、または贔屓にする臣下へ、ディナーセットを贈ることは、外交儀礼、宮廷儀礼の一側面である。十七世紀、ヨーロッパの君主は東アジア産の磁器を贈り物として交わした。十八世紀初頭、王室の庇護の下で国内の工房が発展するようになると、国内産の磁器が外交における新たな贈答品として、重要な役割を果たすようになった[90]。十九世紀前半までには、「磁器の贈り物はどのヨーロッパ王国にでも、いたるところにあった[91]」。このような贈答の慣例を通して、葡萄唐草鳥獣文食器セットはアメリカへと渡った。

明治十二年、前アメリカ大統領であり、アメリカ南北戦争の英雄であるユリシーズ・S・グラント【図2-21】が妻ジュリア・デント・グラントとともに来日した[92]。彼らは延遼館に滞在し、七十四日間の滞在中、贅を尽くしてもてなされたグラント夫妻のための饗宴は和式と洋式の両方で行われた。七月七日には、明治天皇が芝離宮の昼餐会に夫

【2-23】精磁会社の染付葡萄唐草鳥獣文チュリーン。1880年代

妻を招いている。そこで彼らが堪能したメニューが残っている。鹿肉にマッシュルームのピューレ添え、羊肉カツレツに洋豆（グリンピース）添え、そして、アスパラガスにバターソース添え【図2-22】。グラントの世界一周旅行記の編者ジョン・ラッセル・ヤングは、この時のテーブルの飾り付けについて「豪華で威厳」があったと表現した[93]。またグラントの妻は、昼餐会は「壮麗」であったと言明している[94]。

グラントとその家族は天皇と皇后から多くの贈り物を受け取っている。そこには精磁会社製の染付けの食器セットも含まれていた。葡萄唐草鳥獣文食器である。重要なことに、この食器セットはグラント滞在中に贈った贈り物の目録には含まれていない[95]。精磁会社はその年二月に開業したばかりであり、葡萄唐草鳥獣文食器セットはまだ発注すらされていなかったので、この贈り物は、のちに贈呈されたと考えるのが自然だが、詳細は不明だ。

この食器セットは後世へと伝えられ、グラントの子孫の間で分有されている。平成元年の時点で、この食器セットは皿、コンポート、チュリーン、そして大皿を含む百六十二点からなっており、グラント夫妻が、ディナーのフルセットを受け取ったことが推測される[96]。この年以降、少なくとも二点が美術館の所蔵品となっている。ピーボディ・エセックス博物館に寄贈された菓子皿【カラー口絵14】、そして、フィラデルフィア美術館に所蔵されているソース用チュリーンである[97]【図2-23】。贈呈された詳しい経緯についてはさらなる調査を要するが、食器が国際親善に果たした役割、外交におけるこの一風変わった贈答儀礼に明治天皇がどのように関わったかを知る上で貴重な事例である。

グラントの子孫の間で、葡萄唐草鳥獣文食器セットは「ミカドセット」として知られている。物質を通して記された友好の記憶は、世代を超えて守られてきたのである。

## *宮中洋食器の継承・再製

有田の陶工たちは、明治十三年の時点で宮内省に提出された見積書にある金彩桐御紋食器セットの製作に取りかかるよう指示を受けてはいなかったが、御会食所時代にこの食器セットが定期的に使用されたことは、残存している記録から明らかである。たとえば、明治十七年十二月十一日には「今利〔伊万里〕焼御紋附金模様」のスープ皿十五枚、食皿二枚、菓子皿九枚、パン皿十枚、平皿五枚の製作が精磁会社に依頼されている[98]。明治二十一年二月には「金桐模様」の食皿二枚、スープ皿二枚、盛り皿一枚が精磁会社へ発注された[99]。時をおいて数点ずつ注文されていることから、これらが頻繁に使用され、徐々に補充されていた食器であったことがうかがわれる。

御会食所時代末期、すなわち新しい明治宮殿への移行期の宮内文書から、この食器セットの重要性が浮かび上がってくる。この時期、明治宮廷ではその管理体系にいくつかの変更が実施され、食器の発注責任も調度課から大膳課に移行することになった。その引き継ぎの一環として作成された『洋食器及房具新調書類』には、明治二十二年十二月二十二日、調度局長の麻見義修《おみよしなが》が大膳大夫五辻安仲《いつつじやすなか》に宛てて送った洋食器と台所用品の予算管理に関する書簡が含まれている。ここで麻見は「豊明殿御会食之節本来ノ洋食器ニテハ不足ニ付」、補充すべく発注したと伝えている。[100] さらにこの『新調書類』には、明治二十二年六月に発注された大口注文の詳細が記されている。銀器、ナイフやフォーク、それにガラス食器等が列記されているが、「肥前製金桐模様陶器」という注文も見える。これは精磁会社に発注されており、現に宮中で使用している桐御紋付食器を補充するためであったと想像できる。[101] さらに同書類から、桐御紋付食器セットは「御陪食用」であるとはっきり明文化した文書の存在も確認できた。[102]

ある特定のディナーセットについて、ここまで具体的にその使われ方が判明するケースは珍しい。しかも、このことから、桐御紋付食器セットが明治宮殿で行われた最初の宮中晩餐で使用された食器であったと推測することが可能になる。これまで明治十三年から会食所時代を通して食器の注文記録を考察してきたが、桐御紋付食器セットはこの時期を代表する宮中晩餐の食器であった。さらに、先述のとおり明治二十二年六月にも補充の注文があったことを考慮すれば、じつにこの桐御紋付食器こそ、その数カ月前に開催された憲法発布を祝う

【2-24】国賓晩餐用食器

御陪食で使用された食器セットであったと考えることができるのではないか。

明治二十二年以降、食器の発注責任が調度課へ引き継がれてからは、『御用度録』をたどっても御用食器の購入履歴を確認することはできない。しかし、現存する食器の銘を調べていくと、この食器セットがその後も数十年にわたり、（若干変更があったが）引き続き製造されていたことが分かる。精磁会社と辻の銘のほかに、香蘭社と深川製磁の銘も見つかっている。明治二十七年に設立された深川製磁は、明治四十三年からようやく宮中食器の注文を受けるようになり、以降、絶えることなく宮中食器を製造している。(103)

どの食器もパルメット模様の縁を特徴としているが、そのうちの多くは十六弁八重表菊紋である。精磁会社は明治時代を超えて存続しなかったが、桐から菊への変更がいつ行われたのか、その時期の特定は容易ではない。しかし、菊御紋入のいくつかの食器は深川忠次の個人名を使った「深忠謹製」の銘を持つ。深川製磁の設立者が昭和九年（一九三四）に亡くなっているということは、菊への変更はその年までになされていたということになるが、それより早い時期であったこともあり得る(104)。

宮中のために初めて製作されてから百年余りを経た平成十年（一九九八）、他ならぬこの桐御紋付食器セットが皇室外交の重要な役割を演じた。来日した国賓を招いた饗宴でテーブルを飾り人々注目を集めたのが、この食器だった(105)【図2-24】。桐御紋付ディナーセットという遺産は、御会食所時代から明治を経て今日にまで及んでいる。この食器は、まず明治天皇をフランスのセーブル社製磁器に縁をもつヨーロッパ王室へとつなげ、次いで、有田の陶工が作った複製品を通して天皇を彼自身の祖先へとつなぎ、そして、この食器セットは現在も、明治天皇の子孫による饗宴の場で、宮中のおもてなしの役目を果たしているのである。

## 器の絆

桐御紋付洋食器、そして、葡萄唐草鳥獣文洋食器は、帝室に登場した斬新なデザインに見えるかもしれない。しかし、両意匠は過去と強く結びついていた。一つはパリの王室から、もう一つは天皇の先祖から意匠を継承し、やがて両方ともが、江戸時代から御用食器を製作していた陶工たちの子孫によって製作されることになった。

このように、新しい御会食所で来るべき饗宴のために準備された食器は、天皇の地位を外国の君主と同等に演出することを意図した。同時に日本皇室の過去の遺産をも喚起した。

明治天皇のために製作された食器セットは、その後も繰り返し作り続けられることで、未来の御用食器の模範としての役割をすら果たしている。これらの食器が作られた当初の意図は、時とともに曖昧になったが、当時の注文や使用状況を記した記録を紐解くことで、その時代へと通じる小さな歴史の窓が開く。作られ、使われ、そして再び作られることで、食器は新しい意味と関係を積み重ねていくのだ。

# おわりに　～御会食所から豊明殿へ～

洋風宴会は明治帝室の特徴となり、新しい形のテーブルウェアが求められることになった。宮内省により発注された食器セットは、そこに「意味」を託されていた。御用食器は、会食の場を通して、またその形とデザインを通して、外交関係を築く役割を果たした。そこでは、明治維新により新たに誕生した天皇を、諸外国の君主たちと同等に演出することが求められた。同時に、天皇の食卓のために選ばれた食器には、皇室を過去の歴史とつなぐ役目もあった。食器とは結びつきを築く物、人と人とを結びつける小道具である。

御会食所の新設は、確かに一大画期の事件であったが、そこで使用された道具立てを検討してみると、この饗応空間での出来事もまた、宮中宴会の長い歴史の一部に属していることがわかる。たとえば、御会食所で行われた初めての宴会で使用された食器は、その五年以上前に発注されたものであったし、そのテーブルを飾った食器セットは、御会食所が使用されなくなった後もしばらく使用され続けた。時代が下り、新たに誕生したきらびやかな明治宮殿のおかげで、明治前半期における御会食所での重要な経験は忘れられていった。しかし、憲法発布を祝う晩餐を描いた図を見れば【図2－25】、明治期の宮中饗宴がいかに比類ないものであったか一目瞭然だ。もっとも画面からは、皿もガラスもその形状や品質の詳細まで

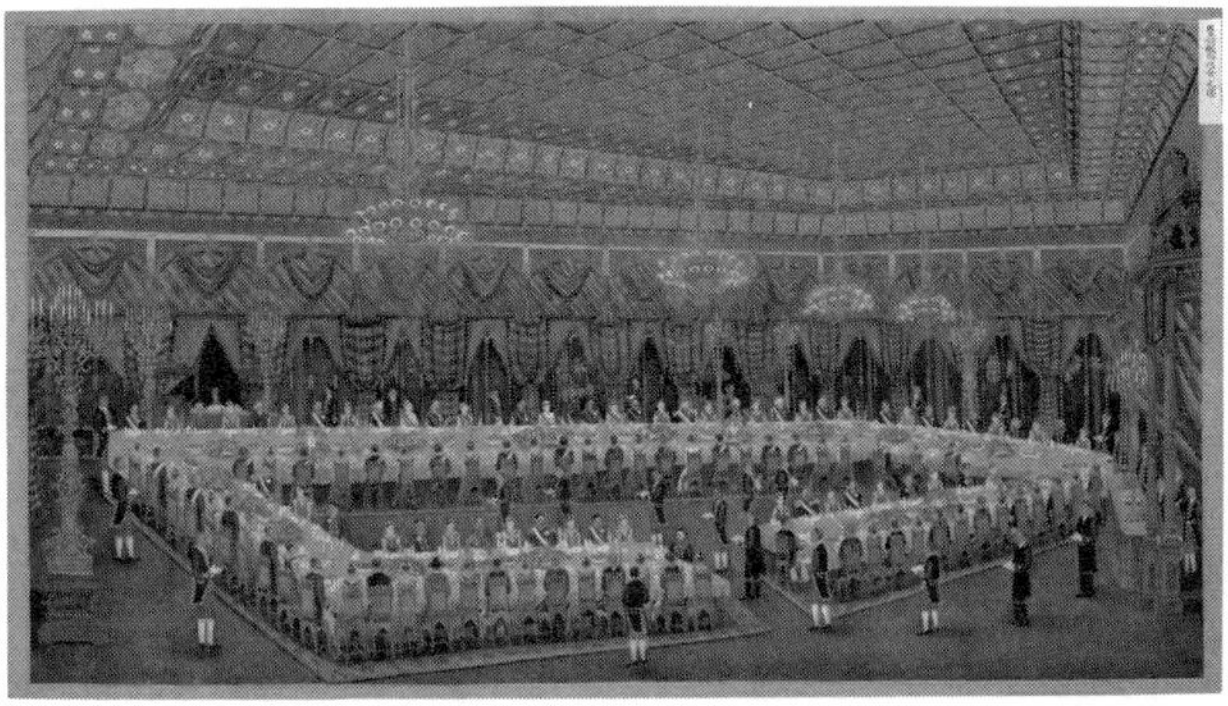


【2-25】「豊明殿御陪食之図」床次正精。明治23年

読み取ることは出来ないが。
明治時代前期から受け継がれている御用食器やその来歴を伝える資料によって、我々は歴史の重要な局面で明治天皇とその宮廷が示した実践の様子をたどることができる。やがて、饗宴は皇室外交にとって極めて重要であることが認められ、明治十九年（一八八六）には、天皇と伊藤博文の間で「機務六条」と呼ばれる約束事が定められるにいたった。その第四条では、天皇が国内外の要人と会食することの意義があらためて確認されている。

総理大臣又ハ外務大臣ヨリ、内外人至当之資格アル者ニ御陪食ヲ願出候節ハ、御聴許可被仰付事(106)

そのような時、天皇は上品な食器が調和よく並べられたテーブルで、賓客と相対する。食器は、食卓を取り囲む人々を一つの芝居へと結び付ける媒体であり、さらに国内で継承された遺産を外来の伝統文化と結び付ける小道具でもある。明治期前半の宮中洋食器は、「時代」というより大きな芝居のなかの一部を演じたに過ぎなかったかもしれない。しかし、このような外交の小道具は多くの物語を語ってくれるのである。

第三章

# 饗宴の舞台裏

～人物で読む明治宮殿誕生前夜の宮中外交～

今泉宜子

# はじめに

## ＊天皇の宴

明治十九年十一月三日の夜であった。当時十七歳だった――家の令嬢明子は、頭の禿げた父親といっしょに、今夜の舞踏会が催さるべき鹿鳴館の階段を上って行った。明るい瓦斯《ガス》の光に照らされた、幅の広い階段の両側には、ほとんど人工に近い大輪の菊の花が、三重の籬《まがき》を造っていた。菊はいちばん奥のがうす紅、中ほどのが濃い黄色、いちばん前のが真っ白な花びらを流蘇《ふさ》のごとく乱しているのであった。そうしてその菊の籬の尽きるあたり、階段の上の舞踏室からは、もう陽気な管弦楽の音が、抑え難い幸福の吐息のように、休みなく溢れてくるのであった。(1)

芥川龍之介の小説「舞踏会」の冒頭に描かれた、鹿鳴館における明治天皇誕生日（天長節）の夜の光景だ【図3‐1】。しかし、この晩の鹿鳴館に、祝宴の主役であるはずの明治天皇の姿はない。

天長節の夜会は政府主催であり、外務大臣井上馨《かおる》がそのホストを務める。これに対し、同じ日の午前十一時から、明治天皇招宴の昼餐《ちゅうさん》が開催された場所こそ、赤坂仮皇居御会食所である。(2)

【3-1】「貴顕舞踏の略図」楊洲周延。明治天皇誕生日（天長節）の夜の鹿鳴館の情景

鹿鳴館は条約改正交渉を少しでも有利に展開するため、明治十六年（一八八三）に外務省が新設した社交場だ。芥川が記すごとく、きらびやかな舞踏会の様子は世の関心を呼び、一方で行き過ぎた欧化政策の象徴として批判の対象にもなった(3)。いずれにせよ、明治十年代に饗宴・社交の場が外交交渉に果たした役割を検討しようとするのであれば、天長節の一日を例にとっても、夜の鹿鳴館とともに昼の御会食所を知る必要があるだろう。

## ＊時代の開拓者たちを追いかけて

第三章では、明治宮殿および明治憲法の誕生前夜、御会食所で繰り広げられた黎明期の宮中外交について、その実現にさまざまな立場で関わった「人物」にスポットをあてる。「天皇のダイニングホール」を行き交った人々の視点を通して、当時の日本が直面していた外交的な歴史背景に目を向けたい。御会食所から時代を見る――。これが、本章の目指すところだ。

御会食の舞台、その中心人物はもちろん明治天皇だが、その傍らで明治皇室外交の一翼を担ったのは明治の皇后、昭憲《しょうけん》皇太后だった（第一節）。彼女のディプロマシーは、この時期どのように形成され変遷をとげるか。そこには、この重責を脇で支えた女性たちの存在もあった。

御会食所の時代とは、おもに井上馨外相下で第一期、第二期の条約改正交渉を繰り広げた時期にあたる。連日の会議の節目には、各国代表委員とともに明治天皇が晩餐の席についた。その宮中晩餐の舞台となったのも御会食所だ。この時期、政府が直面していた外交問題とは具体的にどのようなことだったか。日本外交に深く関与し、当時をよく知る二人の外国人兄弟が、第二節の主人公となる。

最後に取りあげるのは、舞台裏で饗宴を支えた宮内省大膳寮《だいぜんりょう》の人々。いわゆる明治天皇の料理番たちだ。テーブルマナーから配膳方法、そして西洋料理の作り方まで、当時どのような人々がどのようにこの未知の分野に取り組んだのか。ここで登場するのは、今では名も知れない、時代の草創期に埋もれた人々ばかりだ。しかし、彼ら彼女らの挑戦や失敗のうえに、いよいよ明治二十二年明治宮殿が完成し、憲法発布式大宴会を迎えることになるのだ。

ここからは、明治十四年十月から二十二年一月までに御会食所で開催された、さまざまな午餐・晩餐を具体的に取りあげ、饗応空間の実現を通して当時の外交課題に挑んだ、時代の開拓者たちの息吹を感じ取りたい。

# 一、ドレスと勲章 ～皇后のディプロマシー～

## 御会食所の皇后ことはじめ

**＊描かれた昭憲皇太后**

明治神宮外苑には、幕末から明治の歴史を八十点の巨大壁画で一望できる施設がある。銀杏並木の向こう側に佇む「聖徳記念絵画館」だ。この八十点のうち、皇后が描かれた作品は全部で十三点ある。『昭憲皇太后実録』の編修にも携わった元・宮内庁書陵部編修課長、現・学習院大学史料館客員研究員の岩壁義光は、絵画館には近代日本で皇后が自立化していく歴史が、視覚的に表現されていると指摘する。(4)

岩壁によれば、そこには大きく三つの段階が見てとれるという。第一は、明治初年に実施された宮中改革や産業革新を背景に実現する、皇后の「表への登場」だ。富岡製糸場の行啓《ぎょうけい》はその典型である【カラー口絵17】。第二が「儀式への参入」で、グローバルスタンダード化する儀式に対応する皇后の画期として、明治二十二年（一八八九）二月十一日の憲法発布式をあげている。そして「参入」から「式典における主体」としての皇后へ。その代表的な姿が、明治三十五年十月二十一日の赤十字社総会に行啓し、壇上でお言葉を述べる皇后だ。

この見方に従えば、明治十四年から二十二年初頭の御会食所時代とは、皇后が表舞台の主体となるに先立つ、まさに「前史」の段階に相当する。

## ＊二つの転換点

表への登場から儀式への参入へ。

この時代に、御会食所を舞台として皇后の立場が大きく転換した二つの出来事があった。『昭憲皇太后実録』が、「嚆矢」という言葉で記す皇后のことはじめだ。

明治十九年八月十日
外国人御引見に当り、皇后の洋服を召させられしは本日を以て嚆矢とす(5)

明治二十年十二月十三日
我皇后の外国帝室より勲章の御贈進を受けたまひしは之を以て嚆矢とす(6)

前者は皇后が初めて洋装で外国人と接見した日であり、後者は皇后が外国王室から初めて勲章の増進を受けた日を意味する。洋装と勲章、どちらも西洋由来の文化であり、優れて外交的な手段でもあった。

五つ衣や袿袴《けいこ》からドレスに着替え、胸元に勲章を佩用《はいよう》し、明治の皇后はどのように表舞台

への階段を登っていったか。皇后のディプロマシー、そのいわば前史の進展を訪ねていきたい。(7)

## 皇后の洋装化

### ＊女子服制改革の進展

明治四年八月、天皇の勅諭により陸軍や官僚の礼服を洋式とする新服制が発布された（太政官布告三九九号）。翌明治五年十一月には、洋式大礼服の着用規定が定められる。「服制の明治維新」に関して多くの著作がある刑部芳則の言葉を借りれば、公式儀礼の場で洋式大礼服を着用することは、まさに服装から「新しい日本」のイメージを諸外国にアピールする意味を持っていた。(8)

一方、皇后における服制の明治維新はいつのことか。

直接の契機となったのは、明治十九年六月二十三日付で時の宮内大臣伊藤博文が発した、婦人服制に関する通達である。(9) これにより公式な儀式で洋装が着用されることになった。

この伊藤博文の女子服制改革には、特に「古代日本式衣裳」を評価していた在留外国人たちから反対の声があがっている。東京帝大医学部のお雇外国人だったベルツは、宮中で洋式の服装が採用になると聞き、伊藤に見合わせるよう切に勧めたが、伊藤は首を縦に振らなかったという。[10]

女子洋装を奨励する目的には、外交儀礼において日本の近代化の進捗を示すことが大きかった。[11]このような伊藤の改革を背後から後押ししたのが、通達の翌年、明治二十年一月十七日に、皇后が発した「女子の服制に関する思召書《おぼしめしがき》」だった。[12]ここで皇后は女子の洋装を奨励するとともに、殖産興業の観点から国産服地を使用することを勧奨している。先に述べた御会食所における皇后の一つ目の転換点、洋装による初めての外国人引見（明治十九年八月十日）とは、まさにこのコンテクストにおける出来事である。

和式から洋式の服装へ。宮中外交の重要な場で皇后の服制改革はどのような経過をたどり、成し遂げられたか、次に御会食所の利用記録を手繰りつつたどってみる。

## ＊ステップ・バイ・ステップ

明治十七年九月三日、スウェーデンの皇子オスカル・カール・アウグストが参内。[13]世界周遊の途次であり、離日にあたり天皇をはじめ親王・宮内卿・侍従長とともに、御会食所で午餐を賜った。しかし、皇后はこの会食には同席せず、食後を待って皇子に謁見している。[14]

次いで明治十八年七月十日、アメリカ合衆国特命全権公使ジョン・A・ビンガムとその妻、娘二名が離任にあたり参内。[15]午前十一時三十分、謁見所で皇后の謁を賜っている。しかし、ここでも十二時三十分から御会食所で開催された午餐に、皇后は（およびビンガムの妻娘も）

同席していない。

外賓および外国使臣との謁見にあたり、皇后が天皇とともに御会食所で陪食を賜ったのは、明治十九年五月十九日からだ。午後六時四十五分、天皇皇后は表一間《いちのま》に出御、イタリア国皇族ルイ・ナポレオン親王と対面。次いで御会食所に移動し、親王および小松宮夫妻、伊藤宮内大臣らとともに晩餐を催している。(16) 留意すべきは、右記のいずれの謁見、そして会食でも皇后は依然和装であったということだ。

ここでいよいよ、明治十九年八月十日を迎える。

午後三時三十分、皇后は天皇とともに御会食所に出御。引見したのはオーストリア＝ハンガリー帝国特命全権公使のカール・ザルスキー、同国皇室附属音楽師のヴァイオリニスト、エドゥアルト・レメーニ、その他の人々である。(17) 皇后が初めて洋装で外国人の前に姿を現した記念すべきこの日、御会食所で行われたのはレメーニのヴァイオリン演奏会だった。ただし、天皇および皇后は、この演奏が終わると午後四時三十分には入御しており、会食は伴わなかった。

## ＊初めて洋服を召す

これより先、明治十九年六月二十三日、皇后はついに香川敬三皇后宮大夫を青山御所に派遣し、皇太后にこれからは洋服を着用する旨、言明するにいたった。(18) みずから率先して洋装を採用することで宮中の服制改革を促そうとする皇后の姿勢は、伊藤たちの大きな支えとなったはずだ。というのも、明治十九年四月の時点でも、明治天皇は皇后の洋風化に反対の姿勢を示していたからだ[19]。

■明治十九年七月二十八日、皇后、初めて洋服を召す
■明治十九年七月三十日、皇后、華族女学校の卒業式へ。行啓で初めて洋服を召す
■明治十九年八月十日、皇后、初めて洋服で外国人と引見す

【3-2】ドイツ国皇族フリードリヒ・レオポルト（前列中央）の一行

そして同年十一月一日、洋装の皇后は天皇ともに吹上御苑でイタリア人曲馬師チャリネの曲馬を御覧になっている[20]。この場面は錦絵に描かれ、ドレスをまとった皇后の絵姿が人々の目に触れることになる【カラー口絵18】。以後、皇后が公式の場で和装に戻ることは一度たりとなかった。

では、御会食所で洋装の皇后が初めて宮中晩餐に列席したのはいつか。それは、明治二十年三月二十一日、ドイツ国の皇族フリードリヒ・レオポルトを囲んだ夜のことだった[21]【図3-2】。当日の席次を見れば、各国公使や総領事を含め男性三十名、女性十五名、総勢四十五名の晩餐

会だったことがわかる。[22]

明治十九年から二十年代の初頭、いったい皇后はどのようなドレスをお召しになっていたのだろうか。

## ＊皇后のバッスル・スタイル

明治十九年六月二十三日に伊藤宮内大臣が発した女子服制に関する通達では、礼式相当の西洋服装として以下の四種をあげていた。[23]

| | | |
|---|---|---|
| 大礼服 | マントー・ド・クール | 新年式ニ用ユ |
| 中礼服 | ローブ・デコルテー | 夜会晩餐等ニ用ユ |
| 小礼服 | ローブ・ミ・デコルテー | 同上〔右〕 |
| 通常礼服 | ローブ・モンタント | 裾長キ仕立ニテ宮中昼ノ御陪食等ニ用ユ |

このうち大礼服は、明治二十年一月一日の新年拝賀で初めて着用された。マントー・ド・クールとはフランス語で宮廷のマントーを意味し、宮廷服として最も格が高い礼服である。マントーとはこの場合、腰あるいは肩から垂れて後ろに長い引き裾をいう。襟を大きく開き、袖なしか短袖を基本とする。[24]この日、皇后が召した大礼服はドイツのベルリンに注文した緋

色のドレスであったことが、御茶の水女子大学の柗居宏枝の調べで分かっている(25)。

一方、皇后が御会食所で最初に着用した明治十九年八月十日のドレスはなにか。服飾史を専門とする文化学園大学教授の植木淑子によれば、通常礼服とも似ているがヴィシティング・ドレスではないかという。通常礼服のローブ・モンタントとは立衿を意味し、袖が長いドレスである。ヴィジティング・ドレスも立衿が付き袖が長いが、通常礼服と異なり後ろ裾が長くないため訪問に適している。ヴァイオリン演奏会の日は昼餐を伴わなかったことから、通常礼服ではなくヴィジティング・ドレスではなかったかという推測だ。

皇后が陪席したドイツ国のフリードリヒ・レオポルトとの晩餐会を含め、皇后が洋装で出席した御会食所での会食は、外賓および外国公使の接伴に限っていえば、午餐が五回、晩餐が三回ある。このうち午餐は通常礼服、晩餐は中礼服のローブ・デコルテーを身につけたと思われる【図3－3】。デコルテーとは、大きく開いた衿を意味し、立衿の通常礼服とは対照的なドレスだ。

また五回の午餐のうち、明治二十年十二月十三日のロシア国公使ドミトリー・シェービチ、二十一年五月三十日のドイツ国ザクセン＝ヴァイマルのベルナード公、同年六月十四日のフランス国旧王族アンリ・ドルレアンとの会食については、その招待状とともに、婦人の服装に関する添え書きが確認できた(26)【図3－4】。そこには婦人の服装コードとして、「一、婦人ハ通常礼服　ローブ、モンタント著用《ちゃくよう》　帽子ヲ用ヒズ手套ヲ穿チ扇子携持ノ筈ニ候事」と記述があり、間違いなく通常礼服が指定されていたことが分かる。

　残念ながら、これらが現存する昭憲皇太后のドレスのどれに該当するのか、あるいはしないのか、定かではない。ここで再び植木の推察に従えば、この時代のスタイルに最も近いと思われるドレスは、現在大本山誕生寺が所蔵する通常礼服ではないかと思われる[27]【図３-５】。西欧では、一八七〇年代から八〇年代にバッスルと呼ばれる腰当によって、後ろ腰のふくらみを強調したドレスが流行した。これをバッスル・スタイルといい、日本でも明治二十年代はじめに特徴的なデザインだ[28]。鹿鳴館スタイルとも称される。誕生寺のドレスは、このバッスル・スタイルの特徴をよく伝えている。

　やがて一八九〇年頃になると、後ろ腰の膨らみは縮小し、かわりに袖の上方にふんわりとふくらみを持たせたスタイルがヨーロッパの主流となった。翻って、明治二十年代半ば以降の皇后のドレスも、この流れに沿って変化を遂げている[29]。当

【3-3】ローブ・デコルテー

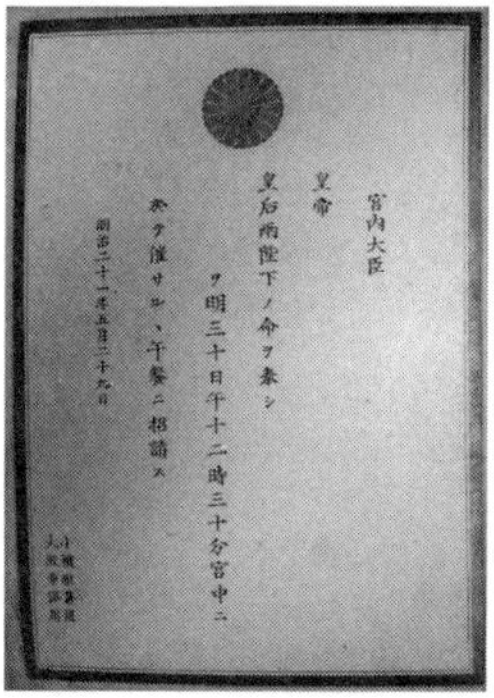

宮内大臣
皇帝
皇后両陛下ノ命ヲ奉シ
ヲ明三十日午十二時三十分宮中ニ
於テ催サル、午餐ニ招請ス
明治二十一年五月二十九日

【3-4】ドイツ国ザクセン＝ヴァイマル公族ベルナードを招いた午餐への内国人向招待状

【3-5】昭憲皇太后の通常礼服

時、国内での仕立てには制約も多かったが、よく西洋の流行を吟味して制作されていたことがうかがわれる。

## ＊御会食所の貴婦人たち

ここからは、宮中の外賓接伴で皇后のディプロマシーを傍らで支えた、女性たちの存在に言及したい。

第一に皇后の通訳をあげる。

明治二十年から二十二年まで、宮中近代化のためにドイツから招聘されたお雇《やとい》外国人フォン・モールは、この時期にあらゆる行事に必ず同伴し、皇后の「忠実な通訳の仕事」を果たした三人の女官がいたことを記している[30]。その名を、北島以登子、山川操、香川志保子と称する。彼女たちの仕事ぶりの詳細は、拙著をご確認いただきたいが、ここではその人となりを紹介したい[31]。三名とも旧士族の娘で、豊富な海外経験をもって宮中入りした人物だ。

北島以登子と山川操は、ともに明治十七年二月五日付で宮内省御用掛に任用された[32]。

北島は、佐賀藩士族の娘として嘉永五年（一八五二）に生まれた。藩主鍋島家の子供たちの侍女を務めたことで才を認められ、鍋島直大《なおひろ》夫妻とともに二度渡欧。のべ四年半を海外で過ごした。特に明治十四年三月、イタリア特命全権公使を命ぜられた直大と渡ったローマでは、王室にも出入りし「伊国内廷諸礼式」を実地で学ぶ機会となった[33]【図３‐６】。明治

【3-6】ローマ時代の北島以登子（椅子にかける女性）と鍋島直大（後列右から２人目）・栄子夫妻

十九年八月十日、オーストリア公使らとともに聴いたヴァイオリン演奏会で皇后の通訳を務めたのも、この北島以登子である。[34]

一方の山川操は、北島と同じ嘉永五年の会津藩生まれ。[35]操の八歳下の妹が、のちに大山巌夫人となる旧姓・山川捨松《すてまつ》だ。捨松についてはのちに触れる。山川操は明治四年、会津藩士だった小出光照と結婚した。明治六年に上京するが、翌年光照が佐賀の乱で戦死。寡婦となった操は、山川家の家風として学問に熱心であったことから、学習院雇教師の職に就いた。ここで遊学の機会を得る。明治十三年五月、操は特命全権公使としてロシアへ赴任する柳原前光《さきみつ》夫人の世話役を命ぜられ、船上の人となった。約二年間にわたるロシア滞在中には、フランス語も学び、帰国後は宮中でフランス語通訳も担当している。

三人目の香川志保子は、文久三年（一八六三）生まれで、北島と山川のほぼ一回り下の世代に属する。旧水戸藩士の香川敬三は、明治十四年から皇后宮大夫として皇后を補佐し、宮廷の近代化と皇后の立場の確立に大きな功績があった人物だ。[36]その娘志保子は、明治十八年からほぼ二年間、父の期待をうけてヨーロッパへ留学し、帰国後二十一年一月から宮内省御用掛として勤めている[37]【図3-7】。

彼女たちは語学の分野で活躍しただけでなく、豊富な海外体験と知識を活かして服制改革の分野でも力を発揮した。同じく宮中に仕えた山川三千子は自著『女官』で、この三人がフランスから送られるドレスのカタログを見て、皇后の洋服のデザインを選び、それが裁縫所で作られていたと証言している[38]。皇室の国際化対策を最前線で支えた通訳の女性たちは、皇后の腹心といってよい存在ではなかったか。

【3-7】明治23年6月、トルコ国特派公使オスマン・パシャ一行と香川志保子（前列左）

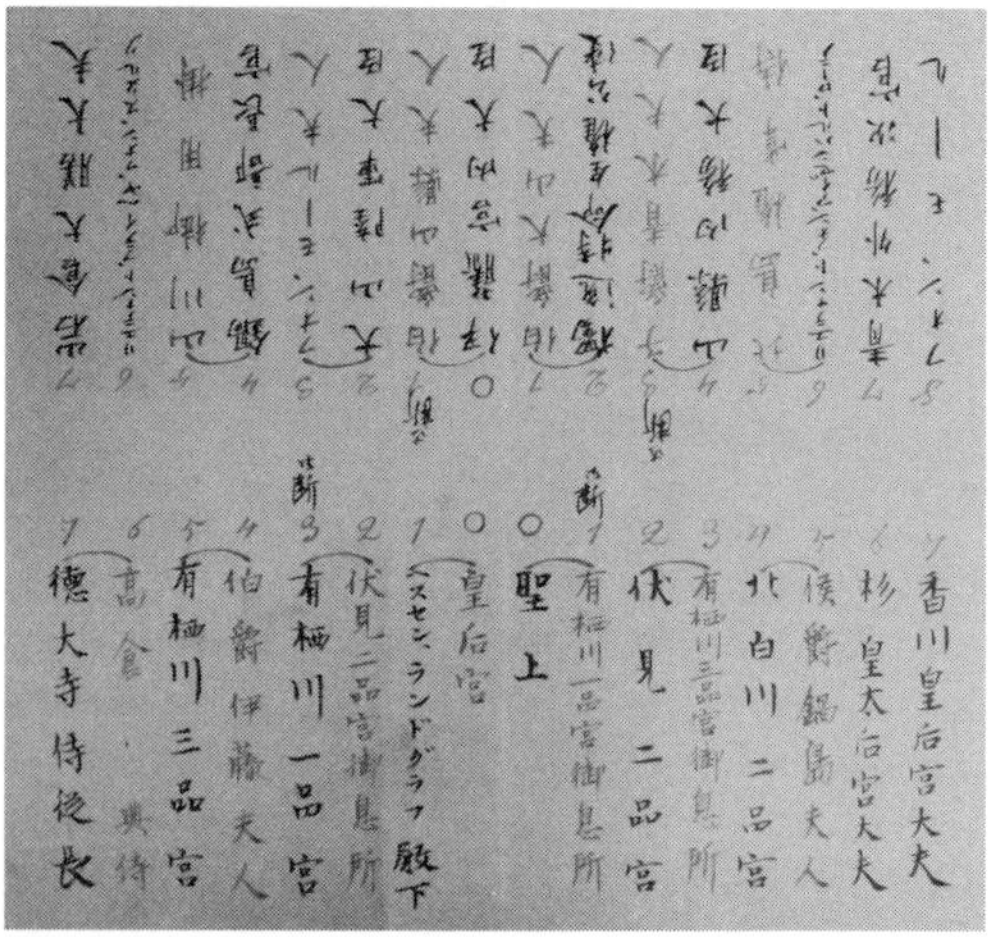

香川皇后宮大夫
杉皇太后宮大夫
後藤鍋島夫人
北白川二品宮
有栖川三品宮御息所
伏見二品宮
有栖川一品宮御息所
聖上
皇后宮
ヘッセン、ランドグラフ殿下
伏見二品宮御息所
有栖川一品宮

【3-8】ドイツ国ヘッセン州公族フリードリヒ・ヴィルヘルムとの午餐席次案

【3-9】大山捨松

【3-10】青木エリザベート

【3-11】伊藤梅子

通訳という立場以外にも、御会食所の食卓を囲み外賓接伴の一翼を担った女たちがいた。

ここに、明治二十年五月十三日に開催されたドイツ国ヘッセン州公族フリードリヒ・ヴィルヘルムとの午餐の席次案がある(39)【図3-8】。図中赤字（薄い文字）で記されたのが女性の名前だ。女官として北島権掌侍《ごんのしょうじ》、山川御用掛の名前が見える（香川志保子はまだ任官していない）。聖上（天皇）の対面に座る「伯爵大山夫人」に注目したい。この夫人が、明治四年、岩倉使節団とともに米国に渡った日本最初の女子留学生の一人、捨松だ(40)。アメリカ号で横浜を出航した時、捨松は十一歳。最年少の津田梅子は満六歳だったという。梅子が帰国後に設立した英学塾がのちの津田塾大学である。山川捨松はアメリカの大学で学位を取得して、十一年ぶりに帰国。翌明治十六年十二月に、完成したばかりの鹿鳴館で大山巌と披露宴をあげている【図3-9】。世界をよく知る山川家の姉・操と妹の捨松が同じく席を並べているのも興味深い。

さらにこの席には、日本側の立場でこの饗応に陪席した外国生まれの女性が二人いる。一人はフォン・モール夫人で、このお雇外国人の尽力についてはのちに述べる。もう一人が、「子爵青木夫人」だ。外務次官青木周蔵の妻はエリザベートといい、プロイセン貴族の娘である[41]【図3‐10】。外務省に入省し、駐独公使として赴任した周蔵と恋に落ちたのだ。明治十八年九月、青木周蔵はエリザベートを伴って帰国し、翌十九年三月から外務次官の職にあった。青木夫妻は、ベルリン駐在中から伊藤の命をうけ、皇后の洋装化のために宝飾品やドレスの選定および注文にも関わっていた[42]。席次案の名前のうえに「御断《おことわり》」とあるように、残念ながらこの宴席をエリザベートは欠席することになるのだが、御会食所時代の午餐・晩餐でしばしば見かける顔ぶれにこの夫婦がいた。

最後に、海外経験もなく語学力にも貧しいが、宮中改革に心血を注いだ伊藤博文の妻として、内助の功を尽くした女性の名を記しておこう。伊藤梅子【図3‐11】。

元勲の妻・梅子は、下関の芸者置屋で芸妓をしていたところに伊藤と出会い結婚した。当時十五歳、伊藤博文は再婚だった。梅子は、もとは無筆であったが夫の手ほどきを受け、和歌も習い、皇后と贈答するほどの腕前になったという[43]。また英語も津田梅子に習い、手紙を書くまでに習熟した。「努力につぐ努力で、自分を練成しつづけた女性」であった[44]。宮中服制改革にあたっても梅子の尽力が大きかったことを、後の宮中顧問官・長崎省吾が談話に残している[45]。梅子はみずから内儀に出入りして、洋服に難色を示す典侍たちの融和に努めた。皇后のドレスを仕立てるにあたり、そのサイズを測ることが難しいことから、最後は梅子が皇后の身代わりとなって服の型をとったというエピソードまで伝わっている。のちの初代ファーストレディーである。

鹿鳴館の貴婦人ともてはやされた大山捨松や伊藤梅子らは、喝采と同じかそれ以上の批判をあびた。仮装舞踏会で踊る姿は面白おかしく記事になり、世間の嘲笑に沈黙した。しかし、鹿鳴館と同時代の御会食所へと視野を広げれば、そこには新聞や雑誌の記者が知らない彼女たちの活躍の舞台があった。皇后を支え、彼女たちが確かに宮中外交の第一線を担っていたことは、やがて書き加えられるべき歴史の一幕であろう。

# 女の勲章

## ＊明治の勲章制度

明治神宮が所蔵する昭憲皇太后を描いたコンテ画がある。イタリア人の画家エドアルド・キヨッソーネの手によるもので、明治二十二年頃の作と思われる。[46]その胸元に注目して欲しい。皇后が佩用している勲章は、勲一等宝冠章と称する【図3‐12】。左胸に見えるのが、中央に金の鳳凰を模した宝冠章副章、右肩から左脇へ流れる絹の帯を大綬といい、その大綬の先（左腰の辺り）に下がっているのが、中央部に金の宝冠をデザインした宝冠章本章である。

【3-12】昭憲皇太后

日本の勲章制度が創始され、最初の勲章である旭日章が誕生したのは、明治八年四月十日のことだ。[47]その翌年、旭日章よりも上位の勲章として、さらに大勲位菊花大綬章が制定される。しかし、これらは男性のみを対象した勲章だった。それから十余年を経た明治二十一年一月三日、女性が対象の勲章が新たに制定される。これが宝冠章だ。

国内において、勲章は明治国家の栄典制度の中心的存在となる。服制改革が外見から封建社会の身分要素を排除する役割を果たしたのに対し、勲章制度の制定は、これによって新たな階級秩序を創出し、近世以来の位階の権威と近代的な実力主義の序列を統合して身分再編を促した(48)。他方、天皇の外交儀礼を論じたジョン・ブリーンによれば、国外との関係においても、勲章の贈答は君主間の関係を成立させ、列強から主権国家としての認識をえるうえで重要な戦略であった(49)。

勲章の交換を通して国家間の関係を構築する――。宝冠章創設の趣旨も、じつにこのことにあてはまる。

## ＊宝冠章の誕生

明治二十一年二月十一日、女性を対象とした日本初の勲章が、明治天皇から昭憲皇太后へ親授された。

この宝冠章は、その前年十二月二十七日の閣議決定を経て、翌二十一年一月三日、勅令第一号で制定された(50)。

宝冠章は勲一等から勲五等までとし、「婦人ノ勲労アル者」に賜うことが定められた。本章にデザインされた宝冠は、古代の女帝の冠を模したといい、周囲には竹枝と桜花の七宝がほどこされている。本章・副章ともに目を惹くのは無数にちりばめられた真珠である[51]。

ところで、この勅令第一号では、宝冠章のほかに三種類の新たな勲章が増設されている。一つは、勲一等旭日桐花大綬章だ。明治八年に勲章制度が創設されて以来、日本には勲一等から勲八等までの旭日章と大勲位菊花大綬章が存在した。新しい勲章は、この両者の中間に位置づけられた。さらに年功で与えられる瑞宝章、そして大勲位菊花大綬章の上に最高勲章として大勲位菊花章頸飾が新しく定められた。

この制定の前年十二月に、賞勲局が作成した増設のための上申書には、限られた数と種類の勲章では国内外の要請に対応しきれなくなったという実情が綴られている。これまで国内では功労に酬いるため、国外では「外交ノ礼遇」を表するにあたり既存の勲章を授与してきたが、文勲武功を称え、婦徳を表彰し、さらに外国交際上に用いるには、他にも各種勲章が必要ではないかと賞勲局は訴える[52]。

上申書中、興味深いのは宝冠章増設の理由だ。ここでは、欧州各国が婦女の表彰のために別種の勲章を設けていること、我が国も西洋に則り女子の洋装化を進め、皇后が着装するまでに至ったので、女子の勲章佩用も差し支えないだろうと説明されている[53]。つまり、洋装化があったうえでの勲章佩用であったということ。

さらに喫緊の事由があった。

賞勲局はいう。最近ロシア皇后から日本の皇后にサン・カテリーヌ勲章が贈呈されたので、日本からも返礼をしなくてはならない。そのためにも同種の婦人勲章が新たに必要である、と。[54] これこそ、冒頭に掲げた御会食所における皇后二つ目のことはじめ、明治二十年十二月十三日の「外国帝室より勲章の御贈進」に他ならない。

## ＊ロシア皇后からの贈り物

明治二十年十二月十三日午前十一時三十分、ロシア国特命全権公使ドミトリー・シェービチ参内。

天皇皇后ともに謁見所に出御し、ロシア皇后マリア・フョードロヴナ皇后から昭憲皇太后に贈られた、サン・カテリーヌ勲章の捧呈が行われた。まず公使は御前に進み、ロシア皇后の命を言上し、親書と勲章を贈呈する。皇后はこれを受け、皇后宮大夫へ渡し、答詞を賜う。続いて公使は同国皇帝アレクサンドル三世の命を天皇に言上、これに対し勅答があった。勲章捧呈の儀はここまでだ。この後、皇后は退席。謁見所では引き続き、天皇からシェービチ公使に勲一等旭日大綬章が親授されている。正午、天皇皇后はあらためて御会食所へ出御、そして昼餐が始まった。[55]

さかのぼること約二十日。シェービチ公使は、十一月二十三日付でサン・カテリーヌ勲章と親書の捧呈、あわせて謁見の願いを作成し、時の外務大臣伊藤博文に提出している。この願い書を見ると、ロシアの皇帝夫妻はこの年の夏に皇帝の従弟、アレクサンドル・ミハイロヴィチが来日した際に、日本帝室から受けた「優渥《ゆうあく》なる待遇」に深く感謝し、皇后への勲章捧呈によって親愛の情を示したいとの希望があったことがわかる。[56] 明治二十年七月五日、東洋艦隊乗組員として来航したミハイロヴィチを招いた晩餐を催したのも、御会食所でのことだった。[57]

捧呈の儀から四日後、皇后は十二月十七日付でロシアの皇后に御礼の親書を発している。「余カ良姉ニ復ス」で始まり「陛下ノ良妹」で終わるこの親書は、翌明治二十一年二月二十二日、時の駐ロシア特命全権公使西徳二郎《にしとくじろう》の手で、ロシア皇后に捧呈されている。[58]

## ＊ギフトと外交

その後、日本皇后からロシア皇后へ、宝冠章の贈呈はいつ実現したのだろうか。

皇后の命をうけ、ロシアのガチナ離宮で皇后マリアに勲章を捧呈したのは、有栖川宮威仁《たけひと》親王だった。明治二十二年五月五日、海外軍事視察を兼ねて欧州各国を訪問の途次でのことだ。

五月二日、ロシア入りした威仁親王は、王室が差し回しの特別列車でペテルブルクに到着。[59] 五日、宿泊先の冬宮からガチナ離宮へと参向し、ここで皇帝と皇后、そして皇太子に拝謁のうえ、皇后に宝冠章を捧呈した。この日、親王は午餐にあずかり、さらに再び八日には離宮での晩餐会に招かれている。その晩、アレクサンドル三世は陸軍礼服に日本国の大勲位菊花大綬章を佩用、一方ローブ・デコルテーを召した皇后は胸元に宝冠章を佩びていた。[60]

勲章授受をめぐってロシアと日本の皇室で交わされたやりとり。それは外交というにはささやかな交流かもしれない。しかし、この地道な関係構築の積み重ねがあってこそ、のちに大津事件のような大難で日本は最悪の事態を回避し得たのではないか。[61] 明治二十四年、来日中のロシア皇太子ニコライが斬りつけられたこの事件で、事態の対処にあたったのが威仁親王、そして負傷したニコライこそガチナ離宮で謁見した皇太子、その人だった。この時、天皇と皇后はいち早くロシア皇帝と皇后のもとへ親電を送り、その後も逐次皇太子の容体を伝えている。日本側の迅速かつ懸命な対応に、皇帝アレクサンドル三世は「貴国皇室及び政府・国民は既に尽すべきことを尽されたり、我更に何ら求めんと欲する意なし」と言明、なんとか事なきを得たのである。[62]

## 明治宮殿への登場

**＊ドレスに勲章**

明治二十二年二月十一日、憲法発布式。

式場となったその新しい明治宮殿に天皇と皇后が赤坂仮皇居から移ったのは、その一月前の一月十一日のことだった。

午前九時出御、明治天皇は宮中三殿を拝し、大日本帝国憲法の制定を神々に奉告《ほうこく》。続いて正殿にて、憲法発布式が執り行われる。(63) 午前十時四十分、天皇が正殿式場の高御座《たかみくら》に立御。続いて皇后が出御し、高御座の右側に設けた御座で式典を参観した。この様子を描いたのが、聖徳記念絵画館に掲げる和田英作の壁画「憲法発布式」だ。手前の壇上に立つ昭憲皇太后は、ピンクの中礼服を着用している【カラー口絵19】。腕の上部が開いた短い袖はこの時期に流行した独特な形であるという。(64) この日の式典に参列したベルツは、皇后の姿を「長いすそをひく、バラ色の洋装をしておられた」と日記に記している。(65)

そして、その右肩から左脇へ流れる絹の帯が、宝冠章の大綬だ。明治二十一年十一月十六日の勅令第七十六号「勲章佩用式」に則って身に着けている。皇后の背後に控える北白川宮能久《よしひさ》親王妃（左）と有栖川宮熾仁《たるひと》親王妃も同様だ。このような式典に、皇后をはじめ女性皇族たちが礼服に勲章を佩用して列席したのは、この日が初めてのことだった。

じつは、この日は他にも画期的な「初めて」があった。

それは、天皇と皇后が初めて一つの馬車に同乗したということだ。午後一時、式典を終えた天皇と皇后が観兵式に臨むため、青山練兵場へと向かう往き道でのことだ。この時、天皇は車内右側に、皇后は左に席をとったと記録にある。(66) この皇后同乗にいたるまでには、天皇の下命により欧州各王室の風習を調べるという周到な経緯があった。(67)

果たしてこの「事件」は、在留外国人たちの関心を惹いた。華族女学校の教壇に立つアメリカ人女性アリス・ベーコンは、「この出来事は、日本の女性たちに大きな進歩をもたらしました」と、その快挙を喜んだ(68)。また、アメリカから来日中の女性人文地理学者エリザ・シドモアは、同乗事件に加え、晩餐へ向かう皇后に天皇が腕を優しく差し出し誘導したという出来事にも言及し、次のようにその興奮を綴っている。「その瞬間、歴史的なニッポン新紀元がスタートしたのです！(69)」。

国内外に新ニッポンの姿勢を明らかにすべく、この本番の日を期して赤坂仮皇居御会食所で重ねてきた試行錯誤は、確かに成果をあげたといえる。

# 二、条約改正への道 ～シーボルト兄弟が見た明治外交～

## 不平等条約というくびき

**＊岩倉使節団のミッション**

明治四年（一八七一）十一月十二日（新暦十二月二十三日）。

横浜港では、沖に停泊する外輪蒸気船「アメリカ号」が、いま乗船の時を迎えていた。乗客は、維新政府の特命により欧米視察に向かう使節団の一行だ(70)【カラー口絵21】。

波止場を離れた小蒸気船には、全権大使岩倉具視を中心に副使の木戸孝允、大久保利通が並び立ち、盛大な見送りを受けている。総勢四十八名の使節団には、海外へ留学する五十八名が帯同していた。うち五名が女性だった。デロング駐日アメリカ公使夫人に率いられ、日本初の女子留学生たちが和船に乗り込む。夫人の隣に座る赤い振袖姿がいとけない娘は、当時六歳。のちに津田塾大学を創設し、女子教育に身を捧げることになる津田梅子だ。

江戸後期に幕府が諸外国と結んだ修好条約は、明治五年六月に改訂の時期を迎えていた。政府はこれを海外各国と並立を図る好機ととらえた。使節団の大きな目的の一つは、条約を結ぶ各国を訪れ改正のための予備交渉を行うことにあった。

しかし、この改正交渉は、最初の訪問国アメリカで本交渉にまで踏み込む勇み足を演じて、以後とりやめとなる。その後、使節団一行は欧米先進諸国の制度・文物を視察して見聞を広め、条約改正の前提として「内治」の整備こそ急務であると痛感して帰国することになるのは、よく知られるところである[71]。

## ＊シーボルトの息子たち

不平等条約の改正――。歴史のテストに必ず出題があった設問だ。

不平等とはまず、日本人に罪を犯した外国人は、その国の領事がその国の法律によって裁くこと。すなわち外国の領事裁判権を認める「治外法権」がひとつ。そしていま一つは、日本には輸入品にかける税率を自由に決める権利、つまり「関税自主権」がないことだった。このうち前条約改正とは、この治外法権の撤廃と関税自主権の回復を目指した交渉だった。このうち前者は、明治二十七年の陸奥宗光外相時代に達成を見るが、小村寿太郎外相が後者の関税自主権完全回復を図り、ついに不平等条約の改正が果たされるのは明治四十四年、「明治」が終焉を迎える（明治四十五年）前年のことだ。じつに日本政府は、明治の時代すべてをかけ、独立国として対等な権利の獲得に力を尽くしたのだ[72]。

この果てしない条約改正史のなかで、御会食所の時代はおもに井上馨外務卿（のちに外務大臣）が中心となり、改正交渉を務めた期間に相当する。世に鹿鳴館時代と称され、その「欧

【3-13】アレクサンダー・シーボルト

化政策」が強調される時代だ。鹿鳴館が政府による外交接待の場であったのに対し、赤坂仮皇居内に新設された御会食所は、天皇招宴による午餐・晩餐を通じて外賓をもてなす宮中外交の舞台となった。

この時代をよく知る外国人がいる。彼らは、井上外相下における改正交渉の現場に当事者として関わり、さらに御会食所をさまざまな機会に実際に訪れた人物だ。「彼ら」とは兄弟で、兄の名をアレクサンダー・シーボルト、弟はハインリヒ・シーボルトという。幕末の長崎で活躍し、のちに「シーボルト事件」で日本を追われることになる医者にして博物学者、あのシーボルトの息子たちだ(73)。

当時、政府が直面していた外交的な課題とは具体的にどのようなことであったか。二人のシーボルトと明治日本との関わりを通して、見つめ直してみたい。

## アレクサンダーとハインリヒの日本

### *兄アレクサンダーの外交人生

アレクサンダー・シーボルトは、父フィリップ・フランツ・フォン・シーボルトの長男として、弘化三年（一八四六）にライデンで生まれた(74)【図3

-13】。父親のシーボルトが、オランダ商館付の医官として長崎出島に渡ったのは文政六年（一八二三）七月のことだ。以来約六年半、シーボルトは西洋医学を教えて多くの弟子に慕われたが、幕府禁制の地図を持ち出そうしたことが発覚し、国外退去処分となる。帰国したシーボルトは四十九歳で妻ヘレーネと結婚、二人の間に誕生したのがアレクサンダーだ。

ボンで高校時代を過ごしたアレクサンダーは、安政六年（一八五九）、追放令が解除された父とともに初めて日本の土を踏んだ。十二歳のことだ。すぐに日本語や英語、マレー語の習得にまで力を入れている。

一方、再来日を果たしたシーボルトは対外交渉の幕府顧問となったが、二年に満たず解任され、息子を残して日本を離れることになった。永遠の別れとなったこの日のことを、アレクサンダーはのちまで忘れなかった。「父との別れは、私にはとてもつらかった――そしてこの白髪の老人は、ほとんどぎりぎりの時間まで費して、私に人生に対処する有益な教訓を授けてくれた(75)」。その父は息子の身元を英国公使ラザフォード・オールコックに頼んでいた。アレクサンダーは、その語学力を買われ十五歳で在日英国公使館特別通訳官に任官される。同僚にアーネスト・サトウがいた。ここから彼の外交人生が始まる。

まず慶応三年（一八六七）には、幕府からの要請を受け、パリ万博に参加する徳川昭武遣欧使節の通訳・世話係として欧州各国を同行。やがて、日本語が堪能なアレクサンダーの存在は新生明治政府も注目するところとなった。明治三年、アレクサンダーは英国公使館を辞し、日本政府民部省に雇用される。以後、明治八年には大蔵省、そして明治十一年からは外務省のお雇外国人として力を発揮する。その間、明治五年にはウィーンで開催される万国博覧会の日本側準備委員として、博覧会副総裁の佐野常民とともに現地に渡っている。この時、この万博を視察するためにウィーン入りした岩倉使節団一行の世話をしたのもアレクサンダーだった。

このように十二歳で来日し、決して高い教育をうけたわけではないアレクサンダーだったが、外交の最前線でじつにさまざまな職務、役職を果たしていくことになる。日本政府が雇った多数のお雇外国人のなかでも特異な存在だった(76)。

【3-14】ハインリヒ・シーボルト

## ＊弟ハインリヒの考古と外交

もう一人のシーボルト、ハインリヒは、嘉永五年（一八五二）に次男としてライン河畔のボッパルトで生まれた(77)。ハインリヒが十四歳の秋、父シーボルトはこの世を去っている。その翌年の慶応三年、ハインリヒは徳川遣欧使節に随行してヨーロッパに戻った兄と再会している。このことが、彼が日本行を決意する決め手となったようだ。明治二年には、兄が待つ日本へと旅立った【図3‐14】。

父の影響でドイツにいる頃から日本語を学んでいたハインリヒは、兄と同じく語学力を評価され、まず東京にあるオーストリア＝ハンガリー帝国日本代表部の臨時日本語通訳官として任用されている。そしてこの資格で、ウィーン万博のため日本政府の連絡員として働くことになった。つまり、シーボルト兄弟は、ウィーン万博への出展にともに関わり、国際社会への参入を目指す日本政府のため力を合わせていたということだ(78)。

ハインリヒはその後も、オーストリア＝ハンガリー公使館の書記官として勤続し、明治二十年四月二十四日から二十二年一月二十五日までは、時の公使が休暇で不在のため、代理公使も務めている。

博学だった父に似て、ハインリヒも考古学や民俗学に傾倒し、調査や研究に夢中になった。このことから父の「大シーボルト」に対し「小シーボルト」と称される。ハインリヒの業績について、このような考古研究者の側面からの考察はあるが、外交分野における検討はこれからというのが先行研究の現状のようだ。

## ＊二人が見た外賓接遇の変遷

ここで明治外交の最前線で活躍していた彼ら兄弟が、御会食所とどのように交わったのかを確認してみたい。

序章で山﨑鯛介が整理したように、御会食所の利用履歴を見ると外国人の出席を前提とした会食にはいくつかのバリエーションがあったことがわかる。具体的には、三大節（新年・

紀元節・天長節）での賜宴であり、外国皇族の接待であり、外国公使との陪食である。

御会食所における三大節宴会へ外国公使を初めて召したてたのは、新築間もない明治十四年十一月三日の天長節である。否、明治十四年十月に御会食所が完成し外国公使を招いての宴会が初めて可能になったのが、その年の天長節だったというべきか。ここにいたるまでには段階を追って進めてきた外交儀礼形成の過程があった[79]。

そもそも新年拝賀に初めて外国公使を受け入れたのが、明治五年のことだ。一月二日午後一時。その翌年、各国のお雇外国人が初めて新年拝賀に参内する。じつはこの日、初めて召したてられたお雇外国人の一人がアレクサンダー・シーボルトだった。『明治天皇紀』には、「午後二時大広間に出御、博覧会事務局雇アレキサンドル・シーボルト以下各庁雇外国人准奏任官の朝拝を受けたまふ、雇外国人に朝拝を命ぜられたるは本年を以て始とす」として、特にアレクサンダーの名前を挙げて記している[80]。

さらに翌明治七年、昨年までは正月二日に行っていた外国公使の拝賀を一日にあらため、各国公使は午前十時から、准奏任官以上の在京雇外国人は午後二時に参賀することが決まり、これが恒例になった[81]。

そして明治十二年、井上馨が外務卿に就任。外賓待遇礼式の取調べに本格的に着手する。井上がまとめた「内外交際宴会礼式」は、十三年十二月に一定の完成を見ている[82]。

明治十四年一月一日、天皇・皇后、各国公使夫妻の拝賀を受けたまう。すなわち、親王御息所および大臣以下ならびに各国公使の妻が、夫とともに拝賀に参内するのはこれが初めてのことだった[83]。この年の十月、御会食所が竣功したことで、いよいよ各国公使を招いて三大節の拝賀に続けて宮中宴会も開催する運びとなったのだ。

その井上が同時に、外務省の外賓接遇施設として建設に力を入れたのが鹿鳴館（明治十三年十二月着工、十六年七月竣功）であり、皇室主催の園遊会として創設したのが観菊会（明治十三年十一月）と観桜会（十四年四月）だった【カラー口絵20】。すべては明治十五年一月に開幕する不平等条約改正のための国際会議に備えた環境整備として、ひとつながりに考えることができるだろう。

### ＊ハインリヒに結ばれる日墺関係

兄が日本政府のお雇外国人であったのに対し、弟のハインリヒはオーストリア＝ハンガリー帝国の公使館に属していたことから、前述の三大節宴会に列席していた様子がうかがわれる。特に明治二十年四月二十四日から二十二年一月二十五日の間は、公使のカール・ザルスキー公爵が賜暇で不在につき、ハインリヒが代理公使も務めていた。この時期の天長節および新年の宴会名簿にはハインリヒの名前が確認できる[84]。

さらに弟のみが知る御会食所の光景がある。それが日本皇室とオーストリア＝ハンガリー帝国の間で展開されたまさに帝室外交の場面だ。前節で紹介した皇后が洋装で初めて外国人

【3-15】エドゥアルト・レメーニ（右）とヨハネス・ブラームス

【3-16】オーストリア皇族レオポルト・フェルディナント（向かって右から４人目）とハインリヒ（左隣）

を引見したヴァイオリン音楽会も、外国皇族が対象ではないがその一例に属する（明治十九年八月十日）[85]。ハインリヒは、ドレス姿の昭憲皇太后を初めて見た外国人の一人だった。ハンガリーのヴァイオリニスト、エドゥアルト・レメーニは、若きブラームスと演奏旅行をともにし、彼の音楽に影響を与えたという人物だ【図３‐15】。来日中は、宮中での演奏のほかに、横浜や神戸の外国人居留地および鹿鳴館でその音色を披露している[86]。

そして、明治二十一年七月十日には、オーストリア皇族レオポルト・フェルディナントを迎えての晩餐会が御会食所で行われている【図３‐16】。この日ハインリヒは、不在のザルスキー公使に代わって臨時代理公使として出席している。席次表によれば、皇后の通訳北島以登子の左隣にハインリヒの席がある[87]。

さらに付け加えれば、明治二十六年夏、オーストリア皇太子フランツ・フェルディナントの来日旅行で、終始世話役に徹し日墺親善に尽くしたのもハインリヒだった[88]。皇太子が残した日記には、「愛すべきシーボルト男爵」の献身が好意を持って綴られている[89]。

日本側にすれば、オーストリア＝ハンガリー帝国もまた不平等条約を締結した国の一つだった。フェルディナント皇太子の日本日記を訳した日独文化交流史家の安藤勉は、改正交渉を前に進めるため、日本側の歓待ぶりは「じつに涙ぐましいというほかない」ものだったと、その感慨を寄せている(90)。

シーボルト兄弟が見た御会食所の明治外交、バリエーションの最後は外国公使との陪食だ。条約改正会議のための晩餐会とはその最たるものであり、以下で詳しく概観したい。

## 井上馨外相時代の改正交渉とアレクサンダーの奔走

### ＊通訳官・書記官・秘書官として

明治十二年九月、井上馨が寺島宗則に代わって外務卿（明治十八年から外務大臣）に就任した。これから約八年間、井上を中心とした条約交渉が続くことになる。井上が企図したのは、東京に各国全権委員を招集し、条約改正の基礎案について国際会議を開いて審議することだった。実際には、明治十五年にこの基礎案をめぐる「条約改正予議会議」が、引き続き明治十九年からは、改正条約の具体的な内容を審議するために「条約改正会議」が、それぞれ複数回をかけて開催されている(91)。

政治外交史の立場から包括的な条約改正史をまとめた五百旗頭薫は、寺島から井上外相にかけての十数年間を、日本が明治初年の混迷を経て、本格的な条約改正交渉を行うようになった時代であり、かつ「その後繰り返される交渉の挫折を用意した時代」と位置づけている。(92)井上馨は条約改正会議を重ね、課題の一つであった領事裁判権の撤廃について国際的合意を勝ち取るのだが、結果はかえって、これに反発するナショナリズムを日本国内で沸騰させることになり、その後の改正交渉を容易ならざるものにした、そのような時代でもあった。

この二期にわたって開催された条約改正会議の間、全権委員として参加する各国公使をもてなすため、宮中晩餐会が開催されたのが仮皇居の御会食所だった。すでに山﨑が序章で紹介したように、一度目は予議会議の終盤である明治十五年五月二十七日、二度目は本会議開催直後の明治十九年五月三日に実施されている。(93)どちらの宴会も出席者は三十名を上回り、御会食所としては規模の大きな晩餐会だった。(94)

明治十五年一月二十五日午後三時、第一回条約改正予議会議が外務省で始まった。(95)会議にはイギリス、フランス、ドイツ、ロシア、オーストリア＝ハンガリー、オランダ、スペイン、イタリアの各委員が出席。ベルギー、ポルトガル、そしてアメリカは二回目以降に遅れて加わることになる。日本側からは井上馨と外務少輔の塩田三郎が出席し、それぞれ会議の議長、副議長を務めた。

この予議会では、八名の書記を選定して議事録を作成することが定められた。選定された八名のなかに以下の人名が見える。

▨書記官兼外務卿秘書官　バロン・アレキサンドル・フォン・シーボルト
▨墺地利匈牙利帝国公使館書記官　エチ《ハインリヒ》・フォン・シーボルト(96)

アレクサンダーは外務省の書記官および井上外務卿の秘書官として、ハインリヒはオーストリア＝ハンガリー帝国公使館側の通訳として（時には臨時代理公使として）、二期を通して条約改正会議に関わり続けた。まさにシーボルト父子の優れた研究者ヨーゼフ・クライナーが曰く、「当時の条約改正会議は極言すればこのシーボルト兄弟の間で話し合われた」ともいえる(97)。

いったい日本の外交交渉はどこに向かい、なにを実現し、いかに挫折したのか。当時、アレクサンダーが綴った日記の記述を『条約改正関係外交文書』等の記録と照らし合わせながら読み進めたい。

## ＊井上馨の内地開放宣言　――条約改正予議会会議――

明治天皇とその時代を代表する事蹟を描いた八十枚の歴史画。聖徳記念絵画館の壁画の一枚に「条約改正会議」がある。画家上野広一が描いたのは、明治十五年四月五日に開催された第七回条約改正予議会の場面だ【カラー口絵22】。画面中央に立つのが外務卿・井上馨、井上の左手に外務少輔の塩田三郎、そして井上の右側（画面に向かって左側）に通訳官としてアレクサンダー・シーボルトが描かれている。

明治年間の長きにわたって継続された条約改正交渉のうち、特にこの日のこの場面が選ばれたのはなぜか。

じつはこの四月五日、井上馨は会議の席上である重要な発言をなす。これが以後、本邦条約改正交渉における一大転機と記録されることになる、まさに明治外交の節目だった[98]。

「本日拙者の提議せんと欲するは、抑《そもそ》も我国泰西各国と締盟以来、外交上の全局に大関係ある未曾有の事たり」。今日これから宣言するのは、ヨーロッパ諸国と条約改正交渉を開始して以来の未曾有の提案である、と井上は高らかにいう。それは何か。「或る約束に於て以て全国を外国人に開かんと欲すること、是也[99]」。いわゆる「内地開放宣言」がこれだ。

内地開放とは、これまで居留地に制限されていた外国人の国内雑居を認め、また国内旅行や土地の所有等の自由を保障することを意味している。その開放の前提条件となる「或る約束」こそが日本の眼目で、それは「日本法律に服従する」こと。つまり、内地開放を引き換えにして領事裁判制度を撤廃するという構想が、ここに示された。井上の宣言は、出席の全権委員らから好意的に受け止められたという。

ところで、この内地開放宣言を、井上の通訳として当日英語で発表したのがアレクサンダーだった。この日の彼の日記には、緊迫した会議の様子が生き生きと記録されている。今から百三十五年前にドイツ語で綴られたこの条約改正会議の様子が、日本語で紹介されるのはおそらく初めてと思われるので、ここに引用し記憶に留めたい。

アイゼンデッヒャー〔ドイツ〕は、午前中ずっと井上の声明を英語版にする作業をしていた。会議の際に、私はこれを読み上げた。……それは、以下のような内容である。日本政府は、国の開放、つまり、外国人と原住民を分けていた障壁をなくすことを提議できる時をずっと待っていた。そして、今、その時はやってきた。日本は外国人に開放され、その代わり、法権は概して日本政府に委ねられる。さらに、外国人がただ単に商業目的で旅をするのであっても、通過許可業務が導入される、という内容である。

……パークス〔イギリス〕は最初にこの内容に答え、政府の決心に感嘆したと述べたが、ただし、……開放が施行されるための条件をまずよく見なければならないと述べた。アイゼンデッヒャーは、好意的な意向を示し、この声明はヨーロッパで賛同されるであろうということを強調して述べた。ランシアレス〔イタリア〕は同様に非常に好意的な意向を示したが、対してロケット〔フランス〕はパークスに深く同意した。すべての大使は準備に前向きであった――オランダとスペインは会議の前に。ローゼン〔ロシア〕とランシアレスは昨日に。スクライブ〔ベルギー〕は会議の後に――。いってみれば、この案件は成功したのだ、井上にとって。会議の後に彼は私に感謝しこう述べた。「〔条約改正交渉の場に〕あなたを招くというアイデアを神々が私に与えて下さったおかげです」[100]。

そもそも外務省雇として在ベルリン公使館に勤務していたアレクサンダーを、条約改正会議通訳として招集したのが井上馨だった[101]。通訳とはいいながら、井上がそれ以上の役割を期待していたことは、当時英国に駐在していた青木周蔵に宛てて井上が送った、シーボルト招聘に関する密信に明らかだ[102]。ここで井上は、日本語に通じ、日本側の利害をよく理解し、しかも外国委員との間に絶えず往来交換して、他我の事情を忖度するのに「適当セシ人物」とはアレクサンダーしかいないと断言している。この要請に応え、アレクサンダーは第一回予議会の翌日である明治十五年一月二十六日、横浜に到着。以後、二月一日の第二回会議から七月二十七日の第十六回会議で予議会が終了するまで、文字通り井上の秘書官として奔走することになる。

アレクサンダーの日記によれば、四月五日の内地開放宣言にも、彼の提案がなにがしか反映された様子がうかがわれる。早いところで二月一日、予議会議の前に井上外相は副議長の塩田とアレクサンダーと三者で打合せの場を持ったが、そこでアレクサンダーは「セツルメント（外国人居留地）を撤廃する方策」、すなわち外国人の内地雑居を井上に提案[103]。二月十八日には、井上との会話から、この自分の提案が「通ったようだ」と記している[104]。

さらに、アレクサンダーは、井上の条約改正案を支持するドイツの特命全権公使アイゼンデッヒャーと通じ、開放宣言の草案準備に没頭した。四月五日当日は午前中のすべてを、アイゼンデッヒャー公使とともに英語原稿の準備に費やし、そして会議に臨んだのだ。翌五月二十七日に御会食所で開催された晩餐会にはアレクサンダーの姿もあった。残念ながら日記の記述はいたってそっけない。「天皇陛下の御会食所で陪食。アイゼンデッヒャー全権公使とザッペ領事とともに。食事の後、陛下は出席者の二、三名とお話をなさっていた[105]」。

## ＊英独案の登場と挫折　――条約改正本会議――

予議会議は、ひとまず日本案をもって会議の決議とし、以後、各本国政府の意向を確認することとして、七月二十七日をもって閉会した。その後、日本側は本会議へと駒を進めるため、各国政府の要求を聞き条約改正案の起草を重ねている。

一方、アレクサンダーは予議会の終了後、ベルリンに戻り公使館名誉書記官の職に復した。この間、憲法取調べのために滞欧中だった伊藤博文も、現地でアレクサンダーと親しく交わっている。伊藤の憲法修業の陰には、翻訳に努め講義ノートを作成して、伊藤の憲法理解を助けるアレクサンダーの姿があった[106]。そのアレクサンダーに、再び日本の井上馨から呼び出しがかかる。来たる本会議に備えて、条約改正草案のとりまとめに入りたいので帰国せよという要請だ。明治十八年六月十五日、アレクサンダー、横浜着。その翌日には、待ち構えていた井上とともに草案の協議を始めている。これから約一年後の本会議開催まで、彼らの草案審議が続くことになる。

明治十九年五月一日。かくて井上馨が外相就任後七年の年月を経て、条約改正会議が開始されるにいたった。再びアレクサンダーは日本側委員としてすべての会議に出席。他方、ハインリヒは明治二十年四月から代理公使の任にあり、オーストリア＝ハンガリーの全権委員として参加者名簿に名を連ねている。(107)

第一回のこの日、井上は改正条約案を正式に提出。会議は最初の重要な議題である関税の引き上げに集中した。しかし、大きな対立はないはずだったこの問題でも議論が百出し、外国側からは関税自主権施行の交換条件として内地開放を求める意見が出るに及ぶ。日本にとっては、この要求を認めれば内地開放が法権回復の切り札ではなくなってしまうため譲ることができない。妥結の糸口は見つからず、このままでは会議そのものが失敗に終わるのではないかという危惧を参加の外国委員側も強くしていた。

ここで本会議の閉塞状況を転換させたのは、ドイツとイギリスが共同で提示した「英独改正案」だった。六月十五日、第六回会議の席上でのことだ。(108)この英独案では、日本は領事裁判権撤廃の条件として、一、条約批准後二年以内に、日本は内地開放を実現すること、二、内地開放前に、日本は西洋式の法典を編纂し各国政府に通知すること、三、裁判所では外国籍の判事・検事を任用すること、が掲げられていた。

じつはこの案は、事前に日本委員側の諒解を得て提案されたもので、井上はそもそも自分が提起した内地開放案を下敷きにしたこの英独案に歓迎の意を示していた。[109]再びアレクサンダーの日記に戻れば、井上とアレクサンダーがドイツ総領事のザッぺらと頻繁に会合を重ね、改正草案を協議してきた様子を見て取ることができる。果たしてこの英独案は各国の賛同を得て、明治二十年四月二十二日の第二十六回会議までに修正条約案としてほぼ合意を見るにいたった。[110]

ところが、ここにおいてこの改正交渉の内容が明らかになるにつれ、日本国内で反対論が轟々《ごうごう》と沸き起こるのだ。

閣内では司法大臣の山田顕義《あきよし》や農商務大臣の谷干城《かんじょう》らが、閣外でも井上毅《こわし》（前参事院技官）や河濱眞孝（前駐英全権公使）たちが、さらには内閣法律顧問のフランス人、ボアソナードが次々と反対意見を表明した。[111]彼らが強く批判したのは、外国人裁判官の任用を認めることだった。ボアソナードは、この改正案は従来居留地に限られていた不利益を日本全域に及ぼすものであると批判し、「足下は高官の地位に在り、本国の為に未曾有の危急にさいして何らの尽力もなさざるか」と井上を激しく非難している。

井上の方では、この条約はその有効期限を十七年と限ってあることから、「将来生ずべき一層大なる弊害」を免れるためにも十七年間は「讓与」して忍ぶべき時ではないかと訴えるところがあったのだが、世論の反対はいよいよ高まりを増す。[112]

明治二十年七月二十九日、ここにいたり政府はついに列国公使にあて改正会議の無期延期を通告する。

## 遠い夜明け

### ＊孤独の条約改正交渉

明治二十年九月十七日、井上馨は交渉失敗の責任をとり外務大臣を辞職した。ここに鹿鳴館時代も幕を閉じる。

井上の失脚後、まず内閣総理大臣の伊藤博文が臨時で外相を兼任、その後、翌明治二十一年二月に大隈重信が外務大臣に就任する。しかし、その大隈も外国人判事を任用するという条約案が世の反発を浴び、明治二十二年十月十八日には反対派の爆撃で、右足切断の重傷を負い辞職することになる。赤坂仮皇居から明治宮殿に歴史の舞台は移っても、不平等条約改正への道は続く。

ところで、井上が外相の職を辞した頃、アレクサンダーは何をしていたか。

彼は、その一カ月前の八月十三日にロンドンへ向かう船で出港し、すでに日本にいなかった。

じつはアレクサンダーの渡欧は、井上の「秘密訓令」によるものだった。この八月四日付の訓令には、井上からアレクサンダーに託された密命が記されている[113]。第一に、海外の新聞と関係をもち、有力政治家・官吏と接触して日本政府の外交政策、特に条約改正の問題について意見を交換し、現在の実情をよく説明すること。第二に、在外日本外交官に条約改正会議が中止になった実情をよく説明し、井上外相自身の意のあることを伝えること[114]。井上が訓令に付したアレクサンダーへの書簡からは、会議の合意をご破算にした日本に対して、列国が不信を抱くことがないようにと煩う井上の憂慮が伝わってくる[115]。

役を辞してなお、井上馨とアレクサンダーによる条約改正交渉は続いていた。

## ＊その後のシーボルト

弟ハインリヒ・シーボルトは明治二十九年七月に日本を去った。帰国にあたり明治天皇は、父シーボルトの時代からの貢献を追慕し、黒地蒔絵手箪笥一個を賜っている[116]。

ハインリヒはオーストリア＝ハンガリー帝国の外交官職へと就任を望んでいたが、その願いがかなえられることはなかった。彼は、高校も大学も卒業しなかった。外交官試験を受験することもなく現場仕事に没頭したハインリヒに用意されていたのは、いつも「代理」の任務であったようだ[117]。明治三十年、ハインリヒは父の故郷ヴェルツブルクの地で、兄アレクサンダーと再会し、父の大著『ＮＩＰＰＯＮ（日本）』の再刊を成し遂げた。明治四十一年没、享年五十六。

兄アレクサンダー・シーボルトもまた、明治二十二年に井上馨の密命を帯びて旅立った後、二度と日本の土を踏むことはなかった。しかし、欧州にあっても日本外務省雇として、日露戦時には黄禍《こうか》論反駁のため広報活動を展開する等、終生、日本外交に尽くした[118]。そのアレクサンダーが日本外務省に送った種々のレポートは、はじめは高く評価されたものが、次第に顧みられなくなったという。今や欧米列強に肩をならべる勢いとなった日本は、もはやお雇外国人の意見に耳を傾ける必要を感じなかったか。

明治四十四年一月二十三日、アレクサンダー死去。六十五歳。ベルリンではその翌月の二月二十一日に、和独協会がアレクサンダー追悼のための記念祭を催している[119]。同じ日、ワシントンDCでは、駐米日本大使とアメリカ合衆国国務長官のあいだで、日米通商航海条約が調印された。長い道のりの末に日本が不平等条約撤廃を果たした日が、アレクサンダーの追悼祭のその日であったことは果たして偶然だろうか。

平成三十年（二〇一八）、日本は明治維新から百五十年の節目を迎える。この年は同時に安政五カ国条約が米蘭露英仏の各国と結ばれてから百六十年という年回りでもある。じつは、この五カ国条約こそが世にいう不平等条約だった。「修好」の始まりとはまた、条約改正への長く険しい道の始まりであったことを改めて想起し、道なかばで去った人々に思いを馳せたい。

# 三、明治天皇の料理番　～大膳職を支えた人々～

## 「本格」未満の時代

### ＊秋山徳蔵と大膳の仕事

【3-17】秋山徳蔵

日本の宮廷に主厨長《しゅちゅうちょう》というのができたのは、大正三年のことである。それまでは、大膳頭《だいぜんがしら》の下に厨司《ちゅうし》というものがいて、身分も低く、その長というものもなかった。ところが、大正天皇の御大礼も近づくし、外国使臣の接待などの時、本格的な洋食をつくらなければ国際儀礼上恥ずかしいというので、当時パリで勤めていた私が呼びもどされ、主厨長という官制がつくられて、その役についたわけである。(120)

右は秋山徳蔵の自伝的随筆集、『味―天皇の料理番が語る昭和―』からの引用だ。

書名が示すとおり、秋山徳蔵は大正と昭和の二代にわたり、天皇の台所を預かった料理人だ。若き日に本場フランスで修業を積み、宮内省で料理を司る部門「大膳寮」（現在は宮内庁大膳課）の初代西洋料理主厨長（厨司長）を務めた。半世紀以上にわたる「天皇の料理番」の仕事ぶりはテレビドラマにもなり、日本の西洋料理界を牽引した伝説的な人物として知られている【図3-17】。

大膳寮の進退録によれば、秋山が正式に主厨長を命ぜられたのは大正六年（一九一七）十二月だが、先に引用したとおり、大正四年十一月十七日、京都二条離宮で開催された大正天皇即位大典の大饗宴で、シェフとして初の大役をすでに果たしている。[121] 当日の献立が、彼の手によって『味』に記録されている。[122]

一　すっぽんのコンソメ
一　ざりがにのポタージュ
一　ますの酒蒸し
一　とりの袋蒸し
一　ヒレ肉の焼肉
一　うずらの冷い料理
一　オレンジと酒のシャーベット
一　七面鳥のあぶり焼き、うずらの付け合わせ、サラダ

一　セロリの煮込み
一　アイスクリーム
一　デザート

秋山徳蔵が大膳入りするよりさらに二十年前、赤坂仮皇居御会食所における午晩餐でその料理・配膳をあずかったのはどのような人々であったか。明治天皇の料理番なる人物は存在したのか。秋山の言葉を借りれば、「本格的な洋食」未満であったという時代のことだ。まさに今となっては名前も知れない、無名の料理人・配膳人たちがいかにして食卓の外交を成立させたか。ここからは饗宴の舞台裏に目を転じ、黎明期の大膳寮を支えた「無名」の人々の足跡に迫りたい。

## 宮中洋食はじめて物語

### ＊食の文明開化

食の文明開化とは、端的にいえば肉食の解禁に集約される。

外国人居留地に住む外国人が第一に困ったのは、牛肉の調達だったという。横浜では、慶応元年（一八六五）に各国領事館が協議し山手に屠牛場が設けられた。やがて日本人でも牛肉を食べる者たちがあらわれた。いわゆる牛鍋屋の登場だ。明治四年（一八七一）四月に戯作者の仮名垣魯文《かながきろぶん》が刊行した滑稽本《こっけいぼん》『牛店雑談・安愚楽鍋《あぐらなべ》』には、開化談義に花が咲く牛鍋屋の様子が描かれている。(123)

そのようななかで明治四年十二月十七日、宮内省は以後、明治天皇の御膳に牛羊ほかの獣肉を供することを定め、天皇みずから「肉食の禁」を解いたことを世に示した。(124)早くも翌月、明治五年一月二十四日には、赤坂仮皇居内御学問所にて西洋料理の晩餐に大臣・参議らを召している。(125)天皇が肉食を率先し範を示すことは、第一節で見た服制の明治維新と軌を一にしていたことが推察できよう。

魚食から肉食へ。そして和食から洋食へ。食の明治維新という食べる側の需要に、作る側はどのように応え得たのか。

**＊西洋料理人の誕生**

長崎のグラヴァー邸園内に「西洋料理発祥の地」の碑が建っている。その碑文に曰く、「わが国西洋料理の歴史は十六世紀中頃、ポルトガル船の来航に始まり、西洋料理の味と技は鎖国時代、唯一の開港地長崎のオランダ屋敷からもたらされた」。(126)この地に移築された「旧自由亭」こそ、出島のオランダ人屋敷で働き、料理を学んだ草野丈吉という人物が、文久三年（一八六三）に開店した日本人による初の西洋料理店であるという。

一方、東京における西洋料理店の草分けは、明治五年二月に開業した築地精養軒だ。この店は、岩倉具視の側用人であった北村重威《しげたけ》が、外国人居留地となった築地の近くに外国要人をもてなすための施設として建設したものだ。この開業に、岩倉具視をはじめ趣旨に賛同した政府高官の協力があったことはもちろんである。残念なことにこの店は、開店当日に起こった銀座の大火で全焼してしまうのだが、北村は翌年には再建し、さらに明治九年には上野にも出店を果たす。これが上野精養軒だ。この創業時の精養軒の料理長は日本人ではなく、カール・ヤコブ・ヘスというパリで修業したスイス人だった。このヘスについては、他ならぬ岩倉具視が遣欧使節団の最中に、北村のために雇用したのではないかという指摘がある。(127)

外国人居留地の西洋式ホテルで、料理長としてホテルレストランの基礎を築き、日本のフランス料理の父と呼ばれているのが、フランス人のルイ・ベギューである。ベギューは、明治元年に築地ホテルの初代料理長を、明治六年から横浜居留地にオープンしたグランド・ホテルの初代料理長を、そして明治二十年には神戸居留地でオリエンタル・ホテルの社主となり、その間に多くの日本人料理人を育てた。(128)

明治十六年、鹿鳴館開業。その初代料理長に推薦されたのは、横浜のオランダ公使館で料理の腕を磨いた渡辺鎌吉という人物だが、彼はこれを辞退し義弟にそのポストを譲った。渡辺自身は、後年丸の内の三菱八号館に「中央亭」を開業している（明治四十年）。ところで渡辺鎌吉の料理の腕を買い鹿鳴館のシェフに推薦したのが、前節で活躍のアレクサンダー・シーボルトであったというから、さすがアレクサンダー！と思わず快哉を叫びたくなる[129]。

そして明治二十三年、帝国ホテルがオープンした。その初代料理長は、横浜グランド・ホテルのベギューの下で学び、鹿鳴館で経験を積んだ料理人、吉川兼吉である。明治三十八年、吉川は伊藤博文から李王朝の料理番となるよう要請を受け、翌年帝国ホテルを辞職。まず、宮内省大膳寮で宮中料理の基本を身につけ、明治四十年に朝鮮にわたっている。この意味で、吉川兼吉は秋山徳蔵に先行する明治天皇の料理人の一人でもあったといえる[130]。

その秋山徳蔵は、明治二十一年に現在の福井県越前市に生まれ、西洋料理人を夢見て十六歳で上京する。以後、鹿鳴館の後身である華族会館や築地精養軒で修業を重ねることになる。この時の築地精養軒の料理長は西尾益吉といい、当時数少ないフランス帰りのシェフだった。秋山は、西尾シェフが秘蔵する横文字の献立表が見たくてたまらず、とうとうある晩、事務所のガラス窓を叩き破って盗み見たという破天荒な逸話を随想に綴っている[131]。

「ほんとうに西洋料理を研究するのには、どうしても本場にゆかなければ[132]」。西尾益吉の存在が刺激になり、秋山は明治四十二年、二十歳で日本を飛び出すことになった。

赤坂仮皇居御会食所が宮中晩餐の舞台であった時代の前後、西洋料理とその料理人をめぐる世界の動きはこのようなものであった。

【3-18】各国公使を招いた初めての宴
前菜：アンチョビー、野菜の塩漬、ソーシッソン（大腸詰）、グリーンオリーブ、牡蠣／魚料理：鮭の冷製マヨネーズ／アントレ：ルーアン地方産の小鴨、田しぎのポーピエット洋酒煮、子牛の心髄肉ゼリーかけ、鵞肝のパテ／野菜料理：白アスパラガス、小粒の白いんげん／焼肉料理：雉、白鳥、羊の鞍下肉、セロリのサラダ／アントルメ：チョコレートのババロア、バニラアイスクリーム、ピエスモンテ、小型菓子／デザート取り合わせ／コーヒーとリキュール

**＊草創期を支えた助っ人たち**

明治天皇の料理番探しにあたりまず留意すべきは、明治・大正期を通じて、宮中の午餐・晩餐に饗される西洋料理は、大膳寮が独力でまかなったのではなく、外部のレストラン、料理人たちの協力が不可欠であったということだ。仕出し、あるいは出張料理といってよいかもしれない。その任にあたったのが先に記した日本におけるパイオニアたちで、北村重威の築地精養軒や渡辺鎌吉の中央亭などが大膳を支えた(133)。

そして明治初期には、日本におけるフランス料理人たちの「父」でもあった外国人シェフも、宮中の舞台裏で力を貸していたことは特筆に価する。フランス人のルイ・ベギューがその一人である。じつに、明治七年九月二十二日、外国公使を宮中に招いて初めて開催した午餐において、その料理人を任されたのがベギューであることが最近の調べで判明している(134)。この御陪食は、外務大臣寺島宗則が、条約を締結した各国と交誼を厚くする

ことを建言し、天皇がこれを可としたことから実現したものだ[135]。この時、御会食所はまだ存在せず、宮中の御学問所を会場にしている。「公使御陪食の事新例に属し、宮内省頗る注意する所あり」と、『明治天皇紀』が当日の様子を記すように、これがまさに皇室による食卓の外交のデビュー戦となった【図3-18】。

**＊大膳職の国内留学**

一方、宮中および大膳寮の側でも外から学び内に取り入れようとする、少しずつの積み重ねがあった。

第一に、天皇皇后みずから女官らとともに「西洋料理を食するの法」の稽古を実践したこと。明治六年九月中旬過ぎの出来事だ[136]。このとき稽古の先生役を命ぜられたのが、その年の七月に十四歳で出仕したばかりの西五辻《にしいつつじ》文仲《あやなか》だった。西五辻が事の顚末を語った談話記録が残っているが、これが愉快だ[137]。

ある時陛下からお尋ねがあった。「西五辻、お前西洋料理を食ふ法を知つてゐるか」。法とはマナーの意で、今でいうテーブルマナーのことだ。西五辻にしてみれば「唯出すものを食つて居れば良い」という認識だったが、それでは誰かに教わって来いという明治天皇の命を受け、駆け込んだのが築地精養軒の北村重威のところだった。「君に教へて貰ふより仕方がない、しかし一体法などといふものがあるのか」「それはございますとも」「さうか、矢張あるのか、それならそれを教へて貰へまいか」。

その後、西五辻は七度八度と精養軒に通って練習を繰り返し、いよいよ仮皇居内邸の三階で本番の日を迎える。当日は、食器から煮炊きの道具まで築地から運び込み、さらに精養軒のボーイも立会っての本格的な稽古になった。

〔天皇は〕「今日は西洋料理を皆な一緒に喰べる。西五辻が覚えて来たと云ふから、あれのする通りにせよ」と仰せになりました。西洋料理の喰べ方の御伝授役であります。よく落語の噺にあります通り、伝授役がお芋を転がすと皆なが転がすやうに、それと一緒のことをしたのであります。(138)

西洋料理を食す法だけでなく、作る法を学ぶために宮内省は外に人を派遣している。『横浜市史稿』の記録によれば、明治八年一月二十五日、宮内省は内膳司の松岡立男を西洋料理修業のため、「横浜居留仏人ボナン」のもとに見習いに出した。(139)

横浜居留地ホテルの歴史を丹念に調べた日仏交流史の専門家・澤護は、仏人ボナンとはL. Bonnat（ボナ）で、明治五年秋に居留地八十四番でオリエンタル・ホテルをオープンしたフランス人であることを明らかにしている。(140)このボナは、明治十一年以降にはグランド・ホテルの経営にも携わることになる人物だ。松岡立男がボナにフランス料理の手ほどきをうけ

【3-19】村上光保

たのは、横浜のオリエンタル・ホテルであった。これは宮中料理人の国内留学といってもよいのではないか。

松岡と同様に、宮内省から西洋菓子の調理法を学ぶために国内留学を命じられた人物がいる。『日本洋菓子史』の著者をして「皇室洋菓子の開祖」といわしめたこの料理人は、村上光保《みつやす》という[141]【図3-19】。天保八年（一八三七）、京都生まれ。村上は、京都御所の時代から出仕し、東京奠都の折に天皇とともに東行し皇居に入った。

その村上が西洋菓子作りの修業のために師事したのも、横浜居留地に住むフランス人だった。「ペール兄弟（Peyre Frères）」という名の洋菓子店を営んでいた、サミュエル（Samuel）とジャン(Jean)の二人である。ペール兄弟を政府に仲介したのは、時の仏国公使レオン・ロッシュであったという。村上は、彼らのもとで三年間、宮内省に在官のまま調理を学んだ。もっともその修業開始の時期について、『日本洋菓子史』では明治三年と記すが、先に紹介した澤護の労作『横浜外国人居留地ホテル史』では、ペール兄弟が来日して店を開業したのは明治八年との記述があり、未だ確認を要する[142]。

しかし、この本邦パティシェの先駆けともいうべき村上光保が確かに実在したことは、彼がのちに開業した洋菓子店が、百四十年の時を超えて健在であることから明らかだ。千代田区一番町で現在五代目が

【3-20】明治17年9月、スウェーデン国皇子一行と伊藤博文（中央の列一番左）と長崎省吾（後列中央）

後を継ぐ、「村上開新堂」がその店だ。村上は明治十二年に大膳職を辞し開新堂に専念するが、今度は外部の助っ人として、重要な宴会の折には大膳にはせ参じている。御会食所時代の外賓接待のうち、確認できるところで明治十七年のスウェーデン国皇子、明治二十年三月のドイツ国皇族レオポルト、七月のロシア国皇族ミハイロヴィチ、九月のタイ国特命使臣、明治二十一年七月のオーストリア国皇族フェルディナント、それぞれの食卓をあずかった料理人として村上光保の名前がある(143)。皇室洋菓子の開祖による渾身のスィーツを、外国からのお客様は喜んで下さっただろうか。

## ＊宮中顧問の存在感

最後に、宮中顧問として饗宴の諸式から外賓接遇全般にわたり、特に明治二十年以降の御会食所時代後期に大きな影響を及ぼした二人の人物に言及しておきたい。一人は、宮廷の近代化のためドイツから招聘された外国人オットマール・フォン・モールで、もう一人は、その補佐役を務めた伊藤宮内大臣の秘書官長崎省吾だ(144)【図3-20】。明治二十年五月に来日したモールは、伊藤博文の要請に応えて、饗宴の配膳方法から宮中の服制、勲章佩用方にいたるまで多岐に顧問役を果たしている。一方、留学経験もあり語学が堪能な長崎は、まさにモールとの共同作業で海外王室の諸例を取りまとめ、宮中改革の一翼を担った。

モールの日本滞在記の記述を、長崎省吾の手元に残った「モール氏ヨリ」の聞取り資料等と付き合わせると、改革にあたっての彼らの懸案事項が浮かび上がってくのだが、その詳細は次稿を期したい[145]。饗宴接伴に関していえば、モールは夫妻で初出席したドイツ国ヘッセン州公族ヴィルヘルムとの午餐（明治二十年五月三日）から、さっそくご意見番として存在感を現している[146]。まず給仕の質の低さには閉口したようで、二カ月後にロシア皇族を晩餐に迎えるにあたり、モールが申し送った注意事項が長崎の関係文書に残っている[147]。

一、次回の晩餐会では、赤ワインは氷で冷やさずに適温に出すこと
二、瑠璃の氷菓子皿をテーブルから下げる時は、その下にある平皿とともに片付けること
三、配膳は、あまり間隔をあけずに各種の品を供すること
また、食器を床に落とさないように注意せよ
ドイツ王室では配膳人の不注意には科料が課せられる例がある
四、肉料理が終わり氷菓子を供する際には、配膳人はナイフとフォークまで動かす必要はない。これは賓客みずからがすべきことである
五、会食後、珈琲の間に移動して談話する際には、我皇族方もその来賓と混和し、懇

親を示すべきこと

まさに手取り足取りといった様子で、食の宮中外交のなんたるかを指南している様子がうかがわれる。

このお雇外国人フォン・モールは、新宮殿で開催される大舞台、憲法発布式饗宴の無事を見届けた後、明治二十二年四月に日本を去っている【図3-21】。

【3-21】オットマール・フォン・モール

## 秋山コレクションに見る御会食所の午餐・晩餐

### ＊アルバムに眠るメニューカード

ここで話を進める前に、御会食所で実際にふるまわれたメニューのうち現存するものを概観し、当時の宮中料理の特徴と料理人たちの労苦を偲びたい。

秋山徳蔵が天皇の料理番になったのは大正に入ってからだが、勉強熱心だった彼は献立作りの参考に、古今東西のメニューを蒐集した。全部で二千五百点を超えるという膨大な数の「秋山徳蔵メニューカード・コレクション」は、現在、味の素食の文化センターがこれを所蔵している。今般、同センターの協力を得てこれらを確認したところ、十六枚が御会食所に

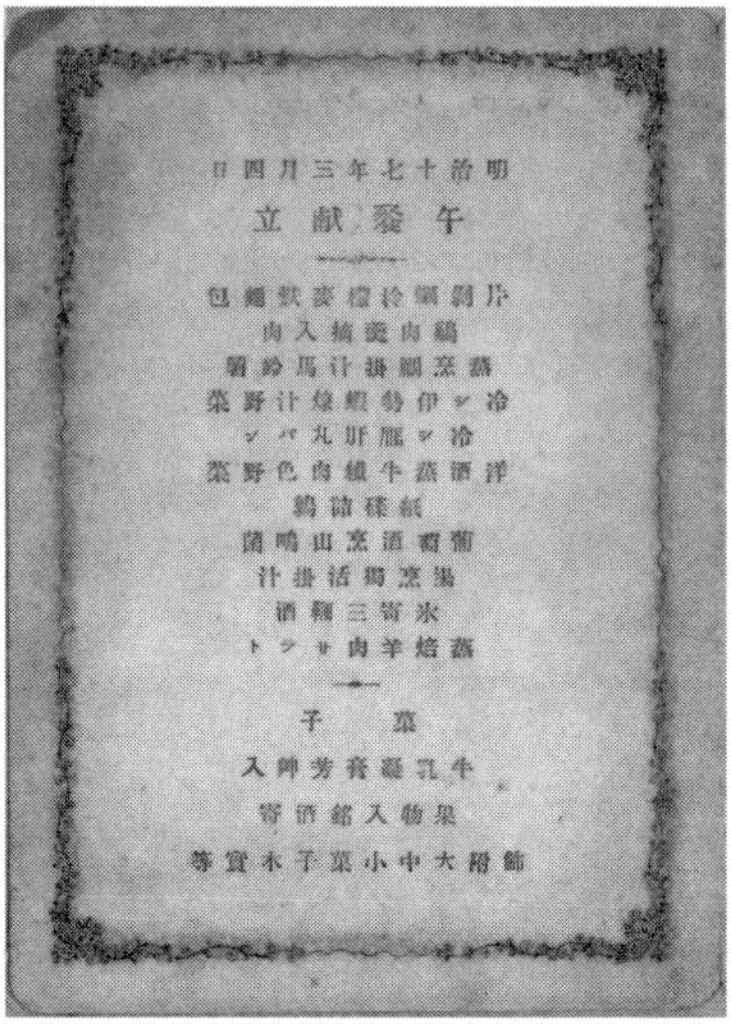


【3-22】スペイン国公使との午餐（明治17年3月4日）牡蠣のパテ／コンソメスープ　ケネル入り／鯛の蒸し煮　ポテト添え／伊勢海老の冷製マヨネーズソース　野菜添え／フォアグラの冷製／ウズラのケース仕立て／牛ヒレ肉のブレゼ　野菜添え／トリュフ入り山シギの煮込み／茹でアスパラガス／シャンパンのパンチ／羊のモモ肉のロースト　サラダ添え／ロシア風シャルロット／フルーツ入りキュールのゼリー／小菓子の盛り合わせ

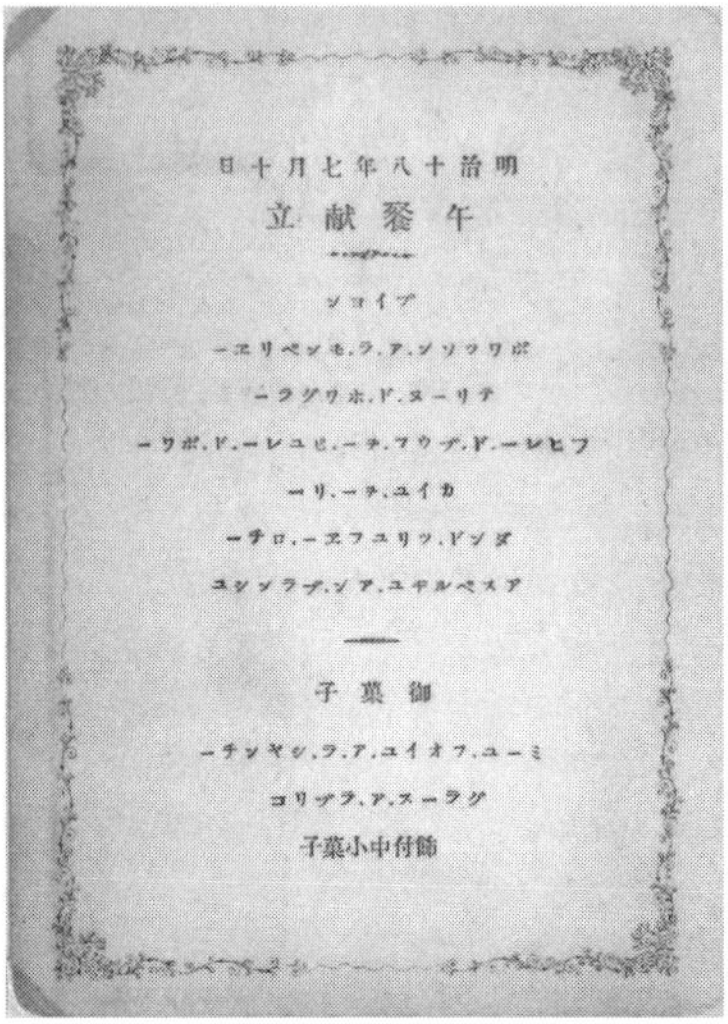


【3-23】米国公使ビンガムとの午餐（明治18年7月10日）　ブイヨン／魚のモンペリエ風／フォアグラのテリーヌ／牛ヒレ肉のグリーンピースピューレ添え／ウズラのロースト　ライス添え／トリュフ入り七面鳥のロースト／茹でアスパラガス／ミルフィユのシャンテリー風／アプリコットのアイスクリーム／小菓子の盛り合わせとコーヒー

おける午餐・晩餐のメニューに該当することがわかった[148]。そのうち八枚が外賓および各国公使を対象にした会食で、残りの八枚は大臣・参議・地方長官など国内要人との陪食のものだ。ここでは前者の外賓接待のメニューを中心に紹介する。秋山コレクションにおける御会食所時代の外賓接伴メニューカードは、そのほとんどが日本語とフランス語両言語で表記されているが、一番初めの英国皇孫との晩餐（明治十四年十月二十六日）はフランス語のみ、最後のフランス国旧王族アンリ・ドルレアンとの午餐（明治二十一年六月十四日）は日本語のみが現存している。紙幅の都合上、日本語表記のカードのみ掲載することにする。なお、英国皇孫との晩餐メニューについては、第二

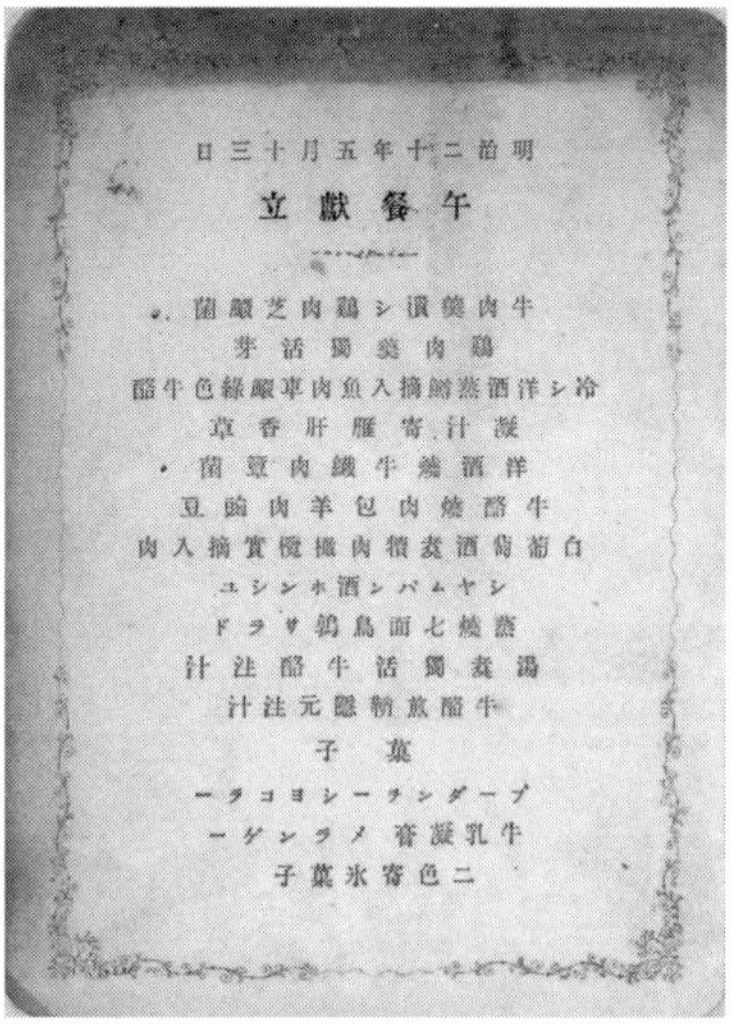
明治二十年五月十三日
午餐献立
牛肉羹漬シ鶏肉芝鰕菌
鶏肉羹獨活芽
冷シ洋酒蒸鱒摘入魚肉車鰕緑色牛酪
凝汁寄雁肝香草
洋酒煮牛繊肉豆菌
牛酪焼肉包羊肉豌豆
白葡萄酒煮犢肉攙機實摘入肉
シヤムパン酒ホンシユ
蒸焼七面鳥鶉サラド
湯煮獨活牛酪注汁
牛酪煎鞘隠元注汁
菓子
プーダンチーシヨコラー
牛乳凝膏メランゲー
二色寄氷菓子

【3-25】ドイツ国ヘッセン州公族フリードリヒ・ヴィルヘルムとの午餐（明治20年5月13日） 鶏肉、海老、トリュフ入りのスープ インペリアル風／コンソメスープ アスパラガス入り／サーモンのワイン蒸しの冷製、海老添えハーブバターソース モンペリエ風／フォアグラのパテ 香草添え ストラスブール風／牛ヒレ肉のベック風／羊のコートレット豆添え ヴィルロワ風／仔牛の白ワイン煮 ボルドー風／シャンパンのパンチ／トリュフ入り七面鳥のロースト ウズラのローストとともにサラダ添え／茹でアスパラガスのバターソース／インゲン豆のバターソテー／チョコレートのプリン／クリームシャンティ／2種のミックスアイス／小菓子の盛り合わせ

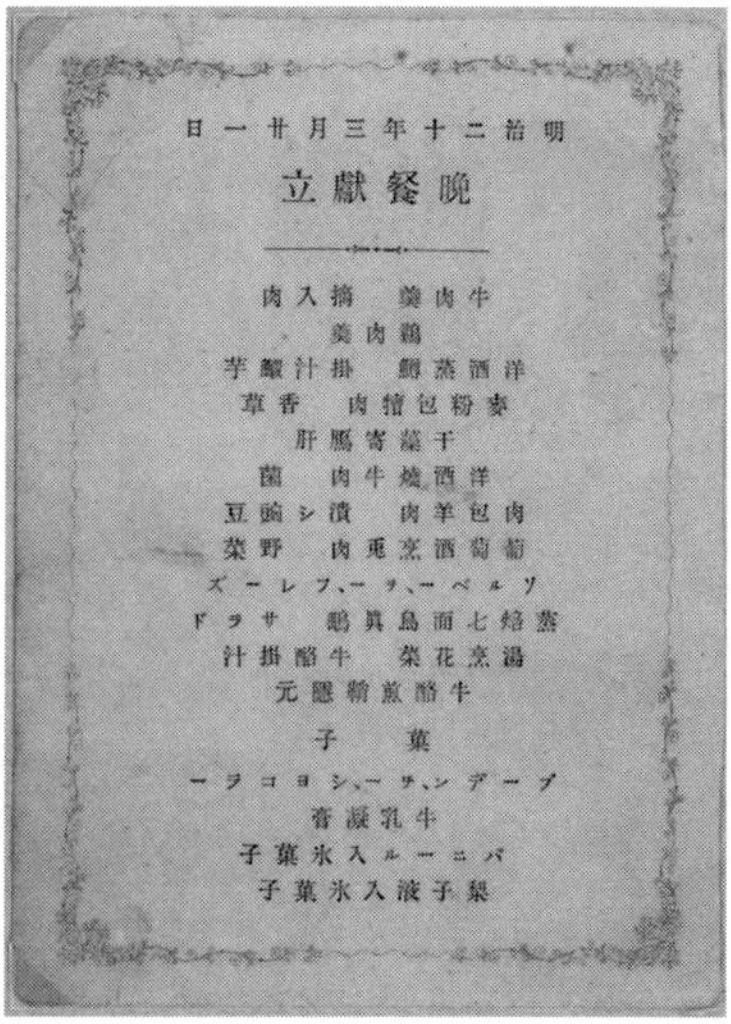
明治二十年三月廿一日
晩餐献立
牛肉羹 摘入肉
鶏肉羹
洋酒蒸鱒 掛汁鰕芋
麦粉包擂肉 香草
干藻寄鴈肝
洋酒焼牛肉 菌
肉包羊肉 漬シ豌豆
葡萄酒烹兎肉 野菜
ソルベー、ラー、フレーズ
蒸焙七面鳥眞鶉 サラド
湯烹花菜 牛酪掛汁
牛酪煎鞘隠元
菓子
プーデン、サー、シヨコラー
牛乳凝膏
バニール入氷菓子
梨子液入氷菓子

【3-24】ドイツ国皇族フリードリヒ・レオポルトとの晩餐（明治20年3月21日） ロワイヤル風ポタージュ／コンソメスープ／サーモン洋酒蒸し シャンボール風／仔牛肉のパテ ゼリーとともに／フォアグラのベルビュー風／牛ヒレ肉のベック風／羊のコートレット豆添え ヴィルロワ風／野うさぎのワイン煮 野菜添え／イチゴのシャーベット／七面鳥のローストと田シギのロースト サラダ添え／カリフラワーのバター和え／インゲン豆のソテー／チョコレートプリン／クリームシャンティ／クリームチーズのアイス バニラ風味／梨のアイスクリーム／小菓子の盛り合わせ

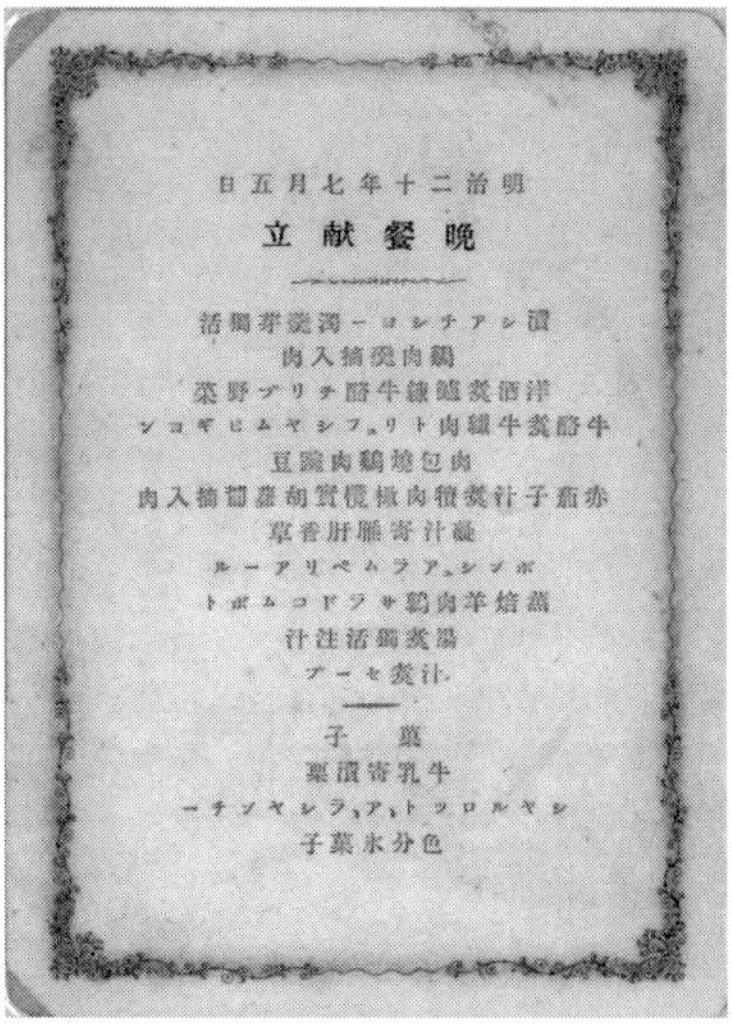
明治二十年七月五日
晩餐献立
漬シアチシコー潤菜芽獨活
鶏肉羹摘入肉
洋酒煮鱸緑牛酪チリプ野菜
牛酪煮牛繊肉トリユフシヤムピギヨン
肉包焼鶏肉豌豆
赤茄子汁煮犢肉攙機實胡蘿蔔摘入肉
凝汁寄雁肝香草
ポンシユアラムペリアール
蒸焙羊肉鶉サラドコムポト
湯煮獨活注汁
汁煮セーブ
菓子
牛乳寄漬栗
シヤルロツトアラシヤンチー
色分氷菓子

【3-26】ロシア国皇族ミハイロヴィチとの晩餐（明治20年7月5日） アーティチョークのポタージュ アスパラガス添え／コンソメスープ ケネル入り／スズキのワイン蒸しモンペリエ風 ジャガイモ添え／牛ヒレ肉のトリュフ添え／骨付き鶏肉のソテー豆添え ヴィルロワ風／仔牛のモモ肉の煮込みトマトソース／フォアグラのアスピック 香草添え／インペリアル風シャーベット／羊ロースト ウズラのローストとともに サラダとコンポート添え／茹でアスパラガスのバターソテー オランデーズソース／シイタケのプロヴァンス風／栗のプリン／シャルロットのシャンテリー風／ミックスアイス／小菓子の盛り合わせ

【3-27】タイ国皇弟デヴァウォングセとの午餐(明治20年9月19日) スズキのポッシェ 海老風味のソース ジャガイモ添え／羊のバターソース インゲン豆添え／フォアグラのアスピック／シャトーブリアンのソテー アンチョビバター添え／茄子の肉詰め／トリュフ入り七面鳥のロースト ウズラのローストとともにサラダ添え／チョコレート入りババロワ／紅茶のアイスクリーム／クッキー／フルーツ

【3-28】フランス国旧王族アンリ・ドルレアンとの午餐（明治21年6月14日） コンソメスープ 錦糸卵入り／小型の肉のパテ／鮃のポッシェ 海老風味のソース／牛ヒレ肉のラグー オリーブ添え／鳩の煮込み トリュフ風味／羊のバターソテー マッシュルーム添え／フォアグラのパン包み焼き ゼリー添え／鶏のロースト サラダ添え／グリーンピースのバターソテー／デザート／米のミルク煮フランセーズ／シャンパンのゼリー／パイナップル入りアイス／小菓子の盛り合わせとフルーツ

章の【図2‐18】をご覧いただきたい。

現役の西洋料理人の立場から、御会食所時代のメニューに考察を加えていただいたのは、明治記念館西洋料理総料理長の青柳義幸と同僚の福島隆だ。青柳は、味の素食の文化センターが秋山コレクションの特別展を開催した際に、料理の再現を担当した人物でもある。

【図3‐22】から【図3‐28】までを一覧いただきたい。漢訳フレンチから料理が想像できるだろうか。筆者には難解に過ぎるため、原文の仏語メニューを参考にしてさきの青柳・福島両氏に解読していただいた。

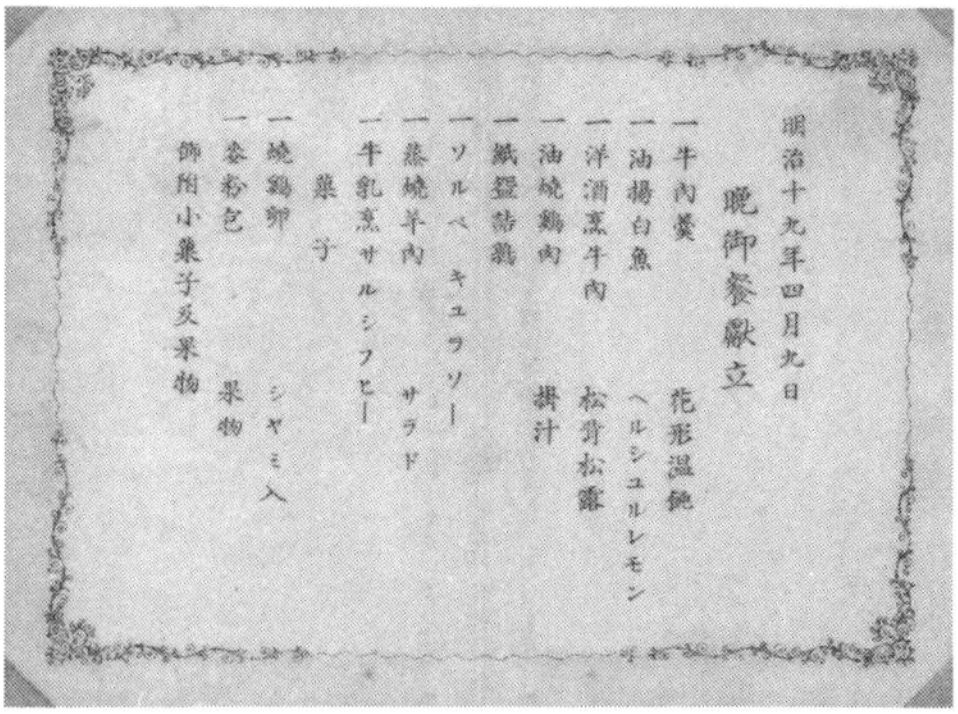
明治十九年四月九日
晩御餐献立
一牛肉羹　花形温飩
一油揚白魚　ヘルシユルレモン
一洋酒烹牛肉　松茸松露
一油焼鶏肉　掛汁
一鵝鶉詰鶏
一ソルベ　キユラソー
一蒸焼羊肉　サラド
一牛乳烹サルシフヒー
　菓子
一焼鶏卵　シヤミ入
一麦粉包　果物
　御附小菓子及果物

【3-29】文官・陸海軍武官との晩餐（明治19年4月9日）
コンソメスープ　マカロニ添え／白身魚のフライ　レモンとパセリ添え／牛肉ブレゼ　松茸とトリュフ添え／鶏肉のソテー　ジュー添え／ウズラのポーピエット／キュラソーのシャーベット／羊のロースト　サラダ添え／ごぼうのミルク煮／スフレ／フルーツタルト／小菓子とフルーツ

## ＊御会食所以前・以後の献立比較

【図３－22】のスペイン国公使との午餐献立で、一品目に「蠣」の字が見えるが、これは牡蠣のパテ。その二つ下の魚料理には「鯛」とあり、鯛の蒸し煮ポテト添えだ。この牡蠣と鯛は、これまで多くの食材が缶詰を利用していたのとは異なり、日本で獲れた生ものを調理したのではないかという(149)。一方、この日のメニューでも供された「独活」とはアスパラガス、しばしば登場する定番の西洋野菜のひとつだ。明治天皇は日常の食事でもこの西洋物のアスパラガスを取り寄せており、また行幸時の御膳にものぼることが多かったという(150)。外国の食品や農産物は、開港後早くから横浜で流通していた(151)。

このようにバラエティーに富んだ外賓接待のメニューを、同じく御会食所で開催された国内要人向けの食事と見比べてみれば、まずメニューカードの体裁もだいぶ異なり、こちらははじめから欧文表記が省略されている。【図３－29】は、明治十九年四月九日、文官陸海軍武官との陪食時の晩餐メニューだ。

今度は、仮皇居御会食所時代以後のメニューと見比べてみたい。【図３－30】は、明治二十二年二月十一日の憲法発布祝賀の晩餐会、【図３－31】は明治二十七年三月九日の大婚

紀元二千五百四十九年
明治二十二年二月十一日
晩餐
一片刺蠣　レモン
一泥亀羹
一洋酒蒸魚　馬鈴薯汁
一烹込牛繊肉　松露菌
一烹物鶏　野蔬
一薄切羊肉　豌豆
一凝汁寄雁肝
一ポンシュ
一蒸焼七面鳥　サラド
一アスペルジュ　注汁
一シャルロット　ヲ　マカロン
一アナヽ氷菓子

【3-30】憲法発布式祝賀の晩餐（明治22年2月11日）　生牡蠣のレモン添え／すっぽんのコンソメ／魚の洋酒蒸し　ジャガイモ添え／牛ヒレ肉の煮込み　トリュフ添え／ウズラの煮物　青物野菜添え／羊の薄切り　グリーンピース添え／フォアグラのテリーヌ／パンチ／七面鶏の蒸し焼き　サラダ添え／茹でアスパラガス／マカロンのシャルロット／パイナップルのアイス

明治廿七年三月九日
晩餐
一カビヤー
一牛肉清羹
一鶏肉濁羹
一ブーレヱー
一リソール
一洋酒蒸魚
一葡萄酒煮燻豚
一煮物雉子
一醤汁煮鶏
一凝汁寄雁肝
一木苺ソルベー
一湯煮獨活花菜
一蒸焼羊肉　生菜
一蒸焼七面鳥
一菓子
一プーダン、ド、ポンム、ター、マラスキン
一シャルロット、プランタニエール
一氷菓子

【3-31】大婚25年祝賀の晩餐（明治27年3月9日）　キャビア／ポタージュ／コンソメ／パイ包み焼き／洋酒蒸し煮／ハムのワイン煮／きじのブレゼ／シギのソース煮／フォアグラのテリーヌ／ラズベリーのソルベ／アスパラガス、カリフラワー茹で物／羊の蒸し焼き　サラダ添え／七面鳥の蒸し焼き／リンゴ風味のプリン　マラスキーノ添え／シャルロット・プランタニエール／アイスクリーム

二十五年祝賀の晩餐だ。どちらも明治宮殿で開催され、まさに御会食所から豊明殿へという時代の変遷を象徴する大饗宴だった。明治二十七年、この晩のメニューからキャビア（カビヤー）が初登場していることが目をひく。英国公使夫人として当日出席したメアリー・フレイザーは、故郷に宛てた手紙で、この晩餐会は「なかなかの大成功」だったと賛辞を贈っている。特にサービスは完璧であったという[152]。

＊メニューの安定とスープのこだわり

青柳と福島は、仮皇居から明治宮殿にかけてのメニューの変遷を概観し、明治二十年代に入ってからの傾向として、特に次の二点を指摘している。第一に、メニューが安定してきていること。安定とは、料理の順序が落ち着いてくることを意味する。そのように見ると、当時はスープの後に冷製のオードブルが来るべきところをオードブルが先になったり（明治十七年、スペイン公使との午餐）、オードブルの後に魚料理が来るべきところで魚が先に出ている（明治十八年、米国公使との午餐）といったように、十年代にはメニューの順序にまだ混乱があったことが推察できる。第二に、コンソメとポタージュの二種類のスープから始めるという、フランス宮廷料理の正餐を模した特長が、時代を下るほど顕著に見て取れるということ。

メニューの安定とスープへのこだわり。じつはこの二つの特徴がもっともはっきりとしてくるのは、大正の秋山徳蔵時代に入ってからだ。先に紹介した秋山の初舞台、大正四年の大饗宴のメニューを今一度ご覧いただきたい（一七八頁）。コンソメとポタージュでまずスープが二皿、魚料理に肉料理が二種類続き、うずらローストの冷製仕立てのあとにお口直し。そしてサラダからデザートへと、全体に料理のアイテム数が整理され、コースが随分すっきりした印象をうける。これこそ、明治末年に渡仏した秋山徳蔵が、伝説の総料理長と謳われたシェフ、オーギュスト・エスコフィエのもとで直に学んだ成果の一つだった。

## ＊エスコフィエとフレンチの革命

オーギュスト・エスコフィエ（一八四六―一九三五）は、近代フランス料理の基礎を確立したといわれる人物だ。それまでの古典的なフランス料理が複雑な技法や装飾的な盛り付け等を尊んだのに対し、エスコフィエは調理法の改革に取り組み、それを体系づけた。さらに、コースで料理を提供するというサービスの方式を、本格的にレストランに取り入れたのもエスコフィエである(153)【図３‐32】。

彼が活躍した十九世紀後半のフランスは、まさに「フランス式サービス」から「ロシア式サービス」への転換点にあった。と聞くと妙に聞こえるが、古典的なフランス料理では、オードブルからデザートまですべての料理を大皿で食卓に並べて出すのが普通だった。これでは料理が冷めてしまうことから、寒冷地のロシアで用いられていた温かいまま一品ずつ食卓に運ぶというサービスの方式が、この時代のフランスで導入されることになる(154)。

【3-32】オーギュスト・エスコフィエ

そして、今でこそ二皿のスープからはじまるフレンチのコースは珍しいが、エスコフィエたちが彼らの時代にこだわりの一つとしたのが、コンソメを含めたスープの総称としてのポタージュの位置づけだった。そのスープの地位が凋落したのは、一九七〇年代初頭にエスコフィエのあとの世代が料理の革新を目指して、いわゆる「ヌーベルキュイジーヌ」の旗を掲げたことによる。

秋山は、パリのホテル・リッツでエスコフィエに師事し、時代の潮流を肌身で会得してそれを日本で活かした。先述した精養軒の西尾益吉も秋山より早くパリに渡り、エスコフィエの下で学んでいる。日本にエスコフィエの調理法が導入されるのは、彼らが帰国した明治四十年以降のことで、御会食所時代のあとの話だ。(155) 大膳に「本格的な洋食」が必要だと、秋山徳蔵に白羽の矢が立ったというのは、このような文脈でのことだろう。

しかし、「本格」未満の時代の大膳寮にも、上を求めて試行錯誤する人々の存在があった。

## 「食」のお雇外国人と海を渡った大膳職

### ＊忘れられた「大膳職御雇」

これから取りあげる二人の人物は、後生に名を残すこともなく、ともに今は忘れられた存在だ。しかし、この発展途上の大膳寮に新風を吹きいれ、次の時代の飛躍を用意した人物たちでもある。彼らはともに、秋山以前の大膳で、海外におけるみずからの知見・経験を導入しようと力を注いだ。御会食所において明治二十年代から、メニューが安定してくるという指摘があったことを先に述べた。その大きな要因の一つは、先に紹介したドイツ人顧問フォン・モールの登場があげられるだろう。そして、この宮中改革の流れを大膳寮において推進したのが、彼らではなかったかというのが、現時点での筆者の推測だ。限られた資料から、二人の仕事の輪郭を掘り起こしたい。

一人目は、宮内省大膳職が雇用した、いわゆるお雇外国人のベルギー人だ。名をルイ・ドゥエットという。

「大膳職御雇」としてルイ・ドゥエットの名が記録されているのは、宮内省宮内公文書館が所蔵する大膳職の歴史資料『外国人雇継書類』(明治二十二年—二十三年)だ。[156]ここに「白耳義《ベルギー》人　ルイ・ドゥエット」の雇用契約を明治二十二年十月一日からさらに一年間延長する手続きのために作成された記録が綴られている。

このドゥエットが初めて大膳のお雇となったのは明治二十年のことで、十月一日付で二年間の契約が成立しているが、実際はこの年のもっと早い時期から大膳に出入りしていたと思われる。

当時の大膳がこのお雇外国人に期待した役割は、大膳がドゥエットへ申達した次の五項目に明快だ。[157]

一、其許《そこもと》ハ膳部課ノ務ニ服従シ、膳部長心得ヲ以テ事ヲ執ルベシ

一、其許ハ饗宴賜饌ノ際ニ方リテハ、膳部正副長ト協議シ、食卓ニ関スル一般ノ布設ニ付テ、粧飾体裁等ニ注意シ此ニ従事スル膳部以下ノ進退動作ヲ視、兼テ衣装等ノ清否ヲ察シ其注意ヲ促スヘシ

――まずもってドゥエットは、膳部正副長の補佐役として配膳やサービス全般に関するアドバイザー的な役目を担ったこと。

一、其許ハ諸器具ニ付テ受授、課員中主座ノ者ト協議シ常ニ其修整保存等ニ従事スヘシ

――ドゥエットは、宴会に使用する諸器具・備品について、その保存管理法についても指導役であること。

一、其許ハ庖厨及此レニ属スル場所ニ付テ整頓ト清潔トヲ要スルカ為メニ、庶務課員中主座ノ者ト協議シ、休日ノ外《ほか》日々午後二時該場ヲ巡視シテ主管者ノ注意ヲ促スベシ

――さらに、厨房をはじめとした職場の衛生管理に注意し、現場で働く者の心得を指導する立場でもあるべきこと。

一、其許ハ休日并火曜日ヲ除クノ外、日々九時三十分ヨリ一時間、膳部課員ノ為ニ必要ナル語学講習ノ事ニ従ヒ、火曜日ハ九時三十分ヨリ配膳ニ関スル演習ヲ施行スヘシ

――そして、毎週火曜日は配膳の演習を、火曜日以外の平日は語学講習を実施し、膳部職員の先生たること。

一、若《も》シ其許ノ注意ニ対シ故ナク等閑ニ付スル者アルニ於テハ、上官ニ開陳スルヲ得ヘシ

――ドゥエットには職員の仕事ぶりを視察し、適宜注意を促すことも求められており、その

仕事はまさに配膳サービスの先生にして監督であったといえる。

## ＊ルイ・ドゥエットの実践教育

ルイ・ドゥエット（Louis Dewette）は、弘化三年（一八四六）にベルギーのハイノウ州ラリーギュイで生まれた。明治二十年、大膳職での雇入れが決まった時、彼は四十一歳。英国出身の妻アンヌとアレキサンドル、ソフィーヤの二人の子供が一緒だった。ドゥエットがどのような経緯で日本に来たのかは現在のところ不明だが、彼がなぜ大膳で働くことになったのかは分かっている。

じつはベルギー人のルイ・ドゥエットは、もともと駐日ロシア公使アレクサンドル・ダヴィドフに仕える、ロシア公使館の執事だった[158]。その公使が在京中に亡くなったため（明治十八年十一月二十日）、次にドゥエットを雇ったのが伊藤博文だったという。そこで彼の経験と能力に白羽の矢が立ち、宮内省に迎え入れられた。

ドゥエットによる給仕の実践教育は、明治二十年七月に開催されたロシア国皇族ミハイロヴィチとの晩餐の頃にはすでに始まっており、彼が正式採用前から指導にあたっていたことがわかる[159]。ドゥエットはこの任務に大変熱心で、毎週火曜日に留まらず、火曜と木曜を実習の日としたので、その日は普段は閑散とした宮中の宴会場が彼の号令のもと活気を帯びていたという。

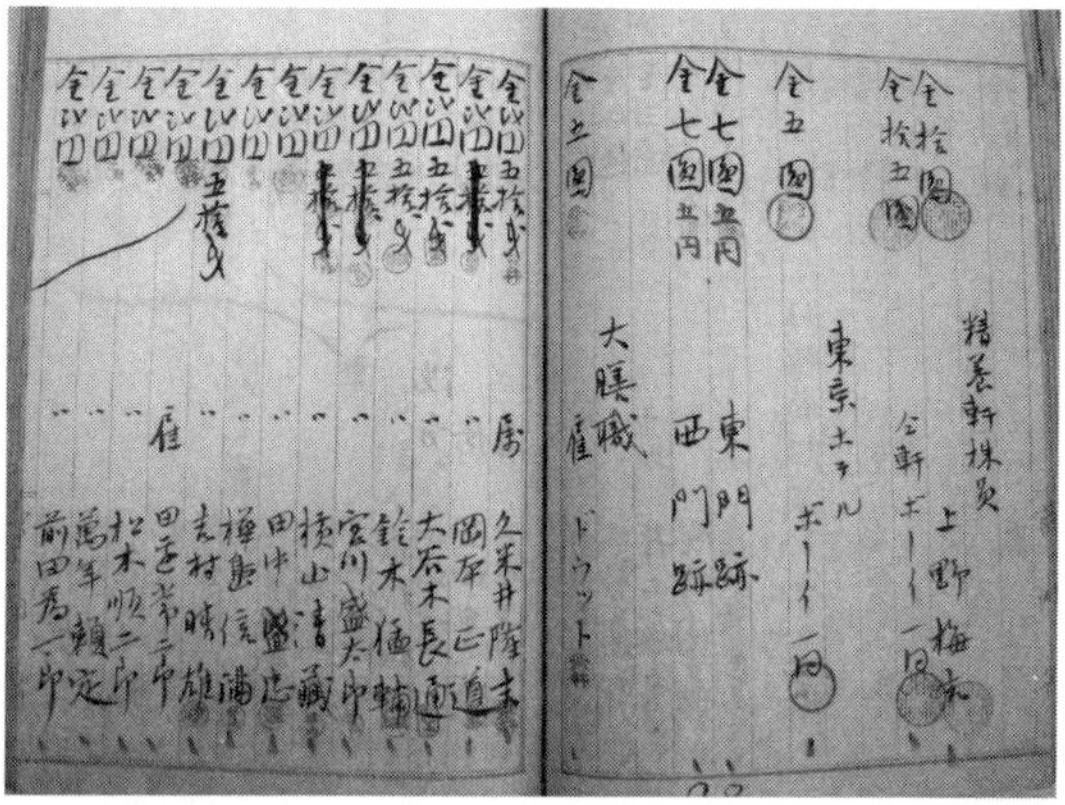

【3-33】ルイ・ドゥエットと吉村晴雄

大膳職初のお雇外国人の働きは、成果をあげたようだ。時の大膳大夫・五辻安仲《いつつじやすなか》は、ドゥエットの契約が切れる明治二十二年十月に一年の延長を、翌二十三年十月にもさらに一年間の継続を申請し、これが実現している。[160] ドゥエットは、大一番となった憲法発布式の宴会の時も、教え子たちの陣頭指揮にあたっていた。彼の仕事ぶりを高く評価していたのがあのフォン・モールで、この日、「宮中執事のデヴェッテとその要員」は困難な課題を見事にクリアしたと賛辞を贈っている。[161]

ちなみにドゥエットの契約延長を決めた五辻安仲とは、明治天皇の命をうけ精養軒に日参した、あの西五辻文仲の兄にあたる。あの日、天皇以下で「西洋料理を食するの法」を試してから十五年、この間の目覚ましい進展の陰にはもちろん、練習また練習を繰り返した不断の積み重ねがあった。

## ＊忘れられた「食」の海外留学生

ここに明治二十一年一月二十一日、タイ国特命全権大使バスカラウォングス参内の一件をまとめた『外賓接待録』の綴りがある。[162] 開いているのは大使からの賜金を配分した人名一覧の頁だ【図3-33】。大使のために会食所で開催された午餐を担当した大膳職の人々もここに名を連ねているが、その筆頭に「雇　ドウット」の文字が見えるだろうか。そしてドゥエットとともに、大膳寮に新風を呼んだもう一人の人物も、やはりここに名前がある。大膳職「属」の最後に登場する「吉村晴雄《はるお》」、この人だ。

吉村晴雄は、明治二十年以前にさかのぼる早い時代に、大膳職としておそらく初めて「食」の海外留学を果たした。今回の執筆調査で、その消息が筆者にとって最も心にかかる人物の一人だったが、いまだ顔写真のひとつもご紹介できないのが残念だ。大膳寮初の海外留学生、吉村晴雄の存在を知ったのは、宮内省式部職の記録『外国留学生諸件録』（明治十九年―明治二十三年）をめぐっていた時のことだ[163]。明治十九年の案件第一号として記載されていたのが、「大膳職雇吉村晴雄海外留学ノ件」だった。しかし、吉村は明治十九年に日本を旅立ったのではない。彼はすでに欧州の地にいた。この記録に綴られていたのは、彼の地でもう少し勉強を続けさせて欲しいと訴える、吉村による帰国の「延期嘆願書」だった。

吉村晴雄は、安政六年（一八五九）八月十日生まれ[164]。履歴書の本貫族籍の項には「東京府平民」と記載がある。吉村が、まず給仕として宮内省で働きはじめたのは、明治四年八月のことだ。時に十二歳。そして六年一月に、等外四等出仕として正式に宮内省に採用されている。その二年後の明治八年四月には、「内膳課配膳人」の職を申しつかった。以来、大膳職一筋で八年、明治十六年二月一日にいたり、二十三歳の吉村晴雄はパリを目指して横浜港を出航する。

外交史料館に残る吉村のパスポート取得記録には、出発直前の一月三十日付で確かに「留学」と登録があった。[165] しかし、自費か官費かの別を記した覧には「自」と記入があり、これは彼が宮内省を依願免本官ののちに旅立ったことを示している。明治十六年三月二十日にパリに到着した吉村は、まずその年の残りを語学の習得に費やし、翌十七年一月付で官費留学生の資格を得たようだ。その後、明治十九年十月九日に再び日本の土を踏むまで、吉村晴雄の欧州留学は足掛け四年に及んだ。

## ＊吉村晴雄の足跡をたずねて

吉村晴雄の留学で注目すべきは、その修学の範囲が多岐にわたるということだ。

第一に、パリではフランス料理店で調理方のみならず、製菓いわゆるパティシェの見習も経験しているということ。こうなると知りたくなるのは、彼がいったいどの店で修業したのかだ。以下は吉村本人による留学報告の一部だ。[166]

明治十七年三月、同地著名ナル割烹店主人シュヘイナル者ニ依リテ、庖厨ノ事ヲ習ヒ……

明治十七年十一月、菓子製造ノ為メ、シフース店ニ入リ修業仕候

明治十八年三月、再ヒシュヘイノ家ニ到リ、尚ホ調理事ヲ修業仕候

手がかりはこれだけなのだが、大胆な想像を膨らませてみたい。

まず、フランス料理の手ほどきをうけた、パリで有名な「シュヘイ」という店主のレストラン。筆者はこれを、シュヴェ夫妻がパレ・ロワイヤルに開いていた「メゾン・シュヴェ(Maison Chevet)」ではないかと考えている。このメゾン・シュヴェは、当時パリでも屈指の一流レストランであったと同時に、エリゼ宮や閣僚、名士たちの晩餐会に料理を提供する高級仕出し屋でもあった。しかも、その出張先はフランス国内だけでなく、ロンドンをはじめヨーロッパ各国にわたったという[167]。

「シュヴェがほかの店に抜きん出ている理由のひとつは、美味な料理を豪華な器に盛りつけ、枝付き大燭台を飾って、高価な値段で販売したことだ。それも、ヨーロッパを股にかけ、宅配したのである。すきのない身なりの従業員が依頼主のもとへ急行列車で到着する。そして第一級の料理長の指示に従って料理を供するのである[168]」。メゾン・シュヴェに対するこのような賛辞は、『味覚の巨匠　エスコフィエ』からの引用だ。

近代フレンチの確立者エスコフィエの伝記に、メゾン・シュヴェが登場するには理由がある。じつは、ほかならぬエスコフィエが、サヴォイ・ホテルやホテル・リッツの前に、料理長を務めた店がこのシュヴェなのだ。ここで出張晩餐会を数多く手がけたことは、エスコフィエにとっても充実した仕事であったようで、後年みずからの自伝で「一番よい思い出を残した店」と回想している[169]。

さて、エスコフィエがシュヴェの料理長を務めたのは、明治十一年八月から明治十八年四月までのことで、その年の三月に吉村は「シュヘイ」の店に見習いに入っているのだが、果たして伝説の料理長に会えたのかどうか。ともかく、世界を股にかけて一流の晩餐会を出前したというメゾン・シュヴェは、吉村が見聞を広めるために修業した先として、おおいに可能性があるのではないかということをここでは指摘するに留めたい。

次に、吉村晴雄が菓子製造を学んだという「シフース店」だが、これも想像逞しく、サントノーレ通りにあった菓子店「シブースト(Chiboust)」であったと推理する。[170] この店主シブースト氏はどのような人物であったか。日本の洋菓子史研究の第一人者にして、みずからパティシェとして銀座にフランス菓子店「ブールミッシュ」を構える吉田菊次郎氏に話をうかがった。吉田によれば、もともと宮廷菓子職人だったシブーストは、カスタードクリームにゼラチンを入れ、ムラングとあわせた独特なクリームを考案し、これを使ったデザートを創作した人物として知られている。この菓子は、店を出していた通りの名をとって「サントノーレ」、または考案者の「シブースト」の名で呼ばれ、当時パリで大変な評判を博したという。[171]

しかし、その製法は近年途絶えていた。それを当時のシブーストが残したレシピを発掘して再現を試みたのが、ほかならぬ吉田菊次郎氏だというから驚かされる。昭和四十六年(一九七一)頃、吉田がパリで菓子修業中のことだ。[172] 現在のサントノーレ通りに「シフース店」の姿は残念ながら見当たらないが、時代をこえて同じスイーツ「シブースト」に挑んだ、日本人の料理人がいたとすれば感慨深いエピソードだ。

パリの謎解きはここまでとして、吉村の海外修業のバラエティーという話題に今一度関心を戻したい。

## ＊帝国の食饌

注目すべき二点目は、彼が調理とともに配膳・サービスの分野も学びの範疇としたことだ。しかも、パリ大統領府での宴会で「饗応ノ次第」を実地見聞したのでは飽き足らず、さらにベルギー帝室の食饌《しょくせん》（宮廷料理）および儀式についても見学したいと切願。派遣元の宮内省へと書き送ったのが、先に紹介した留学修了の「延期嘆願書」だった[173]。曰く、王室を廃したフランスだけでは、真の「帝国の食饌」を知ることはできないのだ、と。この嘆願は容れられ、吉村は帰国までにベルギー王室、さらには英国王室の食饌や接伴の模様を実地に見聞する機会を得ている。

このように単身パリに渡った料理人の卵である吉村を、終始現地で庇護したのは、時の駐フランス公使蜂須賀茂韶《はちすかもちあき》であったようだ。吉村の嘆願書とともに蜂須賀が宮内少輔香川敬三宛に送った書状には、「万々好結果を得しを疑なし」と吉村の留学延長を力強く後押しする様子が見て取れる。また、吉村がベルギーの宮中晩餐に出勤するにあたり、礼服等一式を購入する代金を工面するのに苦労している実情を認め、衣服代を負担するようにと宮内省へ掛け合ってもいる。なにより、吉村はこの期待によく応えた。

明治十九年二月十九日。この日、ベルギー王室大膳大夫シャルル・ライス氏の後見を得て、配膳人として晩餐会に立ち会った吉村は、その場で国王王妃に拝謁する栄にも浴している(174)。同年十月十九日に帰朝した吉村晴雄は、さっそく大膳属判任官八等として職場に復帰した。二年後の明治二十一年十二月には膳部副長を命ぜられている。つまり、お雇外国人ドゥエットが「食卓に関する一般」を協議し、その補佐役にあたった膳部正副長のうち、副長とは、この吉村晴雄のことでもあった。御会食所時代の終盤から新宮殿にかけて、二人はこの移行期の饗宴をあずかった主要人物であったということが出来る。

事実、吉村がベルギー王室の厨房で見聞し、また配膳人として実習した経験を活かしてくれることは、大膳が大いに期待するところであった。このことが分かるのは、彼をめぐり日本の大膳とベルギー王室の大膳の間で交わされた手紙のやりとりがあるからだ。時の大膳大夫岩倉具定《ともさだ》は、レオポール二世下のメートル・ドテル――ベルギー大膳の膳部長とでもいおうか――、そのエド・オン膳部長にあてて、留学中に吉村が受けた厚意に対して感謝の意を綴った。「吉村は現在、私の部署で宮廷料理を担当しております。彼が貴地で習得したことのすべてを、こちらで実践してくれることを私は大変嬉しく思っております。どうか私と吉村の感謝の気持ちをお世話になった皆様にお伝え下さい」（明治二十年二月十五日付(175)）。

これに対するエド・オン氏の返信も心がこもったものだった。「私自身、とても快く吉村氏の受入れをさせていただきました。というのも彼の熱意、そして宮廷の仕組みをすべて詳細に学ぼうとする彼の意欲と能力がそれに値するものであったからです。私はそれにとても満足しましたし、彼に関心をお持ちだった両陛下にも彼のことを賞賛したほどでした」（四月十二日付）[176]。オン氏はさらに、岩倉の日本からの手紙を女王陛下にも見せたと伝え、今後も日本大膳職の役に立てることがあれば知らせて欲しいと結んでいる。

明治二十三年六月、吉村は膳部副部長との兼務でさらに「庖丁」を任ぜられている。まさに配膳と調理だ。

その後は、オーストリア皇太子フランツ・フェルディナントはじめ外国皇族来日のたびに接伴係も仰せつかった。明治四十三年、主膳課長に昇進。このポストに高級官ではない判任官の人物が就くのは異例のことだった。

## ＊時代に埋もれて

大正元年九月、元気だった吉村が突然病に倒れたのは、奇しくも明治天皇大喪儀に参列する英国皇族、コンノート親王の接伴を務めている最中であったという。最期まで天皇の賓客をもてなし、天皇とともにこの世を去った。

大膳頭の香川敬三は、危篤の吉村にあて特旨をもって位一級特進することを上申。この案文には、じつに勤続四十年にわたる吉村の多彩な仕事ぶりが余すところなく表現されている[177]。

右者明治六年一月、宮内省等外四等出仕被申付、以来内膳課ニ勤続シ、同十六年二月ヨリ食饌式研究ノ為メ仏国へ留学被仰付　殆ンド三年間彼ノ地ニ在リテ、有名ナル料理店等ニ就キ種々料理法ヲ研究シ、傍ラ大統領主催ノ午晩餐ニ於ケル配膳ノ模様ヨリ同国上流社会ノ会合宴会等ニ臨ミ、其状況等悉ク見学シ、同十九年帰朝。爾来准判任判任官ノ職ニ在ルコト、前後通シテ実ニ四十年ノ久シキニ亙リ、此間外国皇族ノ来航ニ際シテハ、屢々接伴事務ニ従事シ勤労不尠《すくなから》サルノミナラズ、帰朝後ハ常ニ食饌調理又ハ配膳法等ノ改良ヲ謀リ、殊ニ西洋料理ニ至リテハ自ラ多年薀蓄ノ技倆ヲ発揮シ時運ニ後レザランコトヲ勉ムル等、其功績顕著ニシテ、遂ニ大膳寮調理法ノ今日アルヲ致セルハ　同人ノ力ニ与《あずか》リテ其多キニ居ル義ニ有之

---

十月十日没、享年五十三。

時は大正。吉村晴雄と彼と同時代を生きた人々が切り拓いた大膳寮「前史」の先に、初代主厨長・秋山徳蔵が登場するのはもう間もなくだ。

# おわりに　〜忘れえぬ人々〜

## ＊前例を拓く

皇后の役割の変化ということが折々に言われますが、私はその都度、明治の開国期に、激しい時代の変化の中で、皇后としての役割をお果たしになった昭憲皇太后のお上を思わずにはいられません。

ご服装も、それまでの五つ衣や袿袴に、皇室史上初めて西欧の正装が加えられ、宝冠を着け、お靴を召されました。そのどちらのご服装の時にも、毅然としてお美しいことに胸を打たれます。外国人との交際も、それまでの皇室に前例のないことでした。(178)

右は、女性皇族の役割に関する質問に応えて、美智子皇后が寄せたお言葉だ。激動の時代を前に歩んだ明治の皇后に支えを得たのは、時の天皇とその宮中ばかりではなかった。今上皇后もまた、変化の時代を生きる皇后としてのあり方の模範を、昭憲皇太后の姿のうちに見出しておられるようだ。

本章では、明治十年代から二十年代前半、赤坂仮皇居御会食所が必要とされた時代の背景を知るにあたり、「人物」に着目し、歴史を前に進めるためにそれぞれの持ち場で力を尽くした人々を追いかけた。

まずとりあげたのが、明治の皇后、昭憲皇太后だ。第一節では、宮中外交における皇后の存在を、特に洋装と勲章制度との関わりから考察した。美智子皇后が語るごとく、御会食所時代の昭憲皇太后とは、まさに「前例のない」皇后の役割を皇室に切り拓いた存在だった。

第二節では、御会食所とその時代をよく知るシーボルト兄弟の視点を通して、当時の日本最大の外交課題であった条約改正問題について再考した。文中で紹介した聖徳記念絵画館の壁画「条約改正会議」については、次のような興味深い制作秘話が伝わっている(179)。当初、明治の歴史を代表する一枚として「条約改正」を描くにあたっては、井上馨外相の時代ではなく、改正の端緒となる日英条約の調印に成功した陸奥宗光外相とその時代をこそ描くべきではないかという意見があったのだという。これに対し、井上外相を議長としたこの日の場面を描くことを強く主張したのは、アレクサンダー・シーボルトとともに一連の会議に書記として立ち会った外務省御用掛、のちの初代駐フランス特命全権大使、栗野慎一郎だった。【カラー口絵22】の画面左手前で記録を採っている人物だ。畢竟《ひっきょう》、条約改正の根本方針とは、明治十五年(一八八二)四月五日の会議で井上外務卿が発した内地開放宣言にあった。栗野の趣意は、国権恢復のために井上外務卿が果たした功績を忘れてくれるなと強く訴えるところにあった。

ここでわが身を省みれば、鹿鳴館の「欧化主義」以外に、条約改正交渉が報われなかったこの時代のことに驚くほど無知だった。しかしこの執筆を通し、ちまたの批判の向こう側で歴史を前に進めるため、黙々と己の役割を果たそうとした人々に出会うことができた。

最後に第三節では、御会食所における発展途上の宮中外交を「食」の分野から支えた、大膳寮の人々に焦点をあてた。「天皇の料理番」と謳われた伝説のシェフ・秋山徳蔵が、大膳の初代西洋料理長に就任する二十年前のはなしだ。宮中正宴のあるべき姿を模索して思案を重ねた、今は無名の料理人、配膳人たちに思いを馳せたい。とりわけ明治十年代、大膳職として初めてヨーロッパに渡った「食」の官費留学生、吉村晴雄という人物に巡り会えたことは僥倖だった。フランス料理に製菓、そして配膳と、まさに過渡期に生きた料理人らしくその挑戦の分野は多岐に渡った。

**＊明治記念館――先人に思いを致す場所**

平成十四年（二〇〇二）七月、皇后とともにポーランド・ハンガリーを訪れた今上天皇は、ハンガリー大統領夫妻主催の晩餐会で、両国の交流の歴史を次のように振り返っている。(180)

---

オーストリア・ハンガリー帝国が成立した一八六七年は、私の曾祖父明治天皇がその父孝明天皇を継いだ年であり、二百年以上続いた徳川将軍を長とする幕府が廃された年でもあります。我が国が、諸外国との交流を深め、国の独立を守り、近代化を進め

るための非常な努力を始めた時でありました。オーストリア・ハンガリー帝国と我が国との間に国交が開かれたのは、その翌々年になります。一八八六年には、ハンガリーのヴァイオリニスト、レメーニ・エデが日本を訪れ、明治天皇、昭憲皇太后の前でヴァイオリンの演奏をしております。曲目については明記されていませんが、当時の記録から五曲が演奏されたことが分かっております。今日、日本の人々は、リスト、バルトーク、コダーイなど、貴国の美しい楽曲に親しみ、音楽を通して両国の間に様々な交流が生まれておりますが、この折の演奏会は、そうした音楽分野における交流の先駆けであったと言えるかもしれません。

---

読者の方々はすでにご承知のとおり、明治天皇と皇后のためのヴァイオリン演奏会が開催された会場こそ、赤坂仮皇居御会食所であった。明治十九年八月十日、この日は皇后が洋装で初めて外国人と謁見した記念すべき日でもあった。そしてそこには、通訳としても活躍するオーストリア＝ハンガリー帝国公使館書記官、ハインリヒ・シーボルトの姿があった。

それから百三十年、往時の御会食所は今、人々の門出を寿ぐ明治記念館本館として新しい時代に息づいている。と同時にこの場所は、まさに「我が国が、諸外国との交流を深め、国の独立を守り、近代化を進めるために非常な努力」を重ねてきた、あまたの先人たちに思いを致す場所でもあるだろう。

# あとがきにかえて

本書は、明治十年代から二十年代の初頭にかけて皇室外交の舞台となった「天皇のダイニングホール」、赤坂仮皇居の御会食所とその時代を論じた共著書である。当時の御会食所の建物は、今も明治記念館本館として現存する。その意味で本書は、明治天皇が使用した宮殿建築唯一の遺構である同館について、その歴史と文化的意義をまとめた最初の著作でもある。

第一章は、日本近代建築史を専門とする山﨑鯛介が執筆した。山﨑は、赤坂仮皇居御会食所の建設過程を検証し、その設計意図と改修経緯、儀礼空間の形成過程について考察を加えた。第二章は、日本近代美術史の研究者であるメアリー・レッドファーンが担当した。レッドファーンは「食卓の外交」をテーマに、御会食所時代に発展をとげた宮中洋食器について、そのデザイン成立過程の一端を明らかにした。第三章では、今泉宜子が比較文化史的な観点から、黎明期の宮中外交を支えた人物たちに焦点をあてた。

刊行にあたっては、多くの方々にご指導・ご協力をいただいた。企画からデザイン・編集にいたるまで、岡部敬史氏とサトウミユキ氏には終始心強いサポートをいただいた。また、

第二章の翻訳は、林　美和子氏の丁寧かつ献身的な仕事がなければ、時間の制約のなかで完遂することは不可能だった。そして、思文閣出版新刊事業部の原　宏一氏、田中峰人氏には、本書の出版について、格別のご理解とご高配を賜った。ここに特記して謝意を表する。とくに田中氏には、度重なる執筆の遅れとスケジュールの調整で、ご迷惑も数多くおかけした。この場を借りてお詫びを申し上げるとともに、辛抱強く励ましてくださったことに心よりお礼を申し上げたい。

明治記念館は、終戦後の昭和二十二年（一九四七）に明治神宮の総合結婚式場として開館してから、本年十一月一日で七十周年の節目を迎える。この記念の年まわりに本書の出版が実現したことを僥倖とし、お世話になった関係各位には感謝の意を表するとともに、ひとりでも多くの方々に本書を手にとっていただければ幸甚である。

平成二十九年九月

今泉宜子

# 「天皇のダイニングホール」を訪れた人々～赤坂仮皇居御会食所の利用年表～

| 年号 | 西暦 | 日付 | 時間 | 概要 |
|---|---|---|---|---|
| 明治十四年 | 一八八一 | 十月二十六日 | 午後六時 | 英国両皇孫アルバート・ヴィクター、ジョージとの晩餐【1】 |
| | | 十一月三日 | 午前十一時過 | 天長節賜宴 |
| | | 十一月二十三日 | 午後六時 | 新嘗祭の御服所として使用 |
| | | 十二月八日 | 正午 | 在京地方官との御陪食 |
| 明治十五年 | 一八八二 | 一月五日 | 午前十一時 | 新年宴会 |
| | | 二月十一日 | 午前十一時三十分 | 紀元節賜宴 |
| | | 五月二十七日 | 午後七時三十分 | 条約改正会議の後、各国公使・皇族・大臣・参議との晩餐 |
| | | 十一月三日 | 正午 | 天長節賜宴 |
| | | 十一月二十三日 | 午後六時 | 新嘗祭の御服所として使用 |
| | | 十二月二日 | 正午 | 地方長官との御陪食 |
| 明治十六年 | 一八八三 | 一月五日 | 午前十一時 | 新年宴会 |
| | | 二月十一日 | 午前十一時 | 紀元節賜宴 |
| | | 四月二十四日 | 午後零時三十分 | 米国特命全権公使ジョン・ビンガムほかとの昼餐 |
| | | 八月二十二日 | 正午 | 英国特命全権公使ハリー・パークスの離日にあたり昼餐【2】 |
| | | 十一月三日 | 午前十一時 | 天長節賜宴 |
| | | 十二月七日 | 正午 | 在京地方長官との御陪食 |
| 明治十七年 | 一八八四 | 一月五日 | 午前十一時 | 新年宴会 |
| | | 二月十一日 | 午前十一時三十分 | 紀元節賜宴 |
| | | 二月十二日 | 正午 | 陸軍卿大山巖ほか、欧州各国の軍事視察へ出発にあ |

【1】英国皇孫アルバート・ヴィクター（前列左から２人目）とジョージ（右から２人目）

【2】英国特命全権公使ハリー・パークス

【3】大山 巖

| 年 | 月日 | 時刻 | 内容 |
|---|---|---|---|
| | | | たり御陪食【3】 |
| | 三月四日 | 正午 | スペイン国代理公使ルイス・デル・カスチロ・イ・トリゲロスとの昼餐 |
| | 三月三十日 | 正午 | 皇后、各宮御息所・大臣参議・同夫人と御陪食 |
| | 九月三日 | 午後零時三十分 | スウェーデン国皇子オスカル・カール・アウグストとの昼餐【4】 |
| | 十月二十七日 | 正午 | 在京地方長官との御陪食 |
| | 十一月三日 | 午前十一時過 | 天長節賜宴 |
| | 十一月二十三日 | 午後六時 | 新嘗祭の御服所として使用 |
| 明治十八年 一八八五 | 一月五日 | 正午 | 新年宴会 |
| | 二月五日 | 午後六時三十分過 | 朝鮮より帰朝した特派全権大使井上馨とその随員、および陸軍卿大山巌ほか欧州視察から帰朝の一行との御陪食【5】 |
| | 二月十一日 | 午前十一時過 | 紀元節賜宴（ただし、天皇は御風気につき臨御せず） |
| | 五月八日 | 午後七時 | 清国より帰朝した参議伊藤博文ほかとの御陪食【6】 |
| | 六月二十三日 | 正午 | 在京地方長官との御陪食 |
| | 七月十日 | 午後零時三十分 | 米国特命全権公使ジョン・ビンガムの帰国にあたり昼餐 |
| | 十一月三日 | 午前十一時 | 天長節賜宴 |
| | 十一月二十三日 | 午後六時 | 新嘗祭の御服所として使用 |
| 明治十九年 一八八六 | 一月五日 | 午前十一時 | 新年宴会 |
| | 二月十一日 | 午前十一時 | 紀元節賜宴 |
| | 二月十九日 | 正午 | 各大臣・地方長官との御陪食 |
| | 二月二十六日 | 午後六時 | 各大臣・陸軍武官との御陪食 |
| | 三月二十六日 | 午後六時 | 文官・陸海軍武官との御陪食（天皇は御違例につき、皇后が臨御） |

【4】スウェーデン国皇子オスカル・カール・アウグスト（2列目中央）の一行

【5】井上 馨

【6】伊藤博文

| | | |
|---|---|---|
| 四月九日 | 午後六時 | 文官・陸海軍武官との御陪食 |
| 四月二十三日 | 午後七時 | 文官・陸海軍武官との御陪食 |
| 五月三日 | 午後七時 | 条約改正会議開廷にあたり各国公使・皇族・大臣・参議との御陪食 |
| 五月十四日 | 午後七時 | 文官・陸海軍武官との御陪食 |
| 五月十九日 | 午後七時 | イタリア国皇親ルイ・ナポレオンとの晩餐【7】 |
| 五月二十八日 | 午後七時 | 文官・陸海軍武官との御陪食 |
| 六月十一日 | 午後七時 | 文官・陸海軍武官との御陪食 |
| 六月二十五日 | 午後七時 | 文官・陸海軍武官との御陪食 |
| 七月二日 | 午後七時 | 文官・陸海軍武官との御陪食 |
| 八月十日 | 午後三時 | オーストリア＝ハンガリー帝国公使カール・ザルスキーが謁見、同国王室附属音楽師エドゥアルト・レメーニのヴァイオリン演奏を聞召す【8】 |
| 十一月三日 | 午前十一時 | 天長節賜宴 |
| 十一月二十三日 | 午後六時 | 新嘗祭の御服所として使用 |
| 明治二十年 一八八七 | | |
| 一月五日 | 午前十一時 | 新年宴会 |
| 三月十一日 | 正午 | 各大臣・地方長官との御陪食 |
| 三月二十一日 | 午後七時 | ドイツ国皇族フリードリヒ・レオポルトとの晩餐【9】 |
| 五月十三日 | 正午 | ドイツ国ヘッセン州公族フリードリヒ・ヴィルヘルムとの昼餐 |
| 六月二十日 | 正午 | 新叙の有爵者大隈重信ほかとの御陪食【10】 |
| 七月五日 | 午後七時 | ロシア国大公アレクサンドル・ミハイロヴィチとの晩餐【11】 |
| 八月三十一日 | 正午 | 嘉仁親王（のちの大正天皇）を儲君（皇位継承者）に御治定にあたり祝賀の昼餐 |
| 九月十九日 | 正午 | タイ国皇弟デヴァウォングセとの昼餐【12】 |

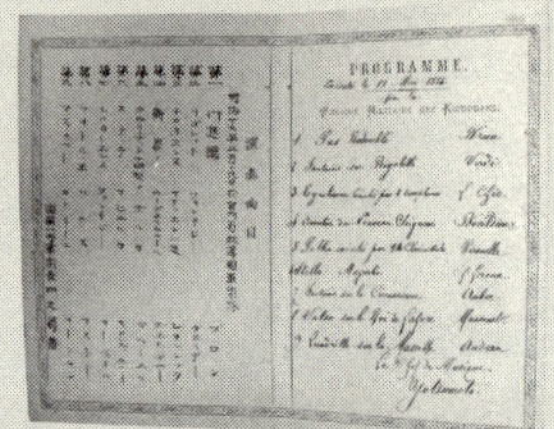
【7】イタリア国皇親ルイ・ナポレオンとの晩餐で演奏された音楽プログラム

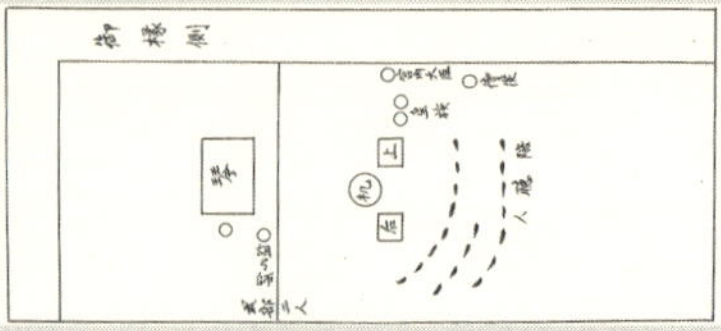
【8】ハンガリーの音楽家レメーニによるヴァイオリン演奏会の会場舗設図。右室が現在の「金鶏の間」、左室が「エミール」に相当

【10】大隈重信

【9】ドイツ国皇族フリードリヒ・レオポルト（前列中央）の一行

| | | | |
|---|---|---|---|
| | 九月三十日 | 正午 | 各大臣・東京府知事・在京地方長官との御陪食 |
| | 十一月三日 | 午前十一時 | 天長節賜宴 |
| | 十一月二十三日 | 午後六時 | 新嘗祭の御服所として使用 |
| | 十二月十三日 | 正午 | ロシア国公使ドミトリー・シェービチとの昼餐【13】 |
| 明治二十一年一八八八 | 一月五日 | 午前十一時 | 新年宴会 |
| | 一月二十一日 | 正午 | タイ国特命全権大使バスカラウォングスとの昼餐 |
| | 二月十一日 | | 紀元節賜宴（ただし、天皇は御違例につき臨御せず） |
| | 五月二十五日 | 午後一時 | 枢密院会議の開催にあたり出御 |
| | 五月二十八日 | 正午 | 皇后宮御誕辰にあたり賜立食 |
| | 五月三十日 | 正午 | ドイツ国ザクセン＝ヴァイマル公族ベルナードとの昼餐 |
| | 六月十四日 | 正午 | フランス国旧王族アンリ・ドルレアンとの昼餐【14】 |
| | 七月十日 | 午後七時 | オーストリア＝ハンガリー帝国皇族レオポルト・フェルディナントとの晩餐【15】 |
| | 七月十六日 | 正午 | 枢密院議長伊藤博文以下、枢密顧問官・書記官ほかとの御陪食 |
| | 十一月三日 | 午前十一時 | 天長節賜宴 |
| | 十一月二十三日 | 午後六時 | 新嘗祭の御服所として使用 |
| 明治二十二年一八八九 | 一月五日 | 午前十一時 | 新年宴会 |

※『御会食所御用途一覧（自明治十四年十月至二十二年一月）』（明治神宮所蔵）をもとに加筆修正のうえ作成。

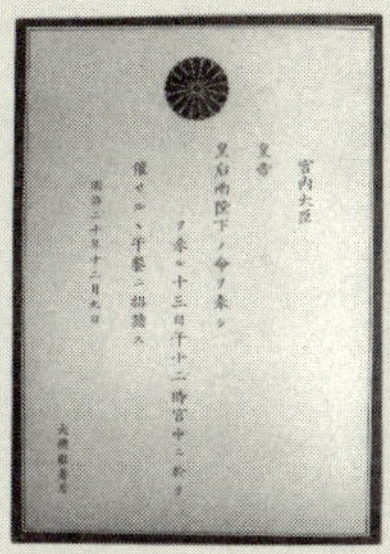

【13】ロシア国公使ドミトリー・シェービチとの昼餐の招待状

【11】ロシア国大公アレクサンドル・ミハイロヴィチ（前列左から２人目）の一行

【12】タイ国皇弟デヴァウォングセ（後列中央）の一行

【14】フランス国旧王族アンリ・ドルレアン（前列中央）の一行

【15】オーストリア＝ハンガリー帝国皇族レオポルト・フェルディナント（右から４人目）の一行

# [注]

## 序章

1 オットマール・フォン・モール著・金森誠也訳『ドイツ貴族の明治宮廷記』新人物往来社・一九八八年など。
2 資料の記載内容を『明治天皇記』および『昭憲皇太后実録』と比較すると、御座所二階で行われた定例御陪食を御会食所での開催とした誤記が見られたが、その他は一致していた。
3 御会食以外の目的で使用されたケースとして、新嘗祭《にいなめさい》（十一月二十三日）での「御服所」としての使用、御前でのバイオリンの演奏会（明治十九年八月十日）、枢密院の御前会議（明治二十一年五月二十五日）がある。
4 宮内庁編『明治天皇紀』第二・明治五年一月五日条。
5 注4に同じ。
6 前掲『ドイツ貴族の明治宮廷記』には「そのあとただちに宮中の宴会場で、外国公使、代理公使、それに宮中および政府の高位高官（勅任官）、すなわち最高級の参事官までをふくめた人々が参列するおごそかな和食昼餐会が開かれた」と書かれている。一一九頁。
7 石井研堂『明治事物起源』一九〇八年・三三〇―三三一頁。
8 明治六年と明治十二年に参内したジェノバ公を一人と数え、明治十四年十月に参内した英国両皇孫を二人と数えた。
9 『明治天皇紀』第二・明治二年七月二十八日条。
10 『明治天皇紀』第二・明治五年十月十七日条。
11 『明治天皇紀』第三・明治六年九月一日条。
12 『明治天皇紀』第三・明治六年十月十三日条。
13 『明治天皇紀』第四・明治十二年十月十五日条。
14 宮内庁宮内公文書館所蔵『明治十二年　外賓接待録三十四　独逸国皇孫来航の部（一）』。
15 『明治天皇紀』第五・明治十三年四月二日条。
16 『明治天皇紀』第四・明治十二年十二月二日条。

17 『明治天皇紀』第五・明治十四年三月十四日条。

18 宮内庁宮内公文書館所蔵『明治十二年　外賓接待録三十八　伊太利国皇族来航の部（一）』、同前『布哇皇帝来朝御参内舗設儀式録』（明治十四年）。

19 注1に同じ。六八―六九頁。

20 『明治天皇記』の記載内容から判断した。

21 『明治天皇紀』第五・明治十三年三月十九日条。

22 『明治天皇紀』第四・明治十二年一月二十五日条。

23 『明治天皇紀』第六・明治十九年二月二十六日条。

24 条約改正会議の本会議は、明治十九年五月一日に第一回が開催され、明治二十年四月二十二日の第二十六回会議まで続けられた。

25 『明治天皇紀』第六・明治十九年五月三日条。

26 『明治天皇紀』第三・明治七年九月二十二日条。

27 『明治天皇紀』第五・明治十五年五月二十七日条。

28 たとえば、明治十八年五月八日には清国より帰国した伊藤博文をねぎらう晩餐会が御会食所で開催された。

29 『明治天皇紀』第六・明治十六年四月二十四日条、明治十八年七月十日条。

30 『明治天皇紀』第六・明治十六年八月二十二日条。

## 第一章

1 嘉仁親王を皇太子とする立太子の儀は明治二十二年十一月三日に行われ、同年の十二月二日には赤坂離宮に東宮御所が設置された。

2 宮内庁宮内公文書館所蔵『赤坂離宮青山御所沿革史』（内匠寮）所収「赤坂離宮、青山御所ノ沿革（自明治五年至大正五年）」によれば、既存建物の解体移築は明治三十一年から三十五年にかけて行われた。

3 明治神宮奉賛会編集発行『明治神宮外苑誌』第三篇・第一章「憲法記念館」一九三七年・一二五―一二九頁。

4 宮内庁宮内公文書館所蔵『会食所新築工事録』全二十一巻・内匠寮・明治十四年、宮内庁宮内公文書館所蔵『工事録』内匠寮・明治十三年、東京都立中央図書館木子文庫所収「御会食所御車寄其外附属建物百分壱地図」(木〇七二―二―〇八四)。

5 6 「憲法記念館の建設と其の回顧」明治神宮奉賛会編集発行『明治神宮外苑造営奉賛佳話』一九三七年・一―四頁。

竣工時の意匠・部材寸法については、前掲『会食所新築工事録』所収「御会食所新築大工仕様」を用いた。同資料記載の建物の小屋組、軸組、格天井の形式と部材寸法は、現在の建物とほぼ一致する。

7 『明治天皇紀』第二・明治五年一月二十九日条。

8 「明治四年七月廿九日太政大臣を拝命したまふ図」東久世通禧編著『三条実美公履歴』第五巻・三条実美公履歴発行所・一九〇七年。同図の説明文には、「御遷都後畳を取除き御板敷となし御帳臺玉座を設け壁几帳なとの装飾を施し仮りに紫宸殿に代ゑて儀式等行はせらるゝ御殿にあてられし」と書かれている。

9 『明治天皇紀』には「浅草東本願寺別院に設置せる議院」(第三・明治八年六月二十日条)とある。

10 宮内庁宮内公文書館所蔵『儀式録』(式部寮)から、明治五年の新年拝賀は「磬折」つまり立式で行われたことがわかる。

11 『明治天皇紀』には、「本日より御車寄以下総て靴の儘昇降することを許す、然るに往々草履を用ゐる者ありて不体裁なるを以て、二十七日、令して靴以外の使用を厳禁す」(第二・明治四年十二月十七日条)とある。

12 以下の松平春嶽の手紙「宮中の開化につき松平慶永書翰」(明治五年二月)から、西ノ丸皇居には当時すでにガラス障子、暖炉、絨毯が導入され、椅子式、靴の使用が実践されていたことがわかる。「只々大替りは宮中之御模様にて、政府始ことごとくビイドロ障子に相なり、不残板椽に相なり、敷物に御ざ候。尤も皆椅子に御ざ候。宮内省なども右同断にて、徳大寺宮内卿始諸員不残椅子、カッペルに御ざ候(中略)廓下までも板敷々物にて、畳は見ても見られ不申候。尤御玄関より沓の儘昇降仕、沓のまゝにてどこへでも参り申候。(中略)聖上玉座もやはりビイドロ障子にて、上幷臣下までも椅子(西洋風也)、大机を御前に置き、花を其上に置けり」。『日本近代思想体系 二 天皇と華族』遠山茂樹校注・岩波書店・一九八八年・一六―一七頁。

13 『明治天皇紀』第二・明治五年十一月十二日条。

14 W・E・グリフィス『ミカド―日本の内なる力―』岩波書店・一九九五年・二二九頁。

15 当初は中屋敷であったが、麹町の上屋敷が文政六年(一八二三)の火事で焼失して以後は上屋敷として使用された。

16 中村光彦、浅羽英男、河東義之、海老原忠夫、今井正敏「紀伊徳川家中屋敷の旧日光田母沢御用邸への移築について」『日

本建築学会計画系論文集』第五四二号・二〇〇一年四月・一九九―二〇五頁。

17 『明治天皇紀』第三・明治七年十二月二十二日条。天井高については宮内庁宮内公文書館所蔵『工事録』所収「西洋造御学問所断面図」（明治十五年四月十七日）付図で確認できる。

18 『工事録』には、小御所代と同様に江戸期の二室から明治初期に一室へと改修された御座所二階について「表二階欄間取解天井張替其他営繕」（明治七年二月五日）と、部屋境の欄間を撤去して天井を張り替えたことを示す記録が残されている。

19 御常御殿、御学問所ともに主室の座敷飾りは庭を向いて背面側に置かれるため、二間続きで対面を行うと床《とこ》・棚は天皇の背後ではなく横に来ることになる。さらに御常御殿での対面では、御上段の天皇の背後に剣璽之間への扉（帳台構）が来る。

20 『明治天皇紀』には「食堂は御座所に接せる広間なり」（第四・明治十二年十月十五日条）とあるが、図面などからこの「御座所」は「御学問所代」を指していると考えられる。

21 宮内庁宮内公文書館所蔵『明治十二年　外賓接待録三十四　独逸国皇孫来航の部（一）』からドイツ国皇孫との晩餐会は洋食のフルコースでテーブルの列席者は天皇と皇孫を含めて十四名であったことがわかる。また、同前『明治十二年　外賓接待録三十八　伊太利国皇族来航の部（一）』からイタリア皇従弟ジェノバ公との晩餐会は洋食のフルコースでテーブルの列席者は二十六名であったことがわかり、そして同前『布哇皇帝来航記』（明治十四年）所収「勲章御進贈次第幷御対食次第幷図」からハワイ国皇帝との御会食は列席者が二十六名であったことがわかる。

22 小野木重勝「ボアンビルの赤坂謁見所・会食堂」『明治洋風宮廷建築』相模書房・一九八三年・三五―四二頁。

23 『明治天皇紀』第四・明治十二年十一月九日条。

24 『明治天皇紀』第五・明治十三年三月三十日条。

25 注24に同じ。

26 『明治天皇紀』第五・明治十四年十月十日条。

27 注6に同じ。

28 仕様書には「格天井縁下ヨリ内法長押上ハまて高サ六尺八寸」とある。

29 『工事録』所収「格子戸並硝子障子共黒漆塗」（明治十四年五月二十日）。

30 宮内庁宮内公文書館所蔵『御用度録　購入廿二』調度課・大正十五年。

31 一枚二百四十円の「仏国製大鏡」二枚が三井物産を通じてフランスから購入された。

32 椅子の製作（木工、漆塗り、張地）は精工社が、釣りランプの製作は起立工商会社が請け負った。
33 京都御所御常御殿の対面空間は、御上段が二重折上小組格天井、御中段が折上小組格天井、御下段が化粧屋根裏天井となっており、御常御殿に見られるこの形式は江戸時代を通じて不変であった。斎藤英俊「近世内裏常御殿の南側列三室の形態について（上段の成立過程の研究　二）」『日本建築学会論文報告集』第二四三号・一九七六年五月・九九―一〇八頁。
34 注12に同じ。
35 京都御所の建物は渡り廊下で結ばれているため外観の独立性が高く、武家の御殿に見られる雁行形の外観とは趣が異なる。
36 新築御座所は外周建具にガラス障子を用い、その上に欄間を設けるなど、立面意匠に復古を表現する姿勢は見られない。
37 柱間に引き違いの板戸（舞良戸）を入れる中世の形式は、開口率が五十％となり、室内への採光が十分ではない。江戸時代初期に登場した引き通しの「雨戸」により開口率が百％となり、室内の採光条件が格段に向上した。平井聖『図説 日本住宅の歴史』学芸出版社・一九八〇年・五七頁。
38 御会食所の「原案」は、桁行き方向の柱間が全体で九間（六間＋三間）、柱間寸法はすべて真々十二・六尺（一間が六・三尺真々）で設計されたが、建設過程では設計変更が行われ、柱間が全体で八間（五間＋三間）へと減り、それにともない柱間寸法が会食所で真々十四・四尺（一間が七・二尺真々）、珈琲の間で真々十三・四尺（一間が六・七尺真々）へと拡げられた。これは建物の全長を大きく変えずに（原案より一・二尺減）、会食所の桁行き方向の柱間を偶数（六間）から奇数（五間）に変更することを主眼に置いた設計変更であったと考えられるが、同時に高い内法高にあわせて開口部のプロポーションをやや横長に修正することで立面の印象を小御所に近づける意図もあったと筆者は考えている。
39 一方、五十四畳間については、『会食所新築工事録・日誌』に「会食所内廻リ御絵百〇八帖金花鳥五拾四帖之間楽器人物ニ決定セリ」（明治十四年七月二十日）と書かれており、五十四畳間の張付壁の画題は、現在の花鳥模様とは異なる「楽器人物」であった可能性がある。なお、伊藤邸に移築し、再建された「恩賜館」では、五十四畳間の張付壁は現在と同様の花鳥模様であった。「憲法制定記念恩賜館内部」『建築工芸叢誌』第一冊・一九一二年二月・三頁。
40 板張りの格天井は、西洋建築でも用いられている。
41 東京都立中央図書館木子文庫所収「内謁見所及取合廊下地図（明治十五年十月頃）」（木一〇〇―一―〇〇二）。
42 新年拝賀への婦人同伴は、明治十四年の新年拝賀から導入された。
43 たとえば、佐佐木高行はその日記のなかで「本年夫妻参賀初メナルニ付、夫人ハ不参尤も多シ、外国人ハ右様ノ事ハ栄誉トスレ共、吾国人ハ大ニ異ナル人情ニテ、夫人ノ右様ノ事ハ不好歟（中略）今日ハ必ラズ本ニ復シテ、好風ニ至ラシメラザルベカラズ」と、宮中儀式の洋風化に対する批判をしている。『保古飛呂比　佐佐木高行日記』（明治十四年一月一日条）東京大学出版会・一九七六年。

44 『明治天皇紀』第五・明治十五年五月二十六日条。

45 『工事録』所収「会食所縁廻日覆新設」（明治十四年十一月十六日）に「御会食所並ニ御車寄左右之室及諸廊下向共此之坪貳百貳拾坪絨毯上覆渾テ天笠木綿ヲ以テ布設御入費概算」とあり、使用していない時には絨毯の日焼け保護のために木綿の布で上を覆っていたことがわかる。

46 『工事録』所収「会食所及御玄関御廊下向共床カ寄木張模様替仕様書」（明治十九年九月）。

47 『工事録』所収「謁見所及御次入口之間表一二ノ間御入側其他共床カ寄木張ニ模様替仕様書」（明治十九年九月）および「表一之間御一之間及御火ノ見下ニ弐タ間共寄木張ニ模様替仕様書」（明治十九年十一月）などから、床改修工事の範囲が儀礼空間のほぼ全体にわたるものであったことがわかる。

48 『工事録』所収「謁見所表一二ノ間其他寄木張桑材御買上ケ御入費積リ書」（明治十九年十月）から、謁見所と表一・二の間の床仕上げ改修工事は明治十九年十月頃に行われたと考えられる。

49 御会食所の改修工事については、『工事録』所収「御会食所其外寄セ木張資用木材入費書」（明治二十年二月）から、謁見所よりもやや遅れた明治二十年二月頃に着工したと考えられる。

50 オットマール・フォン・モール著、金森誠也訳『ドイツ貴族の明治宮廷記』（新人物往来社・一九八八年）によれば、外国公使の婦人たちは明治二十二年一月の新年拝賀を欠席した理由に「彼女たちの盛装の洋服を損なうような、ほこりっぽい廊下」をあげたとあり、この記述から、洋風のドレスには絨毯よりも寄木張りが好まれた様子が読み取れる。

51 『昭憲皇太后実録』上巻・明治十九年六月二十三日条。

52 『明治天皇紀』第五・明治十四年一月一日条。

53 『昭憲皇太后実録』上巻・明治二十年一月一日条。

54 『儀式録　明治廿一年』（式部職）に「一日朝拝ノ節皇后宮御裳裾ハ侍立ノ近衛佐官之ヲ捧持シ二日ハ掌侍権掌侍ノ内四人ニテ同シク捧持セリ、但扈従ノ御息所裳裾ハ権命婦一人ツ、ニテ之ヲ持セリ」とある。

55 明治宮殿の表宮殿は、明治二十年前後に行われた設計変更により、室内意匠にガラス扉や腰壁、壁の緞子張りなどの洋風要素が大々的に導入された。拙稿「明治宮殿の建設経緯に見る表宮殿の設計経緯」『日本建築学会計画系論文集』第五七二号・二〇〇三年十月・一五九―一六六頁。

## 第二章

1 宮内庁宮内公文書館所蔵『御用度録　購入　二二』明治十五年所収。

2 江戸時代の朝廷の御用食器については、池修『御所の器』光村推古書院・二〇一二年参照。明治時代の帝室用和食器については、鈴田由起夫監修『明治有田超絶の美―万国博覧会の時代―』世界文化社・二〇一五年・九八―九九頁参照。

3 Isabella Beeton, *The Book of Household Management* (S.O. Beeton, 1861), p. 905. 翻訳者訳。以下、特段の断りがなければ英文からの引用は翻訳者訳による。

4 *Harpers New Monthly Magazine*, as cited in Barbara G. Carson, *Ambitious Appetites: Dining, Behaviour and Patterns of Consumption in Federal Washington* (Washington DC: American Institute of Architects Press, 1990), p. 25.

5 Nicole Coolidge Rousmaniere, 'White Gold: the Porcelain for Export Manufactured in Japan and the Diffusion of New Beverages in Europe,' in *Jiki: Porcellana giapponese tra Oriente e Occidente 1610-1760*, eds. Ōhashi Kōji and Nicole Coolidge Rousmaniere (Milan: Electa, 2004), p. 46.

6 幕末・明治時代の外交における宴会の役割については、M. William Steele, *Alternative Narratives in Modern Japanese History* (London: Routledge, 2003), Chapter 7に詳しいが、Steeleは「初期帝室の正餐に関する情報不足のために悩まされた」と述べている。本論では、宴会の変遷における物質的側面に特に焦点を合わせて考察した。

7 C. Blair, 'Introduction to the History of Cutlery,' in *Masterpieces of Cutlery and the Art of Eating*, ed. Victoria and Albert Museum (London: Victoria and Albert Museum, 1979), pp. x-xv.

8 大槻玄沢、有馬文仲『蘭説弁惑』全二巻・山形屋東助・寛政十一年。これに関する論考は、拙稿、'Getting to Grips with Knives, Forks and Spoons: Guides to Western-Style Dining for Japanese Audiences, c.1800-1875,' *Food and Foodways* 22.3 (2014), pp. 143-174に詳しい。

9 Reinier H. Hesselink, 'A Dutch New Year at the Shirandō Academy. 1st January 1795,' *Monumenta Nipponica* 50.2 (Summer, 1995), pp. 189-234.

10 洋食レストランについては、前坊洋『明治西洋料理起源』岩波書店・二〇〇〇年参照。渡航者の経験については、Andrew Cobbing, *The Japanese Discovery of Victorian Britain: Early Travel Encounters in the Far West* (Richmond: Curzon Press, 1998), pp. 78-81参照。

11 村垣範正『遣米使日記』東陽堂支店・一八九八年・七四―七五頁。
12 福澤諭吉『福翁自伝』慶應義塾編『福澤諭吉全集　第七巻』岩波書店・一九五九年・一〇三―一〇四頁。
13 前掲『福翁自伝』一〇七頁。
14 片山淳之介（伝福澤諭吉）『西洋衣食住』慶応三年序。作家の特定、また片山淳之介の正体に関しては、富田正文「後記」慶應義塾編『福澤諭吉全集　第二巻』岩波書店・一九六九年・六七六頁。
15 Steele, *Alternative Narratives*, pp. 112-118.
16 John Breen, 'The Rituals of Anglo-Japanese Diplomacy: Imperial Audiences in Early Meiji Japan', in *Social and Cultural Perspectives*, Vol. 5 of *The History of Anglo-Japanese Relations, 1600-2000*, eds. Gordon Daniels and Chushichi Tsuzuki (Basingstoke: Palgrave, 2002), pp. 60-76.
17 アルジャーノン・ミットフォード（リーズデール男爵）『英国外交官の見た幕末維新』新人物往来社・一九八五年・一八〇頁。
18 妻木忠太編『木戸孝允日記第二』早川良吉・一九三三年・八五頁。他に、東京都公文書館編『延遼館の時代―明治ニッポンおもてなし事始め―』東京都公文書館・二〇一六年・一〇〇頁参照。
19 宮内庁編『明治天皇紀』第二・明治四年十二月十七日条。
20 食肉消費の歴史的な再評価に関しては、原田信男「日本中世における肉食について―米社会との関連から―」石毛直道編『論集東アジアの食事文化』平凡社・一九八五年等参照。ほかに、Katarzyna J. Cwiertka, *Modern Japanese Cuisine: Food, Power and National Identity* (London: Reaktion Books, 2006), pp. 24-34 と、Ishige Naomichi, *The History and Culture of Japanese Food* (London: Kegan Paul, 2001), pp. 52-58, pp. 146-150 等参照。
21 明治五年七月、内膳司より購入依頼、宮内庁宮内公文書館所蔵『御用度録　三』明治五年所収。
22 明治六年二月、協力舎から内膳司へ、覚書、宮内庁宮内公文書館所蔵『例規録』明治六―十一年所収。
23 明治六年六月十八日、中外堂より支払請求、宮内庁宮内公文書館所蔵『御用度録　購入一三（炎上）』明治六年所収。写本は宮内庁書陵部図書寮文庫に所蔵。
24 宮内庁編『明治天皇紀』第三・明治六年七月二日条。
25 De Long の発言は、前掲 Steele, *Alternative Narratives*, p. 128 より引用。
26 これらのうち数点は平成十二年に宮内庁三の丸尚蔵館で展示された。宮内庁三の丸尚蔵館編『饗宴―近代のテーブル・アート―』菊葉文化協会・二〇〇〇年参照。

27 宮内庁編『明治天皇紀』第三・明治六年七月二日条。前掲『英国外交官の見た幕末維新』一八〇頁。
28 明治六年五月十一日、内膳司、内部文書、前掲『例規録』明治六―十一年所収。
29 明治六年五月三十一日、内膳司、内部文書、前掲『例規録』明治六―十一年所収。
30 明治六年五月十七日、エス・マーカス社、領収書、前掲『御用度録　購入一二（炎上）』明治六年所収。
31 明治十一年四月、外務省から伊萬里懸への注文依頼、佐賀県立図書館所蔵『明治行政資料』、尾崎葉子「二五〇〇両の注文はどこへ」『季刊　皿山』五一・二〇〇一年九月・一頁。
32 『履歴　十一代辻勝蔵』一九一四年頃・辻家蔵。明治八年八月十八日、佐賀県令から宮内卿宛の手紙の写し、宮内庁宮内公文書館所蔵『御用度録　購入一』明治八年所収。
33 幹山と製品については、北村寿四郎『湖東焼の研究』湖東焼の研究会出版後援会・一九二五年・三一九―三二九頁、宮内庁三の丸尚蔵館編『佳麗なる近代京焼―有栖川宮家伝来　幹山伝七の逸品―』宮内庁・二〇一四年参照。
34 製品例は、前掲『明治有田超絶の美』一〇四―一〇五頁、明治・大正時代の日本陶磁展実行委員会編集発行『明治・大正時代の日本陶磁―産業と工業美術―』二〇一二年・四九頁参照。
35 'Plate for the Mikado,' *The Times*, May 31, 1876, p. 6.
36 この記事について、また、徳川幕府下での戦略的正餐と食器の重要性については、Nicole Coolidge Rousmaniere, *Vessels of Influence: China and the Birth of Porcelain in Medieval and Early Modern Japan* (London: Bristol Classical Press, 2012)に詳しい。
37 'The Mikado's Dinner Service,' *The Morning Post*, May 26, 1876, p. 8.
38 明治八年頃、ガッラード社の注文明細、宮内庁宮内公文書館所蔵『御用度録　購入一一』明治十年所収。
39 Pattern book, Garrard, nineteenth century, Archive of Art and Design: AAD/1999/6/1.
40 食器図案帖は、宮内庁三の丸尚蔵館編『明治の宮中デザイン―和中洋の融和の美を求めて―』菊葉文化協会・二〇〇三年・六八頁参照。モチーフをもとに、ガッラード社製に帰するとある図案もこれら図案帖にある。
41 大熊敏之「探訪・明治の宮中デザイン」前掲『明治の宮中デザイン』七頁。
42 'The Mikado's Dinner Service,' p. 8.
43 明治八年頃、ハント・アンド・ロスケル社の注文明細、前掲『御用度録　購入一一』明治十年所収。
44 事例のような文化融合の主論考として、Edward Said, *Orientalism* (London: Penguin, 2003) 参照。

45 Hilary Young, 'Porcelain for the Dessert,' in *Elegant Eating: Four Hundred Years of Dining in Style*, eds. Philippa Glanville and Hilary Young (London: V&A Publications, 2002), pp. 90-91.

46 これに関しては、拙稿、'Minton for the Meiji Emperor,' in *Britain and Japan: Biographical Portraits*, Volume X, compiled and edited by Sir Hugh Cortazzi (Renaissance Books in association with the Japan Society, 2016), pp. 542-553 に詳しい。

47 これら三点は平成十二年に宮内庁三の丸尚蔵館にて展示。同食器セットで上記以外の食器が残存するか、もしくはこれらの食器がフルセットの一部であったかは、この時点では明らかでない。大熊敏之「宮中洋食器史考」前掲『饗宴』六―七頁。

48 明治八年頃、モートロック社の注文明細、前掲『御用度録　購入一二』明治十年所収。

49 久米邦武『特命全権大使米欧回覧実記　第二篇　英吉利国ノ部』博聞社・一八七八年・四〇四頁。宮内省がミントン社製品を選択したことについては、イギリス人デザイナーであるクリストファー・ドレッサーの影響が大きいのではないかとこれまで議論されてきた。ドレッサーは、明治九年に来日し、イギリスの製品を帝室博物館に寄贈している。しかし、宮内省の購入記録によると、明治八年にモートロック社に注文されたミントン社製の食器を、大膳課は明治九年に受け取っている。一方、ドレッサーが日本に到着したのは明治九年十二月二十六日で、博物館に寄贈したのは翌年一月のことだ。つまり、ドレッサーの来日がこの注文に影響を与えることはできなかった。明治九年五月、大膳課、裏付けの食器の領収書、前掲『御用度録　購入一二』明治十年参照。Christopher Dresser, *Japan, its Architecture, Art and Art-Manufactures* (London: Longmans, Green and Co., 1882).

50 明治八年頃、バンチングの注文明細、前掲『御用度録　購入一二』明治十年所収。

51 Prince Albert Victor and King George V, *The Cruise of Her Majesty's Ship "Bacchante": 1879-1882*, comp. John Neale Dalton (London: Macmillan and Co., 1886).

52 Prince Albert Victor and George V, *Bacchante*, 2, p. 39.

53 前掲『明治天皇紀』第五・明治十四年十月二十六日条。

54 「シャルロット・リュス」はフランス人シェフ、メアリー・アントナン・カレームがパトロンであった皇帝アレキサンドル一世に敬意を表するために考案されたと考えられている。

55 メアリー・フレイザー『英国公使夫人の見た明治日本』淡交社・一九八八年・四二頁。

56 Prince Albert Victor and George V, *Bacchante*, 2, p. 39.

57 同右 pp. 30-31.

58 同右 p. 31.

59 同右 pp. 39-40.

60 この研究の一部は、平成二十七年五月二十三日に英国ノリッチにあるセインズベリー日本藝術研究所にてメガン・ジョーンズが計画したシンポジウム「Ceramics, Art and Cultural Production in Modern Japan」で発表。

61 前掲『湖東焼の研究』、岡本隆志「幹山伝七―京焼の革新者―」前掲『佳麗なる近代京焼』五五―五八頁。

62 前掲『湖東焼の研究』三二一頁。

63 前掲『饗宴』一三頁。

64 宮内庁宮内公文書館所蔵『御用度録 購入二〇』明治十二年所収。

65 明治十四年頃、宮内省、各地方御注文品書類目録、宮内庁宮内公文書館所蔵『御用度録 購入二』明治十四年所収。明治十四年頃、宮内省、製品明細、宮内庁宮内公文書館所蔵『御用度録 購入二八』明治十三年所収。

66 明治十六年八月、幹山伝七、見積書、宮内庁宮内公文書館所蔵『御用度録 購入一』明治十七年所収。

67 この歴史については、大橋康二「将軍家献上以外の特別な意味をもつ肥前磁器二題―禁裏御用陶器と梅干用壺―」『佐賀県立九州陶磁文化館紀要』三・二〇〇四年参照。

68 これには宮内庁所蔵の葡萄唐草鳥獣文食器セットと陣幕波文食器セット、デザート皿、コーヒーカップ、そして、ミントン社製コーヒーカップの複製品が含まれる。前掲『饗宴』一一、一二、一四―一九頁。個人所蔵品は含綬鳥文デザート皿、御桐紋付ディナーセット、そしてその他の製品である。蒲地孝典『幻の明治伊万里―悲劇の精磁会社―』日本経済新聞社・二〇〇六年・一〇五、一三八―一四五頁。

69 例として、前掲『饗宴』一五頁参照。

70 例として、前掲『明治有田超絶の美』九六頁参照。

71 前掲『明治有田超絶の美』九八―九九頁。深川一太『深川製磁の明治―明治の陶器意匠―』深川・二〇〇〇年・四六頁。

72 宮内庁宮内公文書館所蔵『御用度録 購入五』明治十三年所収。

73 明治十三年七月、精磁会社、見積書、明治十三年三月一日、調度課、内部文書、前掲『御用度録 購入五』所収。

74 明治十三年三月一日、大膳課、製品依頼書、宮内庁宮内公文書館所蔵『御用度録 一』明治二十一年所収。

75 前掲「宮中洋食器史考」五頁。

76 久米邦武『特命全権大使米欧回覧実記 第三篇 欧羅巴大洲ノ部上』博聞社・一八七八年・七九頁。

77　農務局、工務局「共進会審査報告—第四区第一類陶器—」藤原正人『明治前期産業発達史資料』第十集三・明治文献資料刊行会・一九六四年・三四七頁。

78　前掲『饗宴』一五頁。

79　明治十三年五月二十五日、精磁会社、見積書、前掲『御用度録　購入五』明治十三年所収。

80　明治十三年三月二日、宮内省から長崎県令への手紙の案文、前掲『御用度録　購入五』明治十三年所収。

81　明治十三年十月五日、精磁会社、御請書の写し、前掲『御用度録　購入五』明治十三年所収。明治十五年一月二十八日、精磁会社、御用陶器御用代帳、前掲『御用度録　購入二』明治十五年所収。

82　大熊は、意匠には英国の自然主義的図様が反映していると考える。前掲「宮中洋食器史考」六頁。Jahnは、動物は日本の民衆芸術を示すとしている。Gisela Jahn, *Meiji Ceramics: The Art of Japanese Export Porcelain and Satsuma Ware 1868-1912*, trans. Michael Foster (Stuttgart: Arnoldsche, 2004), p. 7, p. 216。

83　蒲地は四つ足の生き物は栗鼠と考える。しかし、その足は不自然に長く、その姿勢は特徴的ではない。前掲『幻の明治伊万里』一三八頁。描かれた目より、狸もしくはジャコウネコとも考えられる。しかし、現存する製品から動物を特定することは難しく、犬、もしくは獅子の可能性もある。

84　日本の陶工が間違えたに違いないと考えるFellerの最初の論考は、John Quentin Feller, 'Julia Dent Grant and the Mikado Porcelain,' *Winterthur Portfolio* 24.2/3 (1989), p. 174.

85　これと同じ独特な向きは、宮内庁所蔵の幹山伝七製の食器に見られる。前掲『饗宴』一三頁。

86　William Wayne Farris, 'Pieces in a Puzzle: Changing Approaches to the Shōsōin Documents,' *Monumenta Nipponica* 62.4 (2007), p. 408.

87　Yoshimizu Tsuneo, 'The Shōsōin: An Open and Shut Case,' *Asian Cultural Studies* 17 (March 1989), p. 38.

88　大熊敏之「「宮内省型」の意味—形状・材質・外交的役割—」東京国立博物館編『明治デザインの誕生　温故知新—調査研究報告書』国書刊行会・一九九七年・一七三頁。

89　皇室から下賜されるボンボニエールの歴史は、扇子忠『皇室の饗宴とボンボニエール』思文閣出版・二〇〇五年に詳しい。明治天皇、昭憲皇太后から下賜された酒杯の例は、明治神宮編集発行『明治文化への誘い　おゆかりの品々に見る明治の至宝—明治天皇践祚百三十年特別記念展—』一九九七年・七三頁参照。

90　ヨーロッパ外交における磁器の役割については、Maureen Cassidy-Geiger, ed., *Fragile Diplomacy: Meissen Porcelain for*

*European Courts ca. 1710-63* (New York: Yale University Press/Bard Graduate Center, 2007) と、Guy Walton, 'Diplomatic Gifts of Porcelain: Objects of Prestige,' in *Along the Royal Road: Berlin and Potsdam in KPM Porcelain and Painting 1815-1848*, ed. Derek E. Ostergard (New York: Bard Graduate Center, 1993) に詳しい。

91 前掲 'Diplomatic Gifts of Porcelain: Objects of Prestige,' p. 99.

92 グラントの来日に関する論考は、Richard T. Chang, 'General Grant's 1879 Visit to Japan,' *Monumenta Nipponica*, 24.4 (1969) 参照。

93 John Russell Young, *Around the World with General Grant* (New York: The American News Company, 1879), 2, p. 534.

94 Julia Dent Grant, *The Personal Memoirs of Julia Dent Grant* (New York: Putnam, 1975), p. 299.

95 ジュリア・グラントは、「今回の訪問で多くの美しくて高価なお土産である極上の絹布、花瓶、飾り棚、そして、たくさんの写真帖」を受け取ったと記している。Grant, *Personal Memoirs*, p. 304. 井上馨は書棚、銅花瓶、椅子、錦、その他と列挙している。井上馨『世外井上馨公伝　第三巻』内外書籍・一九三四年・一二六頁。明治十二年二月に創設された精磁会社が九月初めのグラントの出発までにディナーセット一式を製作するのはかなり困難であったと考えられる。

96 Feller, 'Julia Dent Grant.'

97 Thomas B. Hazard によって、ピーボディ・エセックス博物館に寄贈（E82315）。ソース用チュリーン足付は McNeil Americana Collection の一部としてフィラデルフィア美術館に平成十八年に寄贈（2006-3-120a to c）。

98 明治十七年十二月十一日、内膳課、請求書、前掲『御用度録　購入二二』明治十七年所収。

99 明治二十二年二月二十二日、内膳課、請求書、前掲『御用度録　一』明治二十一年所収。

100 明治二十二年十二月二十二日、調度局長から大膳大夫宛の手紙、宮内庁宮内公文書館所蔵『洋食器及厨具新調書類』明治二十二―二十四年所収。

101 明治二十二年六月、宮内省、注文明細と請求書、前掲『洋食器及厨具新調書類』明治二十二―二十四年所収。

102 明治二十四年一月二十九日、宮内省、内部回覧書類、前掲『洋食器及厨具新調書類』明治二十二―二十四年所収。

103 大熊敏之「明治期の深川忠次と深川製磁」前掲『深川製磁の明治』所収。

104 前掲『深川製磁の明治』四七頁。

105 毎日新聞社「至宝」委員会事務局編『宮中の食器』毎日新聞社・一九九九年。

106 前掲『明治天皇紀』第六・明治十九年九月七日条。

〔付記〕　本稿は、筆者が平成二十七年（二〇一五）十二月にイースト・アングリア大学に提出した博士学位申請論文の議論に基づいている。同論文執筆にあたっては、英国芸術・人文リサーチカウンシルの博士課程奨学金（grantnumber: AH/J500148/1）による支援を得た。また、日本学術振興会には外国人特別研究員（欧米短期）として九州大学での研究費用を、グレイトブリテン・ササカワ財団および国際交流基金助成金委員会からは来日調査のための費用を、それぞれ助成いただいた。この場を借りて、厚く御礼を申上げます。本稿脱稿後、長佐古美奈子・長佐古真也「近代宮中における国産磁器洋食器の成立過程」『学習院大学史料館紀要』第二三号・二〇一七年三月に接した。ここでは、両氏の主張を咀嚼し、盛り込むことは叶わなかったが、読者におかれては両氏の論考を参照していただければ幸いである。

## 第三章

1　芥川龍之介「舞踏会」『舞踏会・蜜柑』角川書店・一九六八年・一九九頁。
2　宮内庁編『明治天皇紀』第六・吉川公文館・一九七一年・六五二頁。
3　鹿鳴館については、飛鳥井雅道『鹿鳴館』岩波書店・一九九二年、富田仁『鹿鳴館―擬西洋化の世界―』白水社・一九八四年等参照。
4　岩壁義光「聖徳記念絵画館壁画と記録化―皇后を視座に据えて―」明治神宮外苑創建九十年記念特別展第六回ギャラリートーク「「歴史」と「美術」の対話―聖徳記念絵画館の成立と五姓田派の人々―」発表資料・二〇一六年十一月十九日。
5　明治神宮監修『昭憲皇太后実録』上巻・吉川弘文館・二〇一四年・三八一―三八二頁。
6　同右四三五―四三六頁。
7　『ミカドの外交儀礼』で明治の皇室外交を論じた中山和芳は、重要な行事を病気等で欠席しがちな天皇に代わり、宮中外交の要を担ったのが昭憲皇太后だったことを指摘している。中山和芳『ミカドの外交儀礼―明治天皇の時代―』朝日新聞社・二〇〇七年。
8　刑部芳則『洋服・散髪・脱刀―服制の明治維新―』講談社・二〇一〇年・五三頁。他に、刑部『帝国日本の大礼服―国家権威の表象―』法政大学出版局・二〇一六年等参照。

9　宮内省「御服装　婦人服制沿革」香川擴一氏所蔵・皇學館大学史料編纂所保管『香川敬三関係文書』所収。『香川敬三関係文書』閲覧にあたっては、皇學館大学教授、上野秀治氏にお世話になった。伊藤博文の宮中改革については、坂本一登『伊藤博文と明治国家形成―「宮中」の制度化と立憲制の導入―』講談社・二〇一二年等参照。

10　トク・ベルツ『ベルツの日記』上・岩波書店・一九七九年・三五五頁。

11　植木淑子「昭憲皇太后と洋装」『聖徳記念学会紀要』復刊第五〇号・二〇一三年・四一九頁。皇后の洋装化については、片野真佐子『皇后の近代』講談社・二〇〇三年、小平美香『昭憲皇太后からたどる近代』ぺりかん社・二〇一四年他参照。

12　前掲『昭憲皇太后実録』上巻・四〇〇―四〇一頁。

13　前掲『明治天皇紀』第六・二八二―二八三頁、前掲『昭憲皇太后実録』上巻・三二九頁。

14　宮内庁宮内公文書館所蔵『外賓参内録　一』明治十七年所収。

15　前掲『明治天皇紀』第六・四三八頁、前掲『昭憲皇太后実録』上巻・三四八頁。宮内庁宮内公文書館『謁見録』明治十八年所収。

16　前掲『明治天皇紀』第六・五八九―五九〇頁、前掲『昭憲皇太后実録』上巻・三七六頁。宮内庁宮内公文書館『外賓参内録』明治十八―十九年所収。

17　前掲『明治天皇紀』第六・六二五頁、前掲『昭憲皇太后実録』上巻・三八一―三八二頁。宮内庁宮内公文書館『謁見録』明治十九年所収。

18　前掲『昭憲皇太后実録』上巻・三七九頁。

19　上野秀治「香川敬三が見た明治宮廷の欧風化」『皇學館大学史料編纂所報』第二一八号・二〇〇八年・三九頁。

20　前掲『明治天皇紀』第六・六五一頁、前掲『昭憲皇太后実録』上巻・三八七頁。

21　前掲『明治天皇紀』第六・七一七頁、前掲『昭憲皇太后実録』上巻・四一二―四一三頁。

22　宮内庁宮内公文書館『外賓参内録』明治二十年所収。

23　前掲「御服装　婦人服制沿革」。

24　植木淑子「宮廷のファッション」『歴史読本』五三（四）・二〇〇八年・一六四―一六九頁。植木氏には、昭憲皇太后着用のドレスについて貴重なご教示をいただいた。

25　松居宏枝「昭憲皇后の大礼服発注をめぐる対独外交」『人間文化創成科学論叢』第十八巻・二〇一五年。

26　宮内庁宮内公文書館『謁見録』明治二十年、同『外賓参内録』明治二十一年所収。

27　明治神宮制作発行『明治の皇后―明治天皇と歩まれた昭憲皇太后―』二〇一四年・四八頁。
28　文化学園服飾博物館制作発行『ヨーロピアン・モード―18世紀から現代まで―』二〇一〇年・一四―一五頁。
29　たとえば、現在曇華院門跡が所蔵する昭憲皇太后の通常礼服がそれに該当する。前掲『明治の皇后』四八頁。
30　オットマール・フォン・モール『ドイツ貴族の明治宮廷記』講談社・二〇一一年・七八頁。
31　拙著『明治日本のナイチンゲールたち―世界を救い続ける赤十字「昭憲皇太后基金」の100年―』扶桑社・二〇一四年・一四五―一七五頁。
32　宮内庁宮内公文書館『進退録（女官之部）』明治十六―二十年所収。
33　鍋島家「集書」鍋島報效会所蔵・佐賀県立図書館寄託。中野禮四郎「鍋島直大公略伝」一―一一『肥前協会』一一（六）―一二（一一）・一九四一―一九四二年。
34　前掲『謁見録』明治十九年所収。
35　前掲『進退録（女官之部）』明治十六―二十年所収。
36　皇學館大学史料編纂所編集発行『香川敬三履歴史料』一九九二年。
37　香川志保子の履歴については、前掲『香川敬三関係文書』所収の辞令書類を参考にした。
38　山川三千子『女官』実業之日本社・一九六〇年・一一頁。
39　宮内庁宮内公文書館『外賓参内録　二』明治二十年所収。
40　久野明子『鹿鳴館の貴婦人　大山捨松―日本初の女子留学生―』中央公論新社・一九九三年、寺沢龍『明治の女子留学生―最初に海を渡った五人の少女―』平凡社・二〇〇九年。
41　青木周蔵『青木周蔵自伝』平凡社・一九七〇年所収「青木周蔵関係略年譜」、水沢周『青木周蔵　明治外交の創造』壮年編・日本エディタースクール出版部・一九八九年・一―一八頁。
42　明治二十年の新年拝賀で皇后が召した大礼服が、ベルリン製であったのも二人の助言によるところが大きい。椙居前掲論文参照。
43　小田部雄次『華族家の女性たち』小学館・二〇〇七年・四三―四四頁。
44　近藤富枝『鹿鳴館貴婦人考』講談社・一九八三年・一五二頁。
45　宮内省臨時帝室編修局「長崎省吾談話速記　第三回」堀口修編『臨時帝室編修局史料「明治天皇紀」談話記録集成』第二巻・ゆまに書房・二〇〇三年・二一七―二一九頁。

46 明治神宮制作発行『明治天皇の御肖像』一九九八年・三四―三五頁。
47 明治の勲章制度については、平山晋「勲章に見る明治の皇室文化」『神園』一七号・二〇一七年、同『明治勲章大図鑑』国書刊行会・二〇一五年、刑部芳則「明治時代の勲章制度」『中央史学』三五・二〇一二年・一〇二―一二四頁等参照。平山氏には、執筆にあたり貴重なご教示をいただいた。
48 刑部芳則「栄典制度の形成過程―官僚と華族の身分再編を中心に―」『日本史研究』五五三・二〇〇八年・一三―一四頁。
49 ジョン・ブリーン「近代外交体制の創出と天皇」荒野泰典他編『日本の対外関係七 近代化する日本』吉川弘文館・二〇一二年・一一六―一四二頁。事実、明治十四年、英国皇孫が来日した際、日本政府は英国の権威ある勲章、ガーター勲章を天皇に贈進あるべく英国側に働きかけを試みている。しかし、「基督教国以外ノ君主ニハ「ガーター」勲章ハ贈ラレナイ」という理由で実現せず、代わりに贈られたのはヴィクトリア女王を描いた油絵だったというエピソードがある。宮内省臨時帝室編修局「長崎省吾談話速記 第一回」前掲『明治天皇紀』談話記録集成』第二巻・三〇―三七頁。ジョン・ブリーン「天皇の外交と国際認識―一八六八～九四年―」小風秀雅編『大学の日本史4 近代』山川出版社・二〇一六年・五六頁参照。
50 総理府賞勲局編集発行『賞勲局百年資料集』上・一九七八年・八六―八七頁。
51 平山前掲『明治勲章大図鑑』一三五―一三八頁、佐藤正紀『新版 勲章と褒章』全国官報販売協同組合・二〇一四年・二〇頁。
52 前掲『賞勲局百年資料集』上・八四頁。
53 同右・八四頁。
54 同右。
55 前掲『謁見録』明治二十年所収。
56 外交史料館所蔵『外国人謁見関係雑件 露国人ノ部 二』明治一三―四二年所収。
57 宮内庁宮内公文書館『外賓参内録 三』明治二十年所収。
58 前掲『外国人謁見関係雑件 露国人ノ部 二』所収。
59 威仁親王行実編纂会編『威仁親王行実』巻上・高松宮・一九二六年・一五八――一六三頁。
60 同右・一六三頁。
61 大津事件と外賓接伴については、辻岡健志「宮内省の外賓接待と大津事件―宮内省公文書類の生成・編纂を中心に―」『書陵部紀要』六六・二〇一四・四〇―六〇頁、長佐古美奈子「有栖川宮威仁親王」『歴史読本』五九（八）・二〇一四・七四

—七九頁等参照。

62 前掲『明治天皇紀』第七・八三三頁。

63 前掲『明治天皇紀』第七・二〇四—二一八頁、前掲『昭憲皇太后実録』四七六—四七七頁。

64 植木淑子「昭憲皇太后の服装—聖徳記念絵画館の壁画をめぐって—」『神園』第一五号・四九頁。

65 ベルツ前掲『ベルツの日記』上・一三五頁。

66 宮内省「憲法発布式ノ事」宮内庁宮内公文書館所蔵『御逸事　一七』大正九、十二年所収。

67 宮内省「明治天皇皇后宮と御同車の事」前掲『御逸事　一五』大正九、十二年所収。

68 アリス・ベーコン『華族女学校教師の見た明治日本の内側』中央公論社・一九九四年・一〇八頁。

69 エリザベス・R・シドモア『シドモア日本紀行』講談社・二〇〇二年・一五三頁。

70 久米邦武編『特命全権大使　米欧回覧実記』一・岩波書店・一九七七年・四二頁。

71 芳賀徹「明治維新と岩倉使節団—日本近代化における連続性と革新性—」芳賀徹編『岩倉使節団の比較文化史的研究』思文閣出版・二〇〇三年・三—一三頁。

72 条約改正史については、外務省調査局監修『条約改正関係日本外交文書　別冊経過概要』日本国際連合協会・一九五〇年、五百旗頭薫『条約改正史—法権回復への展望とナショナリズム—』有斐閣・二〇一〇年等参照。

73 シーボルト父子については、ハンス・ケルナー『シーボルト父子伝』創造社・一九七四年、ドイツ日本研究所編集発行『シーボルト父子のみた日本　生誕200年記念』一九九六年、ヨーゼフ・クライナー『黄昏のトクガワ・ジャパン—シーボルト父子の見た日本—』日本放送出版協会・一九九八年、松井洋子『ケンペルとシーボルト—「鎖国」日本を語った異国人たち—』山川出版社・二〇一〇年、石山禎一『シーボルトの生涯をめぐる人々』長崎文献社・二〇一三年等参照。

74 アレクサンダーの伝記的記述については、今宮新『アレキサンダー・フォン・シーボルト』『史学』一五（四）・一九三七年、沓沢宣賢「アレクサンダー・フォン・シーボルト略年譜と日本政府との雇傭関係史料について」『鳴滝紀要』一五・二〇〇五年等参照。

75 アレクサンダー・ジーボルト『ジーボルト最後の日本旅行』平凡社・一九八一年・一六二頁。

76 石司真由美「アレクサンダー・フォン・シーボルトと国際法—通訳、交渉者、研究者としての功績の再検討—」『国際政治経済学研究』二五・二〇一〇・五五頁。

77 ヨーゼフ・クライナー「ハインリヒ・フォン・シーボルト—その人と業績にまつわる資料の紹介—」『鳴滝紀要』創刊号・

一九九一年、沓沢宣賢「ハインリッヒ・フォン・シーボルトに関する一考察―日本に残された外交関係史料を中心に―」

78 佐藤元英他編『日本外交のアーカイブス学的研究』中央大学出版部・二〇一三年等参照。

79 沓沢宣賢「明治六年ウィーン万国博覧会と日本の参同―明治初期我が国の殖産興業政策を中心に―」東海大学外国語教育センター異文化交流研究会編『日本の近代化と知識人　若き日本と世界Ⅱ』東海大学出版会・二〇〇〇年。

80 ジョン・ブリーン「近代の宮中儀礼―天皇に求められた政治―」明治維新史学会編『講座　明治維新　第十一巻　明治維新と宗教・文化』有志舎・二〇一六年、真辺美佐「近代日本における皇室外交儀礼の形成過程―管轄官庁の変遷を通して―」安在邦夫他編『明治期の天皇と宮廷』梓出版社・二〇一六年等参照。

81 前掲『明治天皇紀』第三・一頁。

82 同右・一八三頁。

83 真辺前掲論文一一四頁。

84 前掲『明治天皇紀』第五・二五三―二五四頁。

85 明治神宮所蔵「明治二十年十一月三日　天長節宴会参内人名」「明治二十一年一月五日　新年宴会参内人名」「明治二十一年十一月三日　天長節宴会参内人名」「明治二十二年一月五日　新年宴会参内人名」『御陪宴録抜萃』所収。

86 前掲『昭憲皇太后実録』上巻・三八一―三八二頁。

87 松本善三『提琴有情―日本のヴァイオリン音楽史―』レッスンの友社・一九九五年・四一―四五頁。

88 前掲『外賓参内録』明治二十一年所収。

89 ペーター・パンツァー『日本オーストリア関係史』創造社・一九八四年・八七―九二頁。

90 フランツ・フェルディナント『オーストリア皇太子の日本日記―明治二十六年夏の記録―』講談社・二〇〇五年・二一二頁。

91 同右・二二七頁。

92 条約改正交渉の経過については、外務省前掲『別冊経過概要』等参照。

93 五百旗頭前掲書二頁。

94 前掲『明治天皇紀』第五・七〇五―七〇六頁、同第六・五八二頁。

95 前掲『御陪宴録抜萃』参照。

96 外務省調査局監修『条約改正関係日本外交文書　別冊会議録』日本国際連合協会・一九四八年・一―四頁。

同右・四頁。

97 クライナー前掲書三七頁。
98 前掲『別冊経過概要』一九六頁。
99 前掲『別冊会議録』九六―一〇五頁。
100 Alexander von Siebold. *Acta Sieboldiana VII A 1866-1892*. Harrassowitz Verlag・Wiesbaden, 1999, pp.304-305. 翻訳にあたっては、林田ゆかり氏と岡﨑朝美氏（北星学園大学・藤女子大学ドイツ語非常勤講師）に多大なご協力をいただいた。
101 条約改正交渉においてアレクサンダーが果たした役割については、今井庄次『お雇い外国人　一二　外交』鹿島出版会・一九七五年、牧幸一「日本とドイツ語圏との文化交流史Ⅵ―第一、第二回の条約改正交渉（一八八二―一八八七）における日本の外交官アレクサンダー・フォン・シーボルト―」『高等学校ドイツ語教育研究会会報』二三・二〇一一年等参照。
102 外務省調査局監修『条約改正関係日本外交文書　第二巻』日本国際協会・一九四二年・二〇六―二〇七頁。
103 Siebold 前掲書二九三頁。
104 同右二九六―二九七頁。
105 同右三一二頁。
106 堅田智子「伊藤博文憲法修業へのアレクサンダー・フォン・シーボルトの関与」『洋学』二二・二〇一四年・一九頁。
107 前掲『別冊会議録』三四三―三五一頁。
108 同右四二七―四五〇頁。五百旗頭前掲書二三一―二三五頁。
109 前掲『別冊経過概要』二一二頁。
110 前掲『別冊会議録』一〇八〇―一一〇二頁。
111 前掲『第二巻』五二五―五四七頁。
112 同右五四七―五六二頁。
113 同右五六二―五六五頁。
114 今井前掲書九九―一〇〇頁。
115 「貴下ハ善ク之ヲ記セヨ。我カ政府ハ泰西各国ノ仲間ニ入ルコトヲ得ンカ為メ全力ヲ竭盡シテ進取セント欲スル者ナリ。而シテ我カ欲スル所ハ成ル丈ケ対等ノ地位ニ上ルコトヲ得ルニアルナリ」。前掲『第二巻』五六三―五六四頁。
116 前掲『明治天皇紀』第九・九八頁。
117 ケルナー前掲書・二三七―二三八頁。

118　松村正義「日露戦争における日本の「外国新聞操縦」（上）」『帝京国際文化』一〇・一九九七年、堅田智子「アレクサンダー・フォン・シーボルトと黄禍論」『上智史学』五七・二〇一二年。
119　今宮前掲論文一四八―一四九頁。
120　秋山徳蔵『味―天皇の料理番が語る昭和―』中央公論新社・二〇〇五年・一八頁。
121　宮内庁宮内公文書館『大膳寮　進退録』大正四年―六年所収。
122　秋山前掲書六五―六六頁。
123　横浜市役所編『横浜市史稿　風俗編』臨川書店・一九三二年・七一〇―七一五頁。
124　前掲『明治天皇紀』第二・六〇七頁。
125　同右六三七頁。
126　富田仁『西洋料理がやってきた』東京書籍・一九八三年・四三―四四頁。明治の西洋料理については他に、川副保編『明治・大正・昭和　百味往来』山口勇治翁傘寿記念出版の会、全日本司厨士協会西日本地区支部・一九六六年、中央亭編集発行『西洋料理事始―中央亭からモルチェまで―』一九八〇年、中村雄昂『西洋料理人物語』築地書館・一九八五年、岡田哲『明治洋食事始め―とんかつの誕生―』講談社・二〇一二年、宇田川悟『東京フレンチ興亡史―日本の西洋料理を支えた料理人たち―』角川書店・二〇〇八年等参照。
127　外国人居留地比較研究グループ「岩倉具視公と精養軒」上・『HOTEL REVIEW』四三（五一〇）・一九九二年・一八頁。
128　澤護『横浜外国人居留地ホテル史』白桃書房・二〇〇一年・一五六―一五八頁。
129　前掲『西洋料理事始』一八―二五頁。
130　帝国ホテル編集発行『帝国ホテルの120年』二〇一〇年・二七―二八頁。
131　秋山前掲書一九―三一頁。
132　同右三三頁。
133　前掲『西洋料理事始』五一―五三頁。
134　伊藤薫『フランス料理人伝説　第四巻―日本のフランス料理史―ビジュアル版』エービーシーツアーズ・二〇一一年・四三―四四頁。
135　前掲『明治天皇紀』第三・三〇九―三一〇頁。
136　前掲『明治天皇紀』第三・九七―九八頁。

137 宮内省「男爵西五辻文仲談話速記」前掲『「明治天皇紀」談話記録集成』第三巻・一六八―一七六頁。
138 同右一七四―一七五頁。
139 前掲『横浜市史稿　風俗編』七〇八頁。
140 澤前掲書一二一、一二五頁。
141 池田文痴菴著・日本洋菓子史編纂委員会監修『日本洋菓子史』日本洋菓子協会・一九六〇年・四〇一―四一四頁。村上光保については、山本道子・山本馨里『村上開新堂　I』講談社・二〇一四年参照。村上開新堂五代目山本道子氏と馨里氏には、貴重な資料を提供いただいた。ほかに、吉田菊次郎『お菓子を彩る偉人列伝』ビジネス教育出版社・二〇一六年・三一―三四頁参照。
142 澤前掲書一七〇―一七二頁参照。
143 宮内庁宮内公文書館『外賓接待録』明治十七年、二十年、二十一年所収。
144 モール前掲書。長崎省吾については、佐々木隆「長崎省吾関係文書（その1）―「省吾雑記」上―」『聖心女子大学論叢』六六・一九八五年・六九―七二頁、堀口修「宮中顧問官長崎省吾が語る明治天皇―昭和二年一〇月一一日実施の談話聴取から―」『聖徳記念学会紀要』復刊第四九号・二〇一二年等参照。モールに関する長崎の談話は、前掲『「明治天皇紀」談話記録集成』第二巻参照。
145 国立国会図書館憲政資料室所蔵「宮内省顧問モール氏ヨリ聞取書」『長崎省吾関係文書』一一八―一二一他。
146 モール前掲書九〇―九一頁。
147 前掲『長崎関係文書』一一八―一二一。
148 味の素食の文化センター『秋山徳蔵メニューカード・コレクション』CD・二〇一五年。調査にあたり、同センター食の文化ライブラリー館長　小林顕彦氏、草野美保氏に大変お世話になった。秋山メニューコレクションについては他に、秋山四郎編『秋山徳蔵メニューコレクション』秋山徳蔵偲ぶ会出版部・一九七六年、秋偲会編『天皇家の饗宴』秋山徳蔵記念刊行会・一九八一年、松平乗昌編『図説　宮中晩餐会』河出書房新社・二〇一二年参照。
149 秋山四郎前掲書二四頁。
150 宮内省「子爵日野西資博談話速記　第一回」前掲『「明治天皇紀」談話記録集成』第一巻・三四二―三四五頁。
151 たとえば、明治十八年に横浜で創業し、食品の輸入と卸小売業を営んだ明治屋の記録によると、当時取り扱っていた輸入食材の一例をあげれば以下のようなものであった。チーズ、バター、マカロニ、コーヒー、缶入りビーフ、アスパラガス、

152 カリフラワー、オリーブオイル……。明治屋編集発行『明治屋百年史』一九八七年・四〇頁。「客ふたりに給仕がひとりつき、しかもそれほど大勢の給仕が互いにぶつかることもなく、客の注文に静かに応じるのです。そして、深紅と黒と金色からなる黒っぽい制服に身を包んだこれらの給仕たちは、客人の長い列をいっそう華麗に引き立てる背景ともなっていたのです」。メアリー・フレイザー『英国公使夫人の見た明治日本』淡交社・一九八八年・三一七頁。

153 エスコフィエとその業績については、オーギュスト・エスコフィエ『エスコフィエ自伝―フランス料理の完成者―』中央公論新社・二〇〇五年、ミシェル・ガル『味覚の巨匠　エスコフィエ』白水社・二〇〇四年、辻静雄『エスコフィエ　偉大なる料理人の生涯』同朋舎出版・一九八九年等参照。

154 アンドレ・ソレール『レストラン・サービスの哲学―メートル・ドテルの仕事―』白水社・二〇一二年・一四四頁。

155 前掲『百味往来』六五―六六頁。

156 宮内庁宮内公文書館『大膳職　外国人雇継書類』明治二十二年―二十三年所収。

157 同右。

158 モール前掲書九三頁。

159 同右一〇三頁。

160 前掲『外国人雇継書類』所収。

161 モール前掲書二七七頁。

162 前掲『外賓接待録　二』明治二十一年所収。

163 宮内庁宮内公文書館『外国留学生諸件録』明治十九年―明治二十三年所収。

164 吉村晴雄の略歴については、宮内庁宮内公文書館『内膳司・内膳職　進退録』明治六、七―十九、二十年、同『大膳職　進退録』明治三十一―三十九年、同『大膳寮　進退録』明治四十五―大正三年所収の吉村履歴書を参考にした。

165 外交史料館所蔵『海外旅券下付（附与）返納表進達一件（含附与明細表）』所収。

166 前掲『進退録』明治六、七―十九、二十年所収。

167 ガル前掲書一一九―一二一頁、エスコフィエ前掲『自伝』一一〇―一一一頁、辻前掲書二七頁。

168 ガル前掲書一二〇頁。

169 「諸官庁で催される大晩餐会や、私邸や田舎はもちろんのこと、ドイツ、イギリスなど諸外国まで網羅した出張晩餐会のおかげで、「メゾン・シュヴェ」の名が知れ渡っていた。この店は、このような晩餐会を行うには申し分のない、うってつけの店であった」。エスコフィエ前掲『自伝』一一〇頁。
170 シブーストの存在については、パリ第七大学教授　堀内アニック氏にご教示いただいた。
171 吉田菊次郎『洋菓子百科事典』白水社・二〇一六年・一七二―一七三、一八二―一八三、二四〇―二四一頁。猫井登『お菓子の由来物語』幻冬舎・二〇一六年・六六―六七頁。
172 吉田前掲『偉人列伝』一四〇―一四三頁
173 前掲『外国留学生諸件録』・『進退録』明治六、七―十九、二十年所収。「延期嘆願書」他の翻刻にあたっては、大倉精神文化研究所研究員　星原大輔氏に多大なご協力をいただいた。
174 前掲『進退録』明治六、七―十九、二十年参照。
175 前掲『外国留学生諸件録』所収。仏文手紙の翻訳およびパリでの調査全般にわたり、時田佳子氏に多大な御尽力をいただいた。また、吉村晴雄の消息調査では、澤田美佐子氏・夏井孝子氏にお世話になった。
176 同右。
177 前掲『進退録』明治四十五―大正三年所収。
178 美智子皇后『歩み　皇后陛下お言葉集―改訂新版―』海竜社・二〇一〇年・一〇九頁。
179 明治神宮『壁画謹製記録』『明治神宮叢書』第十八巻・国書刊行会・二〇〇三年・六八六―六九七頁。
180 宮内庁「平成十四年七月十六日（火）ハンガリー大統領夫妻主催晩餐会（国会議事堂）における天皇陛下のご答辞」・http://www.kunaicho.go.jp/okotoba/01/speech/speech-h14e-easterneurope.html#HUNGARY（二〇一七年四月二日アクセス）

# 図版所蔵先・出典一覧

## 口絵

【1】現在の明治記念館とその周辺……国土地理院　2009/04/27 撮影　CKT20092-C60-18

【2】明治十七年頃の赤坂仮皇居御会食所とその周辺……一般財団法人日本地図センター提供「五千分一東京図測量原図」

【3】「赤坂仮皇居建物絵図」……宮内庁宮内公文書館

【4】「赤坂仮皇居会食所絵図」……同右

【5】明治記念館本館玄関車寄せ……明治記念館

【6】明治記念館本館内観……同右

【7】明治記念館本館外観と『憲法記念館略史』……岡田純也氏撮影

【8】ミントン社のローズピンク地色絵御旗御紋コーヒーセット、一部……宮内庁／宮内庁三の丸尚蔵館編『明治の宮中デザイン―和中洋の融和の美を求めて―』宮内庁・二〇〇三年より転載

【9】ミントン社『図案帖　G2100-G2199』のカップ・ソーサー……Stoke on Trent City Archives, Minton 2118. All Intellectual Property Rights in the image belong to the WWRD Group. Permission has been granted by the WWRD Group to use the image on a non-exclusive basis and for the purposes of the publication only. The WWRD Group has the right to revoke its permission at any time. ⓒWWRD 2017 /Minton is a registered trademark of the WWRD Group

【10】ミントン社『図案帖　G1800-G2099』の菓子皿……Stoke on Trent City Archives, Minton 2429. 同右

【11】ミントン社の青地色絵天使図見本皿……Image courtesy of the Gardiner Museum, Gift of N. Robert Cumming, G05.4.5

【12】精磁会社の金彩桐御紋大皿……ギャラリー花伝

【13】セーブル社の淡青地金彩パルメット文カップとソーサー……ⓒVictoria and Albert Museum, London

【14】精磁会社の染付葡萄唐草鳥獣文菓子皿……Peabody Essex Museum, Gift of Thomas B. Hazard, 1987, E8231

【15】唐代の鳥獣花背円鏡……正倉院宝物
【16】「枢密院憲法会議」二世五姓田芳柳……明治神宮外苑聖徳記念絵画館
【17】「富岡製糸場行啓」荒井寛方……同右
【18】「チャリネ大曲馬御遊覧ノ図」楊洲周延……明治神宮
【19】「憲法発布式」和田英作……明治神宮外苑聖徳記念絵画館
【20】「観菊会」中沢弘光……同右
【21】「岩倉大使欧米派遣」山口蓬春……同右
【22】「条約改正会議」上野広一……同右

第一章

【1・1】憲法記念館内観写真……明治記念館 22
【1・2】憲法記念館内観写真……同右 23
【1・3】三条実美の太政大臣着任の儀（明治四年）……『三条実美公履歴』所収 26
【1・4】「地方官会議臨御」磯田長秋……明治神宮 26
【1・5】紀州徳川家赤坂邸全図……宮内庁宮内公文書館／日本公園緑地協会編『日光田母沢御用邸記念公園本邸保存改修工事報告書』栃木県土木部建築課、二〇〇〇年 29
【1・6】太政官庁舎新築立面図……国立公文書館 29
【1・7】赤坂仮皇居新築御座所立面図……東京都立中央図書館所蔵「木子文庫」所収 29
【1・8】日光田母沢御用邸 三階家外観……山﨑撮影 31
【1・9】日光田母沢御用邸 旧御座所内観……同右 31
【1・10】「兌換制度御治定」松岡寿……明治神宮外苑聖徳記念絵画館 32
【1・11】赤坂仮皇居の表向き建物の平面図（明治十四年頃）……宮内庁宮内公文書館 33
【1・12】明治七年の新年拝賀の図……宮内庁宮内公文書館『儀式録』所収 34
【1・13】明治七年の新年宴会における座席配置……同右 35
【1・14】ハワイ皇帝カラカウアの参内時の様子を示した図……宮内庁宮内公文書館 37

【1-15】ドイツ国皇孫参内時の対面場所を示した図……同右　38
【1-16】ハワイ皇帝カラカウアとの御会食における座席配置……宮内庁宮内公文書館『外賓接待録』所収　38
【1-17】ボアンヴィルの洋風謁見所案……宮内庁宮内公文書館　39
【1-18】木子清敬……木子清忠『ある工匠家の記録』、一九八八年　40
【1-19】仮謁見所・会食所計画案（別棟型）……東京都立中央図書館所蔵「木子文庫」所収　41
【1-20】仮謁見所・会食所併設案「初期案」（兼用型）……同右　41
【1-21】御会食所実施案「原案」平面図……同右　42
【1-22】御会食所竣工平面図……同右　42
【1-23】仮謁見所・御会食所「初期案」の拡大図……同右　47
【1-24】京都御所「小御所」外観……宮内庁京都事務所　48
【1-25】憲法記念館外観……明治記念館　49
【1-26】憲法記念館外観……同右　49
【1-27】京都御所紫宸殿「北庇の間」の張付壁……宮内庁京都事務所　50
【1-28】御会食所における新年宴会の座席配置（明治十五年）……宮内庁宮内公文書館『儀式録』所収　51
【1-29】明治二十一年の新年拝賀における謁見の図……同右　54
【1-30】明治二十一年の新年拝賀における列立拝賀の図……同右　57
【1-31】明治宮殿正殿（謁見所）内観……宮内庁宮内公文書館　59
【1-32】明治宮殿豊明殿（饗宴所）内観……同右　59

第二章

【2-1】「長崎出島阿蘭陀館絵巻」部分……ⓒVictoria and Albert Museum, London　66
【2-2】『蘭説弁惑』大槻磐水述・有馬文仲記・寛政十一年……国立国会図書館　66
【2-3】「教訓親の目鑑　俗ニ云ばくれん」喜多川歌麿……慶応義塾　67
【2-4】「五カ国異人酒宴之図」歌川芳員……The Metropolitan Museum of Art, New York, Bequest of William S. Lieberman, 2005, 2007.49.168a-c　68

【2-5】片山淳之介（福沢諭吉）『西洋衣食住』に描かれた食卓……慶應義塾図書館　72
【2-6】片山淳之介（福沢諭吉）『西洋衣食住』に描かれた食器類……同右　72
【2-7】エス・マーカス社からの領収書……宮内庁宮内公文書館『御用度録　購入十二』明治六年所収　78
【2-8】ガッラード社『図案帖』の燭台……Archive of Art and Design. ©Victoria and Albert Museum, London　85
【2-9】ガッラード社『図案帖』のアントレ・ディッシュ……同右　85
【2-10】燭光付花台の写真……宮内庁／宮内庁三の丸尚蔵館編『明治の宮中デザイン―和中洋の融和の美を求めて―』宮内庁・二〇〇三年より転載　86
【2-11】中央花飾台の写真……同右　86
【2-12】宮内省『食器図案帖』の金鍍珈琲注……同右　87
【2-13】御紋の図案……宮内庁宮内公文書館『御用度録　購入十二』明治十年所収　88
【2-14】ミントン社の青地色絵御旗御紋高台付バスケットとコンポート……前掲『明治の宮中デザイン』より転載　89
【2-15】ミントン社の青地色絵天使図食器セット、一部……Royal Collection Trust / All Rights Reserved　92
【2-16】セーブル社の濃青地色絵人物図食器セット、一部……Royal Collection Trust / ©Her Majesty Queen Elizabeth II 2017　94
【2-17】英国アルバート・ヴィクター王子とジョージ皇子、東伏見宮……同右　96
【2-18】英国王子たちとの晩餐（明治十四年十月二十六日）のメニュー……味の素食の文化センター　99
【2-19】辻勝蔵……辻家　109
【2-20】精磁会社の染付葡萄唐草鳥獣文食器セット……宮内庁／宮内庁三の丸尚蔵館編『饗宴―近代のテーブル・アート―』菊葉文化協会・二〇〇〇年より転載　116
【2-21】ユリシーズ・S・グラント……ガーニー・アンド・サン撮影。©National Portrait Gallery, London　119
【2-22】グラント前米大統領との午餐（明治十二年七月七日）のメニュー……味の素食の文化センター　119
【2-23】精磁会社の染付葡萄唐草鳥獣文チュリーン……Philadelphia Museum of Art, Gift of the McNeil Americana Collection, 2006-3-120a to c　120
【2-24】国賓晩餐用食器……宮内庁／毎日新聞社編集発行『御即位十五年記念　古希を迎えられた天皇陛下と皇后美智子さま展』二〇〇四年より転載　123

【2-25】「豊明殿御陪食之図」……宮内庁宮内公文書館　127

第三章

【3-1】「貴顕舞踏の略図」楊洲周延……神戸市立博物館／DNPartcom　131
【3-2】ドイツ皇族フリードリヒ・レオポルト一行……宮内庁宮内公文書館『外賓接待写真帳（一）』明治十二年—二十六年所収　138
【3-3】ローブ・デコルテー……宮内庁宮内公文書館『憲法発布式録　一』所収　141
【3-4】ドイツ国ベルナード公との午餐招待状……宮内庁宮内公文書館『外賓参内録』明治二十一年所収　141
【3-5】昭憲皇太后の通常礼服……大本山誕生寺　141
【3-6】ローマ時代の北島以登子……鍋島報效会　143
【3-7】トルコ特派公使一行と香川志保子……宮内庁宮内公文書館『外賓接待写真帳（一）』明治十二年—二十六年所収　144
【3-8】ドイツ国フリードリヒ・ヴィルヘルムとの午餐席次案……宮内庁宮内公文書館『外賓参内録　二』明治二十年所収　144
【3-9】大山捨松……久野明子氏　145
【3-10】青木エリザベート……那須塩原市教育委員会　145
【3-11】伊藤梅子……山口県光市伊藤公資料館　145
【3-12】「昭憲皇太后御尊影」エドアルド・キヨッソーネ……明治神宮　148
【3-13】アレクサンダー・シーボルト……シーボルト記念館　158
【3-14】ハインリヒ・シーボルト……シーボルト記念館　160
【3-15】レメーニとブラームス……Gwendolyn Dunlevy Kelley, *Edouard Remenyi: Musician litterateur and man* (A.C. Mcclurg & Co., 1906), p.81.　164
【3-16】レオポルト・フェルディナントとハインリヒ……宮内庁宮内公文書館『外賓接待写真帳（一）』明治十二年—二十六年所収　164
【3-17】秋山徳蔵……『太陽』一九九一年一月号・平凡社より転載　177
【3-18】各国公使を招いた初めての宴のメニュー……秋山四郎編『秋山徳蔵メニューコレクション』秋山徳蔵偲ぶ会

出版部・一九七六年より転載。使用にあたり秋山徳子氏にお世話になった。 183
【3・19】村上光保 …… 村上開新堂 186
【3・20】スウェーデン国皇子一行と伊藤博文、長崎省吾 …… 宮内庁宮内公文書館『外賓接待写真帳（一）』明治十二年―二十六年所収 187
【3・21】オットマール・フォン・モール …… オットマール・フォン・モール『ドイツ貴族の明治宮廷記』講談社・二〇一一年より転載 189
【3・22】スペイン国公使との午餐（明治十七年三月四日）のメニュー …… 味の素食の文化センター 190
【3・23】米国公使ビンガムとの午餐（明治十八年七月十日）のメニュー …… 同右 190
【3・24】ドイツ国皇族フリードリヒ・レオポルトとの晩餐（明治二十年三月二十一日）のメニュー …… 同右 191
【3・25】ドイツ国フリードリヒ・ヴィルヘルムとの午餐（明治二十年五月十三日）のメニュー …… 同右 191
【3・26】ロシア国皇族ミハイロヴィチとの晩餐（明治二十年七月五日）のメニュー …… 同右 191
【3・27】タイ国皇弟デヴァウォングセとの午餐（明治二十年九月十九日）のメニュー …… 同右 192
【3・28】フランス国旧王族アンリ・ドルレアンとの午餐（明治二十一年六月十四日）のメニュー …… 同右 192
【3・29】文官・陸海軍武官との晩餐（明治十九年四月九日）のメニュー …… 同右 193
【3・30】憲法発布式祝賀の晩餐（明治二十二年二月十一日）のメニュー …… 同右 194
【3・31】大婚二十五年祝賀の晩餐（明治二十七年三月九日）のメニュー …… 同右 194
【3・32】オーギュスト・エスコフィエ …… 日本エスコフィエ協会 196
【3・33】ルイ・ドゥエットと吉村晴雄 …… 宮内庁宮内公文書館『外賓接待録　二』明治二十一年所収 201

## 巻末年表

【1】英国皇孫アルバート・ヴィクターとジョージ …… 宮内庁宮内公文書館『外賓接待写真帳（一）』明治十二年―二十六年所収
【2】英国特命全権公使ハリー・パークス …… 鹿児島歴史資料センター黎明館
【3】大山巌 …… 国立国会図書館
【4】スウェーデン国皇子オスカル・カール・アウグストの一行 …… 宮内庁宮内公文書館『外賓接待写真帳（一）』

明治十二年―二十六年所収

【5】井上馨……国立国会図書館

【6】伊藤博文……同右

【7】イタリア国皇親ルイ・ナポレオンとの晩餐で演奏された音楽プログラム……宮内庁宮内公文書館『外賓参内録』明治十八―十九年所収

【8】ハンガリーの音楽家レメーニによるヴァイオリン演奏会の会場舗設図……明治神宮『憲法記念館略史草按』所収

【9】ドイツ国皇族フリードリヒ・レオポルトの一行……宮内庁宮内公文書館『外賓接待写真帳（一）』明治十二年―二十六年所収

【10】大隈重信……国立国会図書館

【11】ロシア国大公アレクサンドル・ミハイロヴィチの一行……宮内庁宮内公文書館『外賓接待写真帳（一）』明治十二年―二十六年所収

【12】タイ国皇弟デヴァウォングセの一行……同右

【13】ロシア国公使ドミトリー・シェービチとの昼餐の招待状……宮内庁宮内公文書館『謁見録』明治二十年所収

【14】フランス国旧王族アンリ・ドルレアンの一行……宮内庁宮内公文書館『外賓接待写真帳（一）』明治十二年―二十六年所収

【15】オーストリア＝ハンガリー帝国皇族レオポルト・フェルディナントの一行……同右

## 著者略歴


### 山﨑鯛介● Taisuke Yamazaki

東京工業大学環境・社会理工学院准教授

1967年埼玉県生．1990年，東京工業大学工学部建築学科卒．1992年，同大学院理工学研究科建築学専攻修士課程修了．早川正夫建築設計事務所，東京工業大学工学部建築学科助教，千葉工業大学工学部建築都市環境学科准教授を経て，2013年より現職．「明治宮殿の意匠的特徴とその形成過程」で東京工業大学博士（工学）を取得．「明治宮殿の建設経緯に見る表宮殿の設計経緯」で2005年日本建築学会奨励賞受賞．主な論文に「西ノ丸皇居・赤坂仮皇居の改修経緯に見る儀礼空間の形成」（『日本建築学会計画系論文集』591号，2005年），「「憲法記念館略史」に見る明治10年代の宮殿の風景」（明治神宮編『明治神宮叢書』第19巻，国書刊行会，2006年），「初期の復興小学校のデザインについて」（『明石小学校の建築－復興小学校のデザイン思想』共著，東洋書店，2012年）等がある．

### メアリー・レッドファーン● Mary Redfern

チェスター・ビーティー・ライブラリー東アジアコレクション学芸員

1982年英国生．2004年にエジンバラ大学で考古学，2008年にはレスター大学で博物館学の修士号をそれぞれ取得。アシスタント・キュレーターとしてブリストル市立美術館，ヴィクトリア＆アルバート博物館，スコットランド国立博物館で勤務．2015年から現職。2016年イースト・アングリア大学から，明治期日本の宮中における御用食器の発展に関する学位論文（'Crafting Identities: Tableware for the Meiji Emperor'）で博士号（美術史）を取得．近著に 'Minton for the Meiji Emperor' in *Britain and Japan: Biographical Portraits* vol. X, ed. Sir Hugh Cortazzi (Folkestone: Renaissance Books, 2016), 'Getting to Grips with Knives, Forks and Spoons: Guides to Western-Style Dining for Japanese Audiences, c. 1800-1875'（*Food and Foodways* 22/3, 2014）等がある．

### 今泉宜子● Yoshiko Imaizumi

明治神宮国際神道文化研究所主任研究員

1970年岩手県生．東京大学教養学部比較日本文化論学科卒業後，雑誌編集者を経て，國學院大學で神道学を専攻．2000年より明治神宮に所属．2007年，ロンドン大学SOASにおいて明治神宮に関する学位論文で博士号(学術)を取得．現在，国際日本文化研究センター客員准教授を兼任．著書に『明治神宮　戦後復興の軌跡』（鹿島出版会，2008年），『明治神宮　「伝統」を創った大プロジェクト』（新潮社，2013年），*Sacred Space in the Modern City: The Fractured Pasts of Meiji Shrine, 1912-1958* (Brill, 2013)，『明治日本のナイチンゲールたち』（扶桑社，2014年），共著に『東京のリ・デザイン』（清文社，2010年），『明治神宮以前･以後―近代神社をめぐる環境形成の構造転換―』（鹿島出版会，2015年），『海賊史観からみた世界史の再構築』（思文閣出版，2016年）等がある．


## 訳者略歴


### 林　美和子● Miwako Hayashi Bitmead

1974年岐阜県生．2009年，ロンドン大学SOAS美術史・考古学修士課程修了．現在，英国のセインズベリー日本藝術研究所に勤務．

# 人物索引

## あ


アイゼンデッヒャー、カール・フォン……169,171
アウグスト、オスカル・カール（スウェーデン国皇子）……11, 136,187
青木エリザベート……10,146
青木周蔵……146,170
青柳義幸……192,194
秋山徳蔵……99,177～179,182,189,190,192,195～197,209,212
芥川龍之介……130,131
麻見義修……122
アシュバーナム（第四代）……87
有栖川宮威仁……152,153
有栖川宮熾仁……ii,36
有栖川宮熾仁妃……154
有馬文仲……67
アルフレート ▶▶▶ エジンバラ公
アルベルト・ディ・サヴォイア、トンマーゾ……8
アレキサンドロヴィッチ、アレキシス……8
アレクサンドラ（デンマーク王女）……91
アレクサンドル三世……151,152
安藤勉……165
五百旗頭薫……165
五辻安仲……122,201
伊藤梅子……146,147
伊藤博邦……viii
伊藤博文……viii,12,20,127,135～139,146,151,171,174,182,187,200
井上馨……iv,6,12,15,16,130,131,157,158,162,163,165～176,211
井上毅……173
井上武子……10
岩壁義光……133
岩倉具定……207,208
岩倉具視……52,156,181
ヴィクター、アルバート（英国皇太子）……10,81,92,96～103,190
ヴィクトリア女王……81,86,91,94,96,103
ヴィルヘルム、フリードリヒ……11,145,188
植木淑子……140,141
上野広一……167
歌川芳員……68
英照皇太后……vi
エジンバラ公（英国皇子、アルフレート）……iv,v,7,8,73
エスコフィエ、オーギュスト……195,196,204,205
エドワード七世（ウェールズ公）……91
大久保利通……156
大隈重信……174
大槻玄沢……67
大山巌……143,145
大山捨松……145,147
オールコック、ラザフォード……159
刑部芳則……135
オン、エド……207,208


## か


香川敬三……137,143,206,208
香川志保子……142,143,145
片山淳之介……71
片山東熊……vii
仮名垣魯文……180
カラカウア（ハワイ国皇帝）……10,37,38
幹山伝七……79,106,108,109
木子清敬……vi,40
木子幸三郎……40
喜多川歌麿……67
北島以登子……142,143,145,164
北白川宮能久妃……154
北村重威……181,183,184
木戸孝允……73,74,156
キヨッソーネ、エドアルド……148
草野丈吉……180
久米邦武……92,114
クライナー、ヨーゼフ……167
グラント、ジュリア・デント……119
グラント、ユリシーズ・S……9,39,119 ～ 121
栗野慎一郎……211
グリフィス、W・E……27
小出光照……143
孝明天皇……212
コダーイ、ゾルターン……213
小松宮彰仁（東伏見宮）……97,108,137
小村寿太郎……157
コンドル、ジョサイア……iv

コンノート親王……208

## さ

佐佐木高行……52
ザッペ、エドゥアルト……171,173
サトウ、アーネスト……159
佐野常民……160
ザルスキー、カール……137,163,164
澤護……186
三条実美……8,25
シーボルト、アレクサンダー
……158～162,165,167,168,170～176,182,211
シーボルト、ハインリヒ
……158,160,161,163～165,167,172,175,211,213
シーボルト、フィリップ・フランツ・フォン……158～160
シェービチ、ドミトリー……140,151
ジェノバ公……9,10,36,37,76,78
塩田三郎……166,167,170
シドモア、エリザ……155
シブースト……205
シュヴェ夫妻……204
昭憲皇太后（皇后）… i,ii,vi,viii,2,4,10,12,20,22,23,30,31,34,55,59,62,75,77,120,131,133～144,146～155,162～164,184,210,211,213
昭和天皇……iii
ジョージ王子（英国皇太子、ジョージ五世）
……10,81,92,96～103,190
ジョージ五世 ▶▶▶ ジョージ王子
ジョージ四世……94
スクライブ、F・G……169

## た

大正天皇（嘉仁親王）……iii,vi,4,20,177,178
ダヴィドフ、アレクサンドル……200
谷干城……173
ダルトン、ジョン・ニール……96
チャリネ（ジュゼッペ・キアリーニ）……138
辻喜右衛門（三代）……109
辻喜平次（六代）……109
辻喜平次（十代）……109
辻勝蔵（十一代）……11 79,109,110
津田梅子……145,146,156
テイラー、ウィリアム……86
デヴァウォングセ（タイ国特命使臣）……11,187
デヴェッテ ▶▶▶ ルイ・ドゥエット
手塚亀之助……110
寺島宗則……16,165,183
デロング、チャールズ……76, 156
ドイツ国皇孫（アルベルト・ヴィルヘルム・ハインリヒ）
……36,37,39
ドゥエット、ルイ（デヴェッテ）……12,198～202,207
徳川昭武……159
徳川慶喜……72
トリゲロス、ルイス・デル・カスチロ（スペイン公使）
……193,195
ドルレアン、アンリ・マリー・フィリップ……11,140,190

## な

長崎省吾……146,187,188
中山慶子……73
鍋島直大……142
ナポレオン、ルイ（イタリア国皇孫）……11,12,137
新見正興……70
西五辻文仲……184,185,201
西尾益吉……182,196
西徳二郎……152

## は

パークス、ハリー・スミス……iv,16,169
ハインリヒ親王（ドイツ帝国皇孫）……9
バスカラウォングス、フィヤ……201
蜂須賀茂韶……206
バルトーク、ベーラ……213
ビートン、イサベラ……64,75
東伏見宮 ▶▶▶ 小松宮彰仁
ビンガム、ジョン・アーマー（米国公使）……16,136,195
フェルディナント、フランツ……164,165,208
フェルディナント、レオポルト……7,11,164,187
深海墨之助……110
深川栄左衛門……110

深川忠次……123
ブキャナン、ジェームス……69,70
福沢諭吉……70～72,75
福島隆……192,194
フョードロヴナ、マリア（ロシア皇后）……150～152
ブラームス、ヨハネス……164
ブリーン、ジョン……149
フレイザー、メアリー・クロフォード……100,194
ベーコン、アリス……155
ペール、サミュエル……186
ペール、ジャン……186
ベギュー、ルイ……181,183
ヘス、カール・ヤコブ……181
ペリー、マシュー……72
ベルツ、エルヴィン・フォン……135,154
ベルナード（ドイツ国ザクセン＝ヴァイマル公族）……11,140
ヘレーネ（ヘレーネ・シーボルト）……159
ボアソナード、ギュスターヴ・エミール……173
ボアンヴィル、シャルル・アルフレッド・シャステル・デ……39,51
ボナ、L……185

## ま

舩居宏枝……140
松岡立男……185,186
松平春嶽……26
美智子皇后……210,211
ミットフォード、アルジャーノン・B……73
ミハイロヴィチ、アレクサンドル……11,151,152,187,200
陸奥宗光……157,211
村垣範正……69
村上光保……186,187
明治天皇……i～iii,v～viii,2,4～9,13,14,16,17,20,22,23,25,27,30,31,34～38,43,44,48,51,55,56,62,63,73～77,79～83,85～88,90,92～95,97,99～106,109～111,113～115,117～121,124～127,130～132,135～138,145,149,153～155,158,162,171,175,177,179,180,182～186,193,201,208,210,212,213
モール、オットマール・フォン……12,58,142,145,187～189,197,201
元田永孚……52

## や

柳原前光……52,143
山川操……142,143,145
山川三千子……144
山﨑鯛介……161,166
山田顕義……173
吉井友実……52
吉雄幸作……67
吉川兼吉……182
吉田菊次郎……205
吉村晴雄……202,203,205～209,212

## ら

ライス、シャルル……207
ランシアレス、E・マルタン……169
リスト、フランツ……213
ルイ・フィリップ一世……114
ルイ十五世……93,113
ルイ十六世……93,113
ルマニエール、ニコル・クーリッジ……64
レオポルト、フリードリヒ……11,55,138,140,187
レメーニ、エドゥアルト……137,164,213
ローゼン、ロマン……169
ロケット、ギヨーム・ド……169
ロシア皇太子ニコライ……152,153
ロッシュ、レオン……186

## わ

ワグネル、ゴットフリード……107
和田英作……154
渡辺鎌吉……181,183

# 天皇《てんのう》のダイニングホール
## ～知《し》られざる明治天皇《めいじてんのう》の宮廷外交《きゅうていがいこう》～

2017（平成29）年 10月1日　発行

著　者　　山﨑鯛介、メアリー・レッドファーン、今泉宜子

発行者　　田中 大

発行所　　株式会社 思文閣出版
〒605-0089 京都市東山区元町 355
電話 075-533-6860（代表）

編集協力　　岡部敬史（有限会社 SPOON BOOKS）

デザイン　　サトウミユキ（keekuu design labo）

印刷・製本　　亜細亜印刷株式会社


ISBN978-4-7842-1903-2 C1021